© Greg Gorman

Oscar De La Hoya es uno de los deportistas más queridos de Estados Unidos, y uno de los mejores boxeadores de todos los tiempos. Nació en Los Ángeles, y ahora reparte su tiempo entre Puerto Rico y el sur de California.

Steve Springer es el autor de cinco libros, incluyendo dos bestsellers, y ha sido periodista por más de 30 años —los últimos 25 han sido con el *Los Angeles Times*. Es ganador del Nate Fleischer Award, un gran logro profesional y honor otorgado por el Boxing Writers' Association of America. Actualmente vive en Los Ángeles con su familia.

UN SUEÑO
AMERICANO

UN SUEÑO AMERICANO

◇◇◇ *Mi historia* ◇◇◇

OSCAR DE LA HOYA

CON STEVE SPRINGER

TRADUCIDO DEL INGLÉS POR SANTIAGO OCHOA

rayo *Una rama de* HarperCollins*Publishers*

Los libros de HarperCollins pueden ser adquiridos para uso educacio-
nal, comercial o promocional. Para recibir más información, diríjase a:
Special Markets Department, HarperCollins Publishers, 10 East 53rd
Street, New York, NY 10022.

Diseño del libro de Susan Yang

RAYO, PRIMERA EDICIÓN EN PASTA BLANDA, 2009

Library of Congress ha catalogado la edición en inglés.

ISBN-13: 978-0-06-172542-5

09 10 11 12 13 OF/RRD 10 9 8 7 6 5 4 3 2 1

El crédito le corresponde al hombre... que, en el mejor de los casos, conoce al final el triunfo del gran logro y al que, en el peor de los casos, si falla, al menos lo hace atreviéndose tanto que su lugar nunca estará al lado de aquellas almas tibias y timoratas que no conocen ni la victoria ni la derrota.

PRESIDENTE TEODORO ROOSEVELT

CONTENIDO

PRÓLOGO

Desde la ventana del automóvil de mi tío vi la casa de mis sueños.

Tenía sólo trece años y era apenas un adolescente del Este de Los Ángeles, cuya familia, como muchas otras del barrio, luchaba por ganarse la vida a duras penas. Me mortificaba que muchas veces tuviéramos que sobrevivir con cupones de alimentos y me avergonzaba reconocer que la ropa que llevaba encima era casi todo lo que tenía en mi clóset.

No, mi camino hacia el éxito no siempre fue fácil.

Pero lo que nadie podía negarme eran mis sueños. Cuando descubrí esa enorme casa en Pasadena, me dije para mis adentros que algún día viviría allí. Era tan solo un chico con una idea loca.

Pues bien, a través de mi empresa compré, hace poco, esa misma casa como inversión.

Así, muchos de mis sueños se han hecho realidad, desde ganar una medalla de oro olímpica para cumplir la promesa que le hice a mi madre antes de morir, hasta ganar títulos en seis categorías de pesos diferentes, construir un emporio financiero y tener la familia ideal.

No podría haberlo hecho sin el esfuerzo de muchas personas: los que sembraron las raíces de mi familia en México y los que las transplantaron a este país; mi madre que me inspiró, y mi padre que me puso unos guantes de boxeo por primera vez, y una familia que siempre me ha apoyado; los promotores, intermediarios, publicistas, entrenadores, preparadores físicos, sparrings que me han preparado y los oponentes que me han desafiado; Richard Schaefer, quien ha sido el hombre clave para que nuestras prósperas empresas Golden Boy tengan los mejores resultados; los estimados inversionistas y socios comerciales que han participado en nuestras actividades financieras; Raúl Jaimes y Eric Gómez, amigos de la infancia que siguen acompañándome en mis iniciativas de adulto; los innumerables empleados que trabajan duro y de manera discreta en todos mis negocios.

Y finalmente, por sobre todo lo demás, está Millie, el amor de mi vida, y mis preciosos hijos.

Realmente, he recibido muchas bendiciones, y sólo deseo poder compartirlas con otros. Es por eso que escribo este libro. Espero que, por medio de mi historia, ustedes se sientan inspirados a hacer sus sueños realidad, cualesquiera que sean.

Aunque yo elegí el boxeo, ustedes podrían elegir otros deportes o caminos completamente distintos como la medicina, el derecho, la política o los negocios. No importa. Lo que importa son las tres D: dedicación, disciplina y deseo, para ir en pos de sus metas.

Nunca se den por vencidos.

Me han derrotado en ocasiones, y no sólo en el cuadrilátero —como lo descubrirán al leer este libro—, pero siempre he encontrado la forma de levantarme y seguir luchando. Se cometen errores, se aprende y se crece en el proceso. En esto consiste la vida.

Finalmente, para los que eligen perseguir sus sueños en el cuadrilátero, hay un mensaje especial en este libro.

Hay demasiados boxeadores que terminan en la ruina y que en muchas ocasiones pierden sus hogares, su salud y su dignidad. Desafortunadamente, no suelen tener ni la educación ni la guía apropiada para evitar que los buitres acechen, esperando a abalanzarse sobre su presa.

Sin embargo, las cosas no tienen que ser así. Estoy decidido a cambiar eso por medio de Golden Boy Promotions. Es posible. El futuro del boxeo está en nuestras manos. Nosotros los boxeadores podemos tomar el control.

Quiero ver el día en que representantes y promotores dejen de aprovecharse de los boxeadores. Quiero ver el día en que los boxeadores tengan un plan adecuado de salud y de jubilación. Quiero ver el día en que el boxeo pueda competir con los principales deportes —béisbol, fútbol, baloncesto, hockey— en términos de proporcionar beneficios a sus participantes. Estamos trabajando para alcanzar esas metas con Golden Boy Promotions, pero necesitamos que los boxeadores trabajen con nosotros.

Tal vez con este libro pueda animar a los pugilistas a decir, "Voy a luchar por mis derechos tal como lo hizo Oscar".

La vida misma es una lucha, así que las lecciones aprendidas en el cuadrilátero pueden aplicarse a la existencia de cada uno. El boxeo me convirtió en una persona más ávida, más ambiciosa y me enseñó todo lo que sé.

Agradezco todo lo que me ha dado el deporte, y quiero retribuir en algo. Con un poco de suerte, lo haré en estas páginas. Quiero enviar un mensaje que transmita poder al boxeador, así como a las personas en todos los órdenes de la vida; al jardinero, al lavaplatos y hasta al corredor de la bolsa de Wall Street.

Si yo puedo hacerlo, ustedes pueden hacerlo.

—*Oscar De La Hoya*

UN SUEÑO
AMERICANO

UNA PROMESA

¿Qué madre quiere que su hijo sea boxeador?

Pero teniendo en cuenta que mi abuelo Vicente lo había sido, mi padre Joel era boxeador, y Joel Jr. —mi hermano mayor—, también lo había sido por un tiempo breve, nosotros no tuvimos otra opción que ser boxeadores. Cuando digo "nosotros", me refiero a mi madre y a mí.

Éramos un equipo.

Ella aprendió a amar el deporte. Iba a mis peleas y venció el miedo a que me lastimaran.

Cuando yo cursaba sexto grado en la Escuela Primaria Ford Boulevard, nos pidieron escribir un ensayo sobre lo que queríamos ser cuando fuéramos grandes. Luego tuvimos que pararnos y leer nuestra tarea en voz alta. Mis compañeros dijeron que querían ser médicos, policías, bomberos.

Yo me levanté y dije que quería ganar una medalla de oro como boxeador en los Juegos Olímpicos. La clase entera se echó a reír. Creyeron que yo estaba bromeando. Un chico dijo, "Sí, claro. ¿Cómo vas a ser un medallista olímpico si eres del Este de Los Ángeles?"

La profesora pensó que yo no me estaba tomando en serio la tarea y me castigó dejándome en el salón al final de la clase.

Me puse a llorar, mientras le juraba, "No es broma. Eso es lo que yo quiero ser".

A los doce años, tenía un afiche de los Juegos Olímpicos —no recuerdo dónde lo conseguí— y lo firmé: *Oscar De La Hoya, Oro, Juegos Olímpicos 92.*

Hoy en día, todavía conservo ese afiche.

Y esa se convirtió en la meta de mi familia: Oscar irá a los Juegos Olímpicos.

Fuera cual fuera mi meta, también se convertía en la meta de mi madre.

Cuando yo salía a correr en la madrugada, ella se levantaba conmigo para prepararme un desayuno ligero antes de salir, y eso implicaba tener algo en la mesa antes de salir corriendo por la puerta a las 4:30 A.M.

Cuando mi carrera de amateur empezó a despegar, comencé a ser conocido en el barrio. Recuerdo que me sentía muy emocionado porque mi nombre comenzó a aparecer en nuestro pequeño periódico local, sin fotos ni verdaderos artículos; sólo una línea de cuando en cuando anunciando que había clasificado para un torneo, ganado un trofeo o que había vencido a algún chico. Sin embargo, eso para mí era como aparecer en la portada de *Sports Illustrated*.

Le contaba a mi madre y ella se alegraba por mí, pero era triste, porque ella no leía inglés y esas referencias sólo se encontraban en periódicos en inglés.

Sin embargo, ella no necesitaba hablar inglés para ser mi animadora número uno. Su español le servía igual de bien. Ella fue mi inspiración aun antes de verla librar un combate mucho más difícil que cualquiera que yo hubiera enfrentado en el cuadrilátero.

Me enteré de su cáncer de seno un tiempo después de que se lo diagnosticaron. Recuerdo que yo había llegado de la escuela; tenía diecisiete años y estaba en la sala de nuestra casa. Mi madre se acercó llorando y me abrazó con fuerza. Procuraba contenerse y ser fuerte.

Le dije, "¿Qué pasa? ¿Qué tienes?"

Tenía un frasco en la mano, y en lugar de responderme, me pidió que le aplicara crema en la espalda. Saqué un poco y la esparcí por debajo de su blusa sobre toda la espalda. Y sentí algo duro, como una costra. Tenía toda la espalda así.

Le pregunté, "¿Qué es eso?"

Me abrazó de nuevo y se me salieron las lágrimas. Pronunció dos palabras que jamás olvidaré: "Tengo cáncer".

Nunca he recibido un golpe tan duro en toda mi vida.

La abracé llorando y le dije que todo saldría bien. Toda la emoción que hasta ese momento no éramos capaces de mostrar se desbordó. Le aseguré que íbamos a superarlo. De veras lo creía.

Obviamente, yo no sabía nada sobre esta enfermedad y ella había logrado ocultarnos lo que le sucedía. Usaba pelucas o sombreros para que no viéramos que se le había caído el cabello.

Una vez, cuando finalmente me di cuenta de que no tenía cabello, me explicó que se lo había rasurado para que le creciera más grueso.

Mi madre había sido una fumadora empedernida. Me mandaba a comprar cigarrillos cuando mi padre no estaba en casa, y cada dos o tres días me pedía que le comprara más. Recuerdo que fumaba cigarrillos Kent, que costaban un dólar con cinco centavos el paquete.

Con el tiempo mi madre fue empeorando. Y los médicos no eran muy optimistas sobre su estado de salud.

En ese momento decidí dejar el boxeo. Sentía que no podía seguir boxeando, aunque faltaran menos de dos años para los Juegos Olímpicos.

Mi madre pasó sus últimos días en el hospital, y yo iba a visitarla todos los días.

En cierta ocasión no me reconoció. Entré a su cuarto del hospital, lleno de parientes y amigos, y ella dijo, "¿Quién es esta persona? ¿Qué hace aquí?"

Le dije, "Soy yo. Tu hijo".

Me di vuelta, fui hasta la entrada del hospital y lloré un buen rato. Sabía que los medicamentos y el empeoramiento de la enfermedad le estaban causando esas lagunas mentales, pero aun así me dolía mucho, especialmente porque ella reconocía a todos los demás presentes en el cuarto.

La próxima vez que la visité, volví a ver una chispa en sus ojos cuando me reconoció. Nos abrazamos y lloramos juntos.

Un día estuvimos cinco o seis horas juntos, e incluso disfrutamos y nos reímos a carcajadas unas cuantas veces. Y noté que en el dedo en que normalmente llevaba su anillo de bodas tenía uno con un pequeño diamante. Era el anillo del campeonato que yo había ganado en la división de peso gallo en el torneo nacional Golden Gloves en 1989.

Era el primer campeonato que yo ganaba a nivel nacional, pero para mamá era como un campeonato mundial. Su hijo había tenido éxito en un mundo que ella no podía imaginar. ¿Cuánta felicidad habría sentido colgándose mi medalla de oro alrededor del cuello o viéndome ganar campeonatos profesionales en seis categorías de peso? Al menos sintió la emoción de ponerse ese anillo.

Aunque ver el brillo del anillo en su dedo me hizo sentir bien, le dije que ya no boxeaba. Ni siquiera entrenaba.

"¿Para qué? Lo único que quiero es estar aquí contigo".

Ella comenzó a sermonearme diciendo que yo tenía que hacerlo, que los Juegos Olímpicos habían sido nuestro sueño, el suyo y el mío. "Quiero que vayas aunque yo no esté allá", concluyó.

¡Dios mío! Oírla decir eso fue como sentir que alguien me clavaba un puñal en el corazón.

"Tienes que ser fuerte", continuó. "Irás a los Juegos Olímpicos y ganarás la medalla de oro".

Al día siguiente, le llevé el almuerzo, como siempre lo hacía, y tomé el ascensor. Miré a mi alrededor, primero al lobby y luego al ascensor, y vi que muchos tíos y tías, y toda la familia, estaban llorando.

Nadie tuvo que decirme lo que había pasado. Nadie quería decírmelo. Pero yo lo supe. Lo sentí.

Fui corriendo hasta su cuarto y descubrí que, tal como lo sospechaba, ella había muerto.

Mi madre, Cecilia González De La Hoya, había muerto a los treinta y nueve años de edad.

Ese 28 de octubre de 1990 fue el día más devastador de mi vida. Fue la única vez que vi a mi padre derramar una lágrima. Y sólo una.

Obviamente, él la amaba, la adoraba. Habían estado veinticinco años juntos. Pero él es un hombre fuerte que no expresa mucho sus emociones. Su generación tenía que ser dura.

Cuando vi esa lágrima, pensé, *Dios, de verdad le está doliendo*.

Pasé un par de semanas sin pensar en el boxeo. Pero un día, mientras regresaba de la escuela a mi casa, las palabras de mi madre acudieron a mi mente. Pude oírla hablar sobre el sueño de que compitiera en los Juegos Olímpicos.

Y me dije, *¿Sabes qué? Voy a hacerlo por ella*.

Una vez más, ella había sido mi inspiración, aun en la muerte.

II

UNA PROMESA CUMPLIDA

La adrenalina corría por mi cuerpo y pude sentir cómo se disipaba la fuerza sofocante de la pena que hasta entonces me había envuelto. Por primera vez en meses me sentí libre y fuerte, aliviado de los agotadores efectos de la angustia y la inactividad.

Al mirar atrás, comparé ese momento con una escena de la película *Rocky*. La esposa de Rocky, Adrian, sale de un coma y le implora a Rocky que gane la próxima pelea. El entrenador de Rocky exclama: "¿Qué estamos esperando?".

En esa época esa escena me había parecido cursi, pero ahora yo estaba pasando por esa situación y me dije a mí mismo: "¿Qué estoy esperando?".

Me levanté de un salto y corrí cinco millas desde mi casa hasta el gimnasio. Mientras corría, con cada zancada me sentía cada vez más ansioso por ponerme los guantes y entrenar con un sparring, cualquiera que fuese.

Cuando llegué, subí al cuadrilátero con Rudy Zavala, quien se convertiría después en un buen boxeador profesional. Pero ese día lo derroté. Estaba como poseído, y dejé salir toda mi rabia y mi frustración entre las cuerdas. Continué golpeándolo incluso después de que sonó la campana y después de que los entrenadores me gritaron que parara. No quería parar. Seguí golpeándolo aun cuando empecé a llorar. Finalmente, me retiré sollozando.

Luego de ese episodio volví a entrenar en serio.

No obstante, siempre tenía tiempo para ir al cementerio. Iba solo cada dos días, algunas veces permanecía durante horas. Me echaba al lado de la tumba de mi madre y hablaba con ella.

Un día, realmente sentí que ella me respondió con su bendición. Fue como si me hubiera dicho: *¡Ve a ganar esa medalla de oro! Sé que vas a lograrlo.*

Considerando el éxito que había tenido hasta entonces en la categoría amateur, parecía que tenía una oportunidad.

Cuando ingresé a un torneo de los Golden Gloves en Lynwood, California, me enfrenté por primera vez con los chicos grandes. Me ubicaron en la división para boxeadores de mayores de dieciséis años, lo que significaba que teóricamente podía pelear con alguien de veinticinco o treinta años.

Aquella pudo haber sido una situación intimidante, pero la experiencia que había obtenido entrenando con boxeadores profesionales me había ofrecido una preparación superior a mi edad.

Fui todo un éxito. Noqueé a cuatro de los cinco tipos con los que combatí. Y la única razón por la que no noqueé al quinto fue porque durante toda la pelea se la pasó bailando por el cuadrilátero, tratando de estar fuera de mi alcance.

En esa época yo ya participaba en competencias nacionales, así que también fui varias veces al centro de entrenamiento olímpico en Colorado Springs.

Mientras tanto, mis entrenadores me enviaban de un lado para otro. Después de abandonar el gimnasio del centro, entrené durante algún tiempo con Al Stankie, un antiguo policía que en 1984 entrenó a Paul Gonzales, otro boxeador de mi zona que ganó la medalla de oro.

Al era un buen entrenador que te hacía trabajar como si el mundo fuera a acabarse mañana. Sin embargo, el problema de adicción que lo asolaba lo convertía en un loco impredecible.

Una tarde durante mi época de estudiante, estaba viendo televisión con mi madre y mi hermano en la sala de mi casa. De repente, oímos el chirrido de unos frenos, pisadas apresuradas que subían hasta nuestra puerta y un furioso traqueteo: era Stankie. Sin dirigirnos una sola palabra, irrumpió en la cocina, abrió la nevera, tomó un huevo, lo rompió contra el lavaplatos, vertió la yema en un vaso, le agregó jugo de naranja, se lo tragó, arrojó el vaso al lavaplatos y salió.

Repito, no dijo una sola palabra.

Lo alcancé antes de subir al auto y se limitó a mirarme y decirme, "Hijo, tenemos que entrenar".

Stankie le pedía dinero a extraños diciéndoles que lo necesitaba para vivir mientras entrenaba a la próxima gran estrella de los Juegos Olímpicos.

No duró mucho con nosotros.

Cuando Stankie se fue en 1999, recurrimos a Robert Alcázar, el hombre que había estado siempre esperando una oportunidad.

Robert había oído hablar de mí mucho antes de conocerme. Él y mi padre eran compañeros de trabajo en una planta de aire acondicionado y calefacción en Azusa. Como ambos habían sido boxeadores, sus conversaciones giraban en torno al cuadrilátero.

Mi padre mencionó que su hijo era un boxeador amateur en ascenso. Robert iba a desempeñar un papel muy importante en determinar cuán lejos llegaría yo en mi carrera. Luego de pasar de un entrenador a otro, fue mi padre quien decidió que su ex compañero de trabajo sería la mejor opción para entrenar diariamente a su hijo.

En vista de que Alcázar no tenía un gimnasio fijo, nos movíamos mucho cuando empezamos a trabajar con él.

Estuve de un lado a otro antes de empezar a entrenar con él. Robert comenzó a trabajar conmigo en medio de una racha de victorias que obtuve alrededor del mundo. Luego de ganar en la división de las 119 libras en los Golden Gloves en 1989 —la victoria que me permitió regalarle a mi madre el anillo que llevaba puesto—, gané el campeonato amateur de 125 libras de Estados Unidos en 1990, una medalla de oro en esa categoría de peso en los Juegos de Goodwill de 1990 y el título amateur de 132 libras de Estados Unidos en 1991, antes de partir para el Campeonato Mundial de 1991 en Sydney, Australia.

No había perdido una pelea desde 1987 cuando entré al cuadrilátero para mi primer combate contra Marco Rudolph, un boxeador alemán.

Era rápido y escurridizo. Al igual que muchos europeos, Rudolph tenía bien estudiado el sistema de puntaje. Entraba al cuadrilátero, lanzaba uno o dos golpes y salía. Volvía a entrar, lanzaba otro golpe rápido y volvía a salir. Me pasé todo el encuentro intentando cazarlo, pero no lo logré.

Y a juzgar por la calificación de los jueces, ellos tampoco pensaron que yo lo hubiera logrado. Rudolph me venció 17–13.

Estaba devastado. No me vencían con frecuencia como amateur, sólo cinco veces en doscientos veintiocho encuentros, y nunca supe cómo enfrentar las derrotas. Esta era particularmente dura, pues fue justo antes de los Juegos Olímpicos.

Me encerré en mi habitación del hotel en Sydney después de la pelea y me negué a salir hasta que terminara el torneo. Estamos hablando de un evento que duraría dos semanas más. Pero me mantuve firme y me sometí a dos semanas de encierro voluntario y solitario. Nunca hubo nada que superara la amargura de esa derrota. Fue el peor momento de mi vida profesional.

Mi entrenador, Pat Nappi, venía a mi puerta gritando y ordenándome que saliera, pero yo no le contestaba.

Estaba demasiado deprimido para enfrentar al mundo. Había sido el niño mimado del equipo estadounidense, el favorito para ganar la medalla de oro, y estaba eliminado, mientras mis compañeros de equipo apenas empezaban a calentar.

Ninguno de mis familiares o amigos estaba conmigo en Sydney y, al principio, tenía miedo de contarles lo que había sucedido. Especialmente a mi padre, pues temía su reacción. Finalmente se lo dije cuando se propagó la noticia de mi derrota, y pasé el resto del tiempo en Sydney hablando por teléfono con conocidos o viendo televisión, sin prestar realmente atención a lo que veía, hora tras hora, día tras día.

Fue un momento duro para mí. Nunca olvidaría a Marco Rudolph. Pero tampoco iba a olvidar la promesa que le hice a mi madre. Cuando regresé a casa, recuperé mi valor y me sacudí del escozor de esa derrota.

Me esforcé por regresar a la senda del triunfo y clasifiqué para participar en los Juegos Olímpicos en una pelea eliminatoria en la que vencí al zurdo Patrice Brooks.

Lo había logrado. Había clasificado delante de muchos familiares y amigos.

Sin embargo, casi al mismo tiempo en que sentí emoción por la calificación, entendí que era tan sólo el primer paso de lo que muy seguramente sería un camino largo y duro para obtener la victoria olímpica.

Como preparación a Barcelona, entrenamos en Hawái y Carolina del Norte, fortaleciendo el cuerpo y la mente para la tarea que nos esperaba.

Aun así, sentí temor cuando llegamos a España, no por los oponentes que podría enfrentar, sino por la presión que yo mismo me había impuesto, decidido a regresar a casa con la medalla de oro para mi madre, y por la presión ajena, pues yo era la imagen de todo el equipo de Estados Unidos.

Era yo quien aparecía en la portada de las revistas de boxeo y el que daba casi todas las entrevistas y hacía casi todas las sesiones fotográficas. Siempre que necesitaban a alguien para publicidad, mi nombre parecía ser el primero.

La situación era distinta entre los entrenadores de Estados Unidos. Nadie pronunciaba mi nombre cuando hablaban de los favoritos para ganar la medalla de oro olímpica. Sentía que desde que había perdido con Marco Rudolph, me había convertido en un boxeador más para ellos. Cuando Rudolph me derrotó, fue como si no pudiera hacer nada para impresionarlos de nuevo.

Rudolph era el favorito en Barcelona, junto con el cubano Julio González, considerado también un excelente contrincante. No se hablaba mucho de mí, a pesar de que había vencido a González un año atrás.

Aquello me dio aun más coraje para trabajar duro.

Pero muy en el fondo, yo estaba petrificado. Los pensamientos negativos seguían acechándome. ¿Y si perdía? ¿Y si decepcionaba a todo el mundo? O peor aun: ¿Y si defraudaba a mi madre? Todo eso me daba vueltas constantemente en mi cabeza.

El día que llegamos a Barcelona, todos estaban emocionados. La ciudad, situada junto al mar, es muy hermosa. Nos hospedamos en la Villa Olímpica y nos codeamos con estrellas de todos los deportes. No se puede olvidar que ese fue el año del primer equipo soñado de los Estados Unidos. Y allí estábamos, compartiendo con personas como Magic Johnson y Michael Jordan.

En la primera noche, todo el equipo de boxeo quería salir, celebrar, recorrer la ciudad y disfrutar de la vida nocturna de Barcelona.

Yo no me moví de donde estaba. "No", dije. "No voy a ningún lado. Vine a hacer un trabajo y lo voy a hacer".

Me mantuve muy concentrado durante todo el tiempo que estuve compitiendo. Sólo salía de mi habitación para pelear, comer y entrenar, y luego volvía al aislamiento de mis cuatro paredes. Escribía cartas, me recostaba en la cama a descansar o simplemente me concentraba en mi próxima pelea. Eso era todo lo que hacía. Temía que algo sucediera si salía con los muchachos, y no iba a permitir que nada me apartara del camino que me había trazado.

Algunos de mis compañeros de equipo se escabullían de los dormitorios y llegaban tarde. Cada uno tenía su propia manera de lidiar con los agotadores horarios y el fuerte estrés al que estábamos sometidos.

Cuando empezó la competencia, mi temor a la derrota desapareció, excepto por un detalle. Justo antes de lanzarme al ruedo, segundos antes de dar los dos pasos que me conducirían al cuadrilátero, me preguntaba: "¿Y si pierdo?".

Pero una vez que escuchaba la campana, tenía todas las respuestas.

Mi primer encuentro fue contra Adilson Da Silva, de Brasil, un boxeador que golpeaba duro, aunque no más que yo: lo derribé en el primer asalto. Me sentí bien.

Sin embargo, en el segundo asalto, sentí brotar sangre de una cortada que tenía debajo de mi ojo izquierdo. No era nada serio, pero ¿y si el árbitro pensaba lo contrario? Ese pensamiento me atormentaba.

Todo nuestro equipo sentía que había una predisposición contra los norteamericanos, como si los jueces pudieran usar cualquier excusa para hacernos perder una pelea. Uno de nuestros boxeadores, Eric Griffin, obtuvo una victoria evidente, y sin embargo, perdió por el sistema de puntuación. Los miembros del equipo de Estados Unidos caían derrotados por doquier.

En el tercer asalto el referí ordenó parar el reloj y le indicó al médico del cuadrilátero que me examinara el ojo. Pensé, *Dios mío, este podría ser el fin cuando apenas estoy empezando. Un médico que ni siquiera conozco puede acabar conmigo.*

Cuando el doctor autorizó la reanudación de la pelea sentí un inmenso alivio.

Con la amenaza de la detención de la pelea todavía latente, redoblé mis esfuerzos. Lancé algunos golpes al cuerpo y arremetí con unos cuantos ganchos que hicieron pedazos a Da Silva. La sangre le salía a borbotones de varias cortadas y el referí volvió a parar la pelea. Pero esta vez lo hizo para otorgarme mi primera victoria olímpica.

Uno a la lona y cuatro más por enfrentar. Era hora de comer algo y regresar a mi guarida.

Mi segundo oponente fue Moses Odion de Nigeria. Era un tipo alto, de unos 6,3 pies de estatura, zurdo y huesudo, un boxeador tipo Paul Williams. Descubrí que era realmente difícil atacarlo y hacerle daño. Especialmente después de haberme lesionado el pulgar derecho. Llegué al punto en que prácticamente no podía usar mi mano derecha.

Como si fuera poco, seguía adaptando mi estilo de pelea para ganar más puntos en el complicado sistema de puntuación utilizado en los Juegos Olímpicos. En dicho sistema, un juez debe presionar una tecla que tiene en frente cada vez que considere que se ha lanzado un golpe efectivo. Sin embargo, para que un boxeador obtenga puntos, por lo menos tres de los cinco jueces deben presionar sus teclas casi de manera simultánea cuando el otro boxeador recibe el golpe. Ese sistema puede hacer perder puntos a los boxeadores de Estados Unidos, quienes usan su velocidad para arremeter con combinaciones de dos, tres o cuatro golpes. Por más ecuánime que sea, muchas veces un juez es incapaz de presionar su tecla lo suficientemente rápido para asignar puntos por cada golpe de una combinación. En consecuencia, un boxeador talentoso, capaz de lanzar una gran cantidad de golpes efectivos, corre el riesgo de no obtener ninguna ventaja sobre un boxeador lento y metódico, cuyo estilo le permite dar solamente un golpe a la vez.

Tratar de adaptar el estilo de pelea en medio de un torneo de boxeo es como cambiar el *swing* de golf en medio de una ronda y no en el campo de práctica. Pero yo tenía que hacerlo. Estaba boxeando con un estilo profesional, lanzando muchas combinaciones de golpes, pero los jueces no me estaban dando puntos.

Así que allí estaba yo, enfrentando a un excelente contrincante, armado únicamente con una mano buena y un estilo que era una receta perfecta para la derrota. Además, Odion no estaba precisamente cooperando. Se replegaba demasiado mientras me salpicaba con sus golpes directos.

Todo lo que podía hacer era tranquilizarme y ser más un provocador que un boxeador. Esquivaba, atacaba con energía y castigaba a Odion. Es cierto que no era la manera más elegante de pelear, pero en ese momento, no me importaba lo que pensaran de mí mientras marcara puntos.

Obtuve un puntaje muy bueno y gané 16–4. Volví a levantar mi brazo victorioso.

Esta vez, sin embargo, mi pulgar lesionado hizo que el gesto de victoria me resultara doloroso. Pero no iba a dar ninguna señal de que algo andaba mal, pues lo último que quería era hacerle saber a mi próximo rival que tenía una ventaja sobre mí, que no tenía tanto que temer de mi lado derecho como del izquierdo.

Consulté con el médico del equipo, quien me puso hielo en el pulgar y lo sometió a estimulación eléctrica, pero yo todavía sentía punzadas.

Afortunadamente, mi próximo encuentro sería dos días después, así que tenía 48 horas para que se redujera la inflamación y recuperar algo de flexibilidad en el pulgar.

Mi próximo rival fue Toncho Tonchev de Bulgaria, un oponente que me preocupaba porque ya había derrotado a Julio González en un encuentro anterior. Tonchev era un poco más bajo que yo, lo que significa que podía ser unas cinco o seis pulgadas más bajo que González, y aun así había logrado vencer al cubano. Eso era lo que me preocupaba.

Muy pronto, esa preocupación se convirtió en alivio. A pesar de la rudeza del búlgaro, su estilo era ideal para mí, aunque pareciera lo contrario al principio. Salió al cuadrilátero con mucha rudeza y sentí la dureza de sus golpes. Después de los primeros dos asaltos, la pelea estaba sólo 7–6 a mi favor.

Pero en el tercer asalto, Tonchev, que seguía parado frente a mí, casi estático, se volvió un blanco fácil. Los dos días de reposo habían permitido que la hinchazón de mi pulgar se redujera lo suficiente para poner de nuevo en forma mi mano derecha, pero ni siquiera la necesité. Tonchev se había convertido en un blanco inmóvil y lo destrocé con ganchos de izquierda en ese asalto final en el que gané 9–1. El puntaje final fue 16–7.

Había pasado a las semifinales y la medalla olímpica estaba a la vista.

La responsabilidad de obtener el más preciado de todos los galardones reposaba únicamente sobre mis hombros. No pensaba acudir a los entrenadores olímpicos porque estaban abrumados de trabajo, de modo que no les quedaba mucho tiempo para darme un entrenamiento especializado. Nadie se sienta contigo y revisa una grabación de tu próximo oponente. Ellos no conocen tu estilo, y mucho menos el de tu rival. En ese punto del torneo, la preparación física consiste en ir al gimnasio y ejercitarse bajo la mirada vigilante de tres entrenadores cuyo objetivo es que alcances el peso ideal y puedas mantenerlo. Lo demás corre por tu cuenta.

Sin embargo, yo no estaba completamente solo. Robert Alcázar había venido a Barcelona para ayudarme en lo que pudiera. No importaba si tenía que volar o viajar miles de millas, Robert se aseguraba de estar siempre disponible cuando lo necesitaba.

Aproveché su presencia en Barcelona y rompí dos veces el exilio que yo mismo me había impuesto para escaparme después del toque de queda de las 9 p.m. y encontrarme con él. Pasé por dos puestos de control de seguridad para llegar hasta la zona de la playa donde Robert me recogió. Fuimos a su habitación del hotel y repasamos mi técnica.

Ese no es un procedimiento estándar según el manual de los Juegos Olímpicos, pero no me importó. Estaba dispuesto a aprovechar cualquier fisura que encontrara en las reglas de los Juegos Olímpicos. Me tranquilizaba saber que Robert estaba allí para ayudarme en este proceso.

Creo que mis entrenadores sospechaban que salía de la Villa Olímpica para recibir ayuda extra, pero hacían la vista gorda. El éxito que estaba teniendo en Barcelona hacía que me dieran un trato preferencial.

Me enfrenté a Sung-Sik, de Corea del Sur, en las semifinales. Este tipo era un boxeador sucio, un provocador, un luchador más que un boxeador.

Sung-Sik fue penalizado con tres puntos por infringir las reglas en el combate, pero yo me rebajé a su nivel y también fui penalizado con tres puntos. Sentí que no tenía otra alternativa que utilizar su misma táctica si quería sobrevivir. Sung-Sik se apresuraba a asaltarme y usaba su cabeza o sus codos para hacerme daño. De haber podido, seguramente hubiera utilizado el banco que tenía en su esquina.

En una pelea, una cuarta amonestación puede significar la descalificación automática. Sung-Sik fue amonestado por cuarta vez, pero el referí permitió que el combate prosiguiera.

El encuentro seguía parejo en la última mitad del asalto final. ¿El surcoreano iba a arrebatarme la medalla de oro? Sung-Sik estaba literalmente aguantando para robarse el encuentro. El árbitro nos separó y nos amonestó una vez más.

Aun así no hubo descalificación.

Me hice cargo de la situación en los últimos segundos y le descargué un golpe limpio para lograr una victoria 11–10 realmente difícil. No sólo fue la pelea más dura que tuve en los Juegos Olímpicos, sino una de las más complicadas que he tenido en mi carrera.

Miré distraído el techo del cuadrilátero, sin fijarme realmente en él. Lo que realmente estaba mirando era la imagen de mi madre en mi mente. Pensé asombrado que en realidad me estaba cuidando. Tenía que ser ella.

Mi padre estaba furioso cuando terminó la pelea, indignado de que hubiera sido tan sucia. Yo estaba sorprendido de haber podido salir airoso, invadido por la emoción de saber que cuando regresara al cuadrilátero al día siguiente, sería para pelear por la medalla de oro olímpica.

¿Quién sería mi oponente? No lo sabría sino hasta el día siguiente. Parece difícil de creer, especialmente para quienes están en casa y tienen la ventaja de ver toda la competencia por televisión. Pero cuando uno está en ese ambiente, las cosas son muy diferentes. Una vez iniciada la competencia me preocupé tanto por mis propias peleas y me sentí tan ansioso por volver a mi habitación a descansar para mi próximo encuentro, que no seguí los resultados diarios. No sabía quién ganaba y a quién eliminaban.

Creo que los entrenadores preferían que fuese de esa manera. Nos trataban como si fuéramos tigres al acecho, encerrados en una jaula, para que nuestra agresividad aumentara. Confiaban en que cuando nos soltaran para pelear, esa agresividad saldría de una manera feroz, sin la carga que implica analizar a un oponente en particular. No querían que la manipulación sicológica nos afectara.

Pero mientras me dirigía al cuadrilátero para pelear por la medalla de oro, no hubo manera de mantener la calma cuando conocí la identidad de mi rival.

Era mi antiguo enemigo, el mismo que me había derrotado un año antes en el campeonato de Australia, el oponente que me había empujado al aislamiento y que había frustrado mis sueños; Marco Rudolph.

Nunca logré sacarme a Rudolph de la cabeza. Cuando llegué a Barcelona, miré los grupos de combate para ver si se cruzarían nuestros caminos, pero le había perdido el rastro.

Sabía que se ganaba la vida como cocinero en el hotel Branitz de

Cottbus, su ciudad natal en Alemania, y estaba decidido a enviarlo de nuevo a la cocina junto con los demonios que había desatado en mí. Pero toda mi determinación se diluyó cuando vi su nombre junto al mío en la hoja del combate.

Mi primera reacción fue pensar: *El sueño terminó. Este fue el tipo que me derrotó una vez, ¿por qué no habría de hacerlo de nuevo?*

Empecé a ser presa del pánico y hablaba conmigo mismo para tranquilizarme, tratar de mantener la compostura e intentar convencerme de que esta vez sería diferente.

Cuando salí a pelear por la medalla de oro, estaba prácticamente solo en cuanto a compañeros de equipo se refiere. Todos los demás habían sido derrotados y habían tomado su propio camino; no se quedaban para apoyar a los sobrevivientes y, en cambio, se iban de fiesta y a divertirse.

Yo llevaba una bandera de Estados Unidos mientras me aproximaba al cuadrilátero. Mi tía Irma me dio una bandera mexicana y me dijo, "Llévala en honor a tu madre. Ella era mexicana".

Y yo haría cualquier cosa por mi madre.

Pero cuando iba a meterme entre las cuerdas, un funcionario de Estados Unidos se interpuso en mi camino. "Si subes con eso", dijo, señalando la bandera mexicana, "te vamos a descalificar. Si ganas, te quitaremos la medalla".

Seguí mi camino. ¡Por favor! Si yo ganaba la medalla de oro, ¿quién se atrevería a quitármela?

Cuando subí al cuadrilátero y vi a Rudolph por primera vez desde Sydney, sentí que nunca en mi vida había estado tan asustado. Mi corazón palpitaba como un tambor. De nada me había servido todo el tiempo que había pasado tratando de animarme. Había magnificado tanto a este tipo en mi cabeza que cuando lo vi en carne y hueso, apareció ante mis ojos como un monstruo.

A pesar de todo, una vez que sonó la campana mi corazón se apaciguó, mi mente se agudizó y mi determinación venció las dudas, y fui capaz de concentrarme en el plan que había diseñado para vencerlo. No iba a salir corriendo detrás de él para tratar de acorralarlo como la primera vez. Esta vez iba a tomar distancia. Dejaría que me buscara y me atacara, y yo aprovecharía el contragolpe para acumular puntos. Eso lo desesperaría por reponer los puntos perdidos.

Efectivamente, tal como lo había planeado, tomé la delantera desde el principio, pero Rudolph se mantuvo en la pelea, rezagado por apenas 1 punto cuando nos acercábamos al asalto final.

A poco más de un minuto del final, me lanzó un derechazo, lo esquivé y le descargué un gancho con la izquierda justo en el mentón.

Boom, se derribó.

Fue una imagen impactante para mí. Marco Rudolph, mi verdugo y torturador, tendido en la lona ante mí.

Se levantó, pero ese nocaut me había dado una victoria parcial de 7–2 y no me iba a dejar vencer; mantuve ese puntaje hasta el final.

Recuerdo aquel campanazo como si fuera ayer. Miré a la multitud y vi a mi familia, con mi padre al frente saltando de alegría. Yo también sentí felicidad, pero no pude expresarla. No fui capaz de saltar ni llorar de alegría. Era como si estuviera congelado. Estaba conmocionado. No tenía ninguna expresión en mi rostro. No podía transmitir ninguna emoción. No sabía cómo reaccionar. ¿Debía sentirme feliz porque había ganado la medalla de oro o triste porque mi madre no estaba allí conmigo?

Parado en el podio de la victoria, con la medalla de oro al cuello, el himno nacional sonando y la bandera de Estados Unidos ondeando, miré hacia donde estaba mi familia y vi a mi madre animándome junto a todos los demás. La vi claramente con mi mente, como si ella fuera real. Su imagen descomunal se erguía por encima de todos los demás, de la ceremonia y de mí.

Aun así, no lograba expresar mis emociones.

Finalmente, cuando terminó la ceremonia y le concedí una entrevista a Fred Roggin de NBC, todos mis sentimientos me asaltaron de golpe. Fred me preguntó por mi madre y empecé a llorar; mis emociones se derramaron en esas lágrimas como una represa desbordada.

¡Al fin!

Recuerdo haberme disculpado con Fred por mi llanto.

Cuando regresé a mi casa de Los Ángeles, me encontré con un recibimiento superior al que había podido imaginar. Yo esperaba que toda mi familia estuviera en el aeropuerto para verme traer la medalla de oro a casa.

Y efectivamente, allí estaban, pero acompañados de miles de personas. Recuerdo que recorrimos la autopista 405, seguidos por una caravana de celebración integrada por cientos de autos.

Cuando llegamos a nuestro vecindario en el Este de Los Ángeles, nuestra calle estaba a reventar. Había cámaras por todos lados. Era una locura. Las estaciones de radio transmitían en vivo desde nuestra sala a medianoche.

Yo estaba abrumado. Fue la celebración más prolongada que tuvimos. Llevaba la medalla a donde fuera.

Lo que yo anhelaba era visitar a mi madre y llevarle la medalla, pero no quería que me siguieran al cementerio. Y podían haberlo hecho. Desde mi regreso, los camarógrafos me seguían siempre.

Finalmente les dije, "¿Podrían dejarme solo por un momento por favor? Quiero ir al cementerio y llevarle la medalla de oro a mi madre. Y quiero hacerlo solo. ¿Pueden respetar ese deseo?"

Fueron muy amables y cumplieron con mi petición.

Cuando llegué al cementerio, puse la medalla sobre la tumba de mi madre y permanecí de pie allí durante horas, hablándole, recordando, llorando. Pensé en todo lo que podría haber hecho por ella, en todas las cosas que podría haberle comprado si aún estuviera viva. En la casa que le habría regalado, la ropa, los zapatos, cualquier cosa que deseara.

La imaginé sentada en medio de la multitud viendo mis peleas, animándome en tiempos más felices. Y pensé en todo el dolor que había tenido que soportar en sus últimos días.

Recuerdo haber preguntado en voz alta, en aquel cementerio silencioso, "¿Por qué no puede estar aquí? ¿Por qué tenía que irse?"

Todos estos años he seguido pensando cómo serían las cosas si mi madre estuviera aquí.

Con todo y lo buena que ha resultado ser mi vida, creo que habría sido aun mejor si ella estuviera aquí. Creo que no habría tenido hijos fuera del matrimonio. Creo que mi vida sería más organizada.

He aprendido de todo lo que me ha sucedido, de lo bueno y de lo malo. Los errores te hacen madurar, pero si ella estuviera aquí, yo habría madurado un poco más rápido.

A mi madre le importaban mucho los valores. Siempre estaba vigilándome y asegurándose de que hiciera lo correcto.

Sí, ella y yo pensábamos que la medalla de oro era la meta más alta, pero no era una persona que se preocupara por el dinero ni por las cosas materiales. En verdad no lo era. Para ella, la medalla representaba un gran logro, alcanzado gracias al trabajo duro. Eso era lo importante para ella.

Creo que si mi madre me hubiera visto brillar como boxeador profesional, me habría convencido de retirarme a una edad temprana, me habría persuadido de hacerlo mucho tiempo atrás. Le habría dado más importancia a mi bienestar futuro que a los cinturones y a la gloria.

Así era mi madre, siempre poniendo las cosas en perspectiva.

III

LA VENTANA MÁS LIMPIA DE MÉXICO

Manuel González nunca conoció a Gustavo Díaz Ordaz, pero tuvieron una visión en común.

Ambos consideraban que Tecate era un paraíso en Baja California, un pueblo pintoresco que ofrecía un descanso al agreste terreno de las montañas de Sierra Juárez y a los centros industriales densamente poblados de Tijuana y Mexicali, localizados allí.

Fue Díaz quien en 1964, durante su campaña presidencial, llamó a Tecate "la ventana más limpia de México". Cuatro años después, González vio algo muy parecido, un lugar para darles una vida mejor a su madre y a sus hermanos.

La vida no había sido fácil para Candelaria González, mi abuela, ni para sus cuatro hijos —Manuel, Amparo, Cecilia y Evodio, Jr.— en la sureña Sonora. Nacida en Durango, Candelaria había conocido a su esposo Evodio en Ixpalino, una población de Sinaloa. Cuando se separaron, Candelaria se llevó a sus hijos a Sonora en 1956, mientras que Evodio, un campesino, permaneció en su pueblo.

Como madre soltera, Candelaria mantuvo a sus hijos vendiendo tamales, panes y dulces, trabajando en oficios domésticos y planchando ropa ajena.

En 1968, Manuel, que ya era un peón de veinticuatro años y cabeza de familia, sucumbió a los encantos de Tecate.

La ciudad fronteriza más antigua de Baja, y originalmente llamada Zacate por los indios Yuma, Tecate era una comunidad agrícola a comienzos del siglo XIX y se dio a conocer por la Cervecería Tecate, fundada en 1943.

Mi abuela aún vive en Tecate, en una casa que le compré. Además de sus tres hijos que aún viven, ella tiene catorce nietos y treinta bisnietos.

De la descendencia de los González, la que pasó el menor tiempo en la nueva casa de la familia fue Cecilia, mi madre. Cuando vivían en Sonora, su tía María Candelaria fue a visitarla desde Los Ángeles y le propuso que regresara con ella. Mi madre, quien iba a cumplir dieciocho años, se emocionó con la posibilidad. No había visto a su padre desde los cinco años, y su madre y sus hermanos partían a una nueva vida en Tecate.

Después de obtener la visa, se dirigió al otro lado de la frontera a vivir con su tía en Los Ángeles, donde encontró un empleo en una fábrica de cremalleras.

Todas las mañanas, mi madre tomaba un autobús con sus dos primas para ir desde el Este de Los Ángeles hasta su trabajo en el centro de la ciudad. No vio al hombre que se estaba abasteciendo de gasolina frente a la parada del autobús hasta que él se acercó en el auto y les preguntó si necesitaban un aventón.

Mi padre, Joel De La Hoya, se presentó, y las jóvenes se montaron en el auto. Al igual que mi madre, mi padre había nacido al otro lado de la frontera y había venido a vivir al norte con su familia.

Los De La Hoya eran campesinos en Durango. Vicente y Guadalupe tenían diez hijos, de los cuales mi padre era el mayor. Cuando no estaba trabajando en el campo, Vicente se dedicaba al boxeo, que era su pasión.

Fue el primer De La Hoya en venir a los Estados Unidos, dejando atrás a Guadalupe, quien no quiso renunciar a su vida sencilla en México. Vicente se estableció en el Este de Los Ángeles y comenzó a trabajar como mecánico mientras continuó brevemente con su carrera boxística. Su punto culminante fue un combate en el legendario Auditorio Olímpico en el centro de Los Ángeles.

Mi abuelo envió por mi padre cuando éste cumplió dieciséis años. Llegó a Estados Unidos en 1955 y se matriculó en la Escuela Secundaria Roosevelt. Después de graduarse, comenzó a trabajar cavando tumbas en un cementerio de San Gabriel. Después de tres años, comenzó a trabajar con láminas metálicas, algo que hizo por los próximos cinco años.

Mi padre iba retrasado al trabajo el día que llevó a las chicas González al centro, pero no lo lamentó. Muy pronto, mi madre se convirtió en pasajera frecuente de su auto, pues comenzaron a salir juntos.

Dieciocho meses después, mi padre le propuso matrimonio. Para entonces, ella trabajaba como cantante y viajaba para dar recitales, incluso hasta San José. A mi padre le preocupaba que el matrimonio pudiera frustrar su carrera.

"Eso no me importa", le dijo ella. "Quiero casarme contigo".

Mi padre también tenía una carrera con la que soñaba y quería sacar adelante. Al igual que su padre, amaba el boxeo. Tenía un récord de 22-2 como amateur.

Sin embargo, su transición a los profesionales comenzó de manera desastrosa. Lo único que logró en sus tres peleas iniciales fueron dos derrotas y un empate. Pero luego recuperó su estilo perdido y alcanzó nueve victorias seguidas. Incluso siguió los pasos de su padre en el Auditorio Olímpico, combatiendo en una pelea que se llevó a cabo allí.

Mi padre consiguió un empleo en una planta de aire acondicionado y calefacción en Azusa, donde hacía de todo, desde trabajar en las máquinas hasta hacer de despachador. Mantener a su creciente familia no le dejó tiempo para continuar su sueño de hacer una carrera en los cuadriláteros. Permanecería en el trabajo de Azusa por un cuarto de siglo, y durante ese tiempo sus sueños de boxeador se convirtieron en un vago recuerdo.

Cualquier esperanza de gloria en el cuadrilátero que mi padre tuviera, tendría que transmitírselas a sus dos pequeños hijos.

IV

MI ÚLTIMA PELEA,
A LOS CUATRO AÑOS

Los recuerdos de México siempre serán especiales para mí pues son los primeros que tengo. A pesar de haber nacido en el Este de Los Ángeles, crecí viajando frecuentemente con mi familia al otro lado de la frontera para visitar parientes.

Las primeras palabras que escuché fueron en español. Mi padre hablaba más en inglés, pero mi madre no se sentía cómoda hablando en este idioma. Lo entendía, pero tenía dificultades para comunicarse y prefería hablar en su lengua materna.

Yo no tenía ese problema, pues si intentaba hablar español con mis amigos del barrio o de la escuela, se reían de mí, me señalaban y se burlaban: "¡Miren, habla español!".

Rápidamente aprendías a limitarte a hablar inglés si querías "ser buena onda" y aceptado.

El boxeo también está grabado en mi mente como una de mis primeras experiencias, pero no es un recuerdo grato.

Los fines de semana íbamos a casa de mi tío Lalo, a unas cuadras de mi casa, para reunirnos con la familia. Las mujeres se reunían en la cocina a preparar la comida, mientras los hombres tomaban cerveza en el patio, alrededor del garaje. Esa era el área "masculina". Aquel garaje sin puerta servía como casa de juegos para los hombres.

Mi tío tenía una mesa de billar para que los muchachos jugaran, se rieran, bebieran cerveza, alardearan después de meter la última bola o pidieran la revancha cuando perdían. Todos se divertían mucho.

Y cuando se cansaban, se dedicaban a una competencia más seria: el boxeo. Obviamente no había gimnasio en ese patio trasero, pero sí guantes, y eso era todo lo que necesitaban.

A mi hermano Joel, dos años mayor que yo, le ponían los guantes y peleaba con algunos de mis primos.

Yo nunca lo hice, por lo menos no en esa época, pues apenas sobrepasaba los cuatro años.

Un domingo, dos de mis tíos la emprendieron en serio. Fue una pelea encarnizada, por lo menos ante mis ojos de niño pequeño. Vi sangre y me asusté.

Cuando terminó la pelea, miraron alrededor en busca de sangre fresca y alguien propuso a George, mi primo, que en aquel entonces tenía seis años.

¿Con quién podrían ponerlo a pelear?

Todas las miradas se dirigieron a mí.

Yo estaba aterrorizado y no tenía dónde esconderme. Mis tíos e incluso mi padre me presionaron para que peleara, asegurándome que podía hacerlo.

¿Hacer qué?, pensé. Nunca antes me había puesto un par de guantes. Pero eso no importaba, no tenía opción, así que levanté mansamente mis manos en contra de mi voluntad y vi con horror cómo esas dos armas de cuero, de un rojo brillante, eran encajadas en mis diminutos puños.

¿Y ahora qué? No sabía qué hacer.

Por el contrario, George era hijo del tío Lalo, lo que significaba que tenía acceso a los guantes, que los había usado antes y que al menos entendía lo que significaba lanzar un puñetazo. Eso me convertía en un perdedor seguro, considerando que estaba haciendo mi debut contra todo un veterano. No un veterano experimentado, pero indudablemente con mucha más experiencia que el pequeño Oscar.

Como era de esperarse, sucedió lo inevitable: *¡Boom!*, me metió un golpe en la nariz y ahí terminó todo.

Caí envuelto en lágrimas.

Cuando me levanté, corrí hacia mi padre. Todos los demás se rieron, pero creo que él se sintió avergonzado.

Y ese fue el triste comienzo de mi carrera como boxeador y, en lo que a mí concernía, también era el final.

V

EL REGRESO A LOS SEIS

No tenía idea de adónde me llevaría la vida. No es algo en lo que uno piense a los cuatro años. Pero sí podía haberles dicho algo. No iba a ser boxeador. Juré que nunca más me pondría otra vez unos guantes de boxeo después de esa tarde en el patio de la casa del tío Lalo.

Lloré tanto después de ese puñetazo en la nariz que todos dejaron de reírse. Mis tíos se mostraron comprensivos.

Pero no mi padre.

"No llores", dijo con severidad.

No me dio ni un abrazo.

Y les dijo con decisión a mis tíos, "Miren. Lo voy a llevar al gimnasio y va a volver a pelear".

Pero no fue algo inmediato: la pelea Oscar-George II nunca sucedió.

Yo no quería ser boxeador. Estaba petrificado. Detestaba el boxeo, pero no tenía elección.

A fin de cuentas, mi padre tenía razón. Llegué a amar algo que me había parecido muy repugnante. Y ese amor comenzó en el gimnasio, precisamente porque en ese instante no relacioné ambas cosas. El gimnasio era sólo un lugar de diversión para un pequeño como yo, un lugar para correr por ahí con otros chicos, para trepar y bajar por las cuerdas, para saltar torpemente a la cuerda o extender mis pequeños puños para tratar de mover un pesado saco que desde mi perspectiva parecía un rascacielos. Para mí, el gimnasio era un gran patio de recreo.

Mi padre dejó pasar prudentemente seis meses antes de mencionarme siquiera el tema del boxeo. Dijo que sólo íbamos al gimnasio a ver lo que hacían allí.

Vivíamos en la calle McBride y el gimnasio estaba en las calles Atlantic y Olympic. No quedaba muy lejos, a unas cuantas cuadras solamente, pero en esa época me parecía una eternidad llegar allá.

Mi hermano Joel ya golpeaba el saco de boxeo y hacía sparring. Yo simplemente me sumergía en la atmósfera.

Hasta que un día, mi padre me hizo ponerme los guantes. Me aseguró que no iba a pelear con nadie, sino a pegarle al saco de boxeo. A veces me levantaba en sus brazos, me ponía al nivel de la perilla de velocidad suspendida de una viga y hacía que yo la golpeara a manera de juego.

No era nada que me asustara.

Quizá debido a ese tratamiento moderado, comenzó a gustarme poco a poco. No era algo serio para mí. No era como si me dijeran que me pusiera los guantes y entrenara para vengarme de mi primo George. Yo no lo veía así.

En ese momento no sabía que el boxeo era un deporte. No veía las peleas los viernes por la noche en la televisión. Lo único que recuerdo que se veía en nuestra casa era el béisbol. Veíamos a los Dodgers todos los fines de semana.

Los entrenadores del gimnasio animaban a todos los chicos utilizando una pequeña plataforma sobre la que podíamos pararnos para alcanzar la perilla de velocidad. En realidad, en ese gimnasio tenían lo que llamamos peras de velocidad, pequeños sacos de boxeo que toman una velocidad increíble cuando uno los golpea. A todos los chicos nos encantaban.

Todo el mundo hacía un esfuerzo por crear un ambiente amable para los chicos, por convertir el gimnasio en un lugar que ansiáramos visitar.

Mi madre no cuestionó la decisión de mi padre de convertir el gimnasio en un punto central de mi juventud. Nunca dijo, "¿Qué estás haciendo? Él no va a ser boxeador". Y por su parte, mi padre nunca dijo, "Voy a hacer de Oscar un campeón". Así no eran las cosas.

Él no me llevaba al gimnasio a todas horas. A decir verdad, llegó un momento en que pensé que no me llevaba con la frecuencia suficiente.

Cuando cumplí los cinco años, tenía tantos de deseos de estar en el gimnasio que seguía en secreto a mi hermano hasta allá. Él iba después de la escuela y mi padre lo recogía allí después de salir del trabajo, alrededor de las cuatro de la tarde.

Me gustaba estar con mi hermano mayor, pero seamos realistas, para un chico de siete años como él, yo no era más que un pequeño estorbo, alguien a quien no le gustaba ver zumbando a su alrededor, así que no había manera de que él accediera de buena gana a llevarme con él.

Yo lo entendía, pero nadie me iba a privar de ir al gimnasio. El nombre del gimnasio, localizado en una estación de bomberos acondicionada con ese fin, era Ayúdate. Y eso era justo lo que yo iba a hacer. Esperaba hasta que mi hermano saliera, y luego me escabullía de casa detrás de él, manteniéndome a unos diez metros de distancia, escondiéndome detrás de un árbol o corriendo para meterme en un garaje, haciendo lo que fuera necesario para mantenerme fuera de su vista.

Una vez llegaba allá, mi hermano me veía, pero estaba tan absorbido por lo que hacía, que no se paraba a pensar realmente cómo había llegado yo hasta allí. Cuando tienes siete años, esas cosas no te preocupan mucho.

Mi padre no sabía que yo me escapaba al gimnasio, pero pronto se dio cuenta. Cuando entró un día y me vio allí, inclinó la cabeza, sonrió y dijo, "Bueno, creo que es hora de traer más seguido a Oscar".

Inicialmente yo golpeaba con la izquierda, pero Joe Minjarez, el entrenador del gimnasio, me hizo cambiar a la derecha porque le era difícil trabajar conmigo. Como él no era zurdo, de poco le habrían valido todos sus conocimientos.

Yo no notaba la diferencia, pues estaba muy pequeño. Él me decía cómo pararme y yo lo hacía. En términos retrospectivos, fue lo mejor que pudo pasarme porque me ayudó a liberar mi gancho izquierdo y a perfeccionar mis golpes cortos, mis dos mejores armas a lo largo de estos años.

Jugar en el gimnasio era una cosa, pero un día, di el gran paso: los vendajes en las manos.

Los vendajes son las bandas de gasa de protección que un boxeador se envuelve con fuerza alrededor de las manos para protegerse antes de ponerse los guantes. Los entrenadores nos llevaron a mi hermano, a mí y a otros cuatro o cinco chicos a Prieto Reyes, una tienda de artículos deportivos, para comprar los vendajes, que valían 50 centavos cada uno.

Eso era mucho dinero para mí, pero valía la pena porque yo creía que una vez tuviera los vendajes de la mano podía decir, "¡Wow! Ya soy un boxeador".

Por supuesto, no sabía ni cómo ponérmelos, pero al menos los tenía.

Tan pronto aprendí a envolverme las manos en esa fantástica gasa, estuve listo para usarla. No tenía ningún otro implemento. Los guantes y el casco eran del gimnasio y todos los chicos los usábamos indistintamente.

Cuando me llegó el turno, comencé a pelear como sparring; ese horrible día en el garaje del tío Lalo se lo achaqué a la inmadurez de un nené. Después de todo, eso había sido dos años atrás. Ahora que tenía seis años, yo ya era un chico maduro.

Después de hacer sparring por dos o tres meses, tuve mi primer combate a la edad de seis años. Fue en la Arena Deportiva de Pico Rivera, una edificación multiusos donde se presentaban desde conciertos hasta exposiciones.

Mi padre, mi hermano y yo íbamos allí los sábados en la mañana. Los chicos se pesaban y luego se iban a jugar. Los entrenadores se reunían para clasificarnos, reuniendo a los chicos que tuvieran el mismo peso y fueran tan parejos en edad y contextura como fuera posible. A veces lograban concertar un encuentro, a veces no.

Ese sábado en particular, mi padre estaba tratando de encontrar a alguien que enfrentara a mi hermano, pero no encontró a nadie. No había un oponente adecuado.

Pero sí lo había para mí, el pequeño Oscar, con 56 libras de peso.

No era que yo estuviera presionando a mi padre para que me buscara una pelea. Había llegado a un punto en que no me importaba recibir un puñetazo y me gustaba entretenerme con los otros chicos durante esos largos días en el gimnasio, que se prolongaban aun más cuando los adultos se iban a tomar cerveza y a conversar.

A pesar de mi corta edad, mi padre creyó que era hora de pasar al siguiente nivel, de que comenzara a competir. Mi hermano ya tenía uno o dos combates bajo su pequeño cinturón.

Yo estaba arriba en las graderías mirando hacia el cuadrilátero, cuando mi entrenador Joe Minjarez me gritó que bajara. Tenía una pelea.

Estaba entusiasmado. Era hora de emular a los chicos grandes.

Era divertido. No tenía implementos, zapatos ni shorts y, por supuesto, tampoco tenía guantes. Tuve que pedirle prestado todo el equipo a mi hermano. Los shorts me llegaban a las pantorrillas. Las zapatillas eran casi cuatro tallas más grandes, tanto que se doblaban hacia arriba en la punta como los zapatos de un duende. Tuve que doblar varias veces las medias que me dieron, unos calcetines de tubo, para que me quedaran debajo de las rodillas. Parecía más un futbolista o beisbolista que un boxeador. Y los guantes eran tan grandes que prácticamente me llegaban a los codos. Para rematar, tenía una camiseta con un logo de Seven Up.

Y así fui a la guerra por primera vez.

Antes de entrar al cuadrilátero, localizado en la superficie de tierra donde solían retozar los caballos, mi padre me empujó a un lado y me dijo, "Mueve la cabeza. Golpea duro".

No estaba nada nervioso cuando sonó la campana. Me abalancé sobre mi oponente, lanzando puños y sonriendo, tal como me había aconsejado mi padre. Para mí, era divertido, una especie de fiebre. El boxeo se me había metido en la sangre.

Para mi padre fue muy gratificante. Después de darme el consejo de último minuto, se mantuvo en silencio cuando la pelea comenzó. Mi padre no era uno de esos padres que gritan continuamente a sus hijos durante una contienda, gritándoles que lancen cortos, tiren un gancho y mantengan toda la energía. No; él se sentaba ahí, casi sereno, con los brazos cruzados, enorgulleciéndose del hecho de que su hijo estuviera al ataque.

Detuvieron la pelea en el primer minuto del asalto inicial. Para mi oponente, que no había logrado darme ni un golpe, ya había sido suficiente.

Para mí no. Quería hacerlo de nuevo.

CUPONES DE ALIMENTOS Y ASALTANTES: MI VIDA EN EL BARRIO

Vistos desde afuera, parecíamos una típica familia mexico-americana. Nuestra casa no tenía más ni menos que las otras casas del vecindario en el Este de Los Ángeles.

Sin embargo, en nuestra familia faltaba algo que es esencial en la crianza de un niño, una carencia que quizá también fuera típica de nuestro vecindario. Nunca hablábamos sobre nada. Nunca conversábamos en nuestra casa. Recuerdo que no le dirigía más de dos palabras seguidas a mi madre. Mis padres nunca nos dijeron a mi hermano y a mí cómo llegan los niños al mundo ni nos hablaron de cualquier problema que pudiéramos tener. Jamás se ofrecieron a ayudarnos con las tareas y se limitaban a decirnos: "Somos sus padres y deben obedecernos, no se diga más".

Lo que más lamento es no haberle dicho a mi madre que la amaba. Ella tampoco me lo dijo nunca. Yo sabía que me amaba y estoy seguro de que sabía que yo también, pero nunca tuvimos ese tipo de comunicación. No entiendo si se consideraba vergonzoso decirlo o sencillamente era algo que no formaba parte de nosotros. No quiero decir con esto que nuestra casa fuese fría, pero, en realidad, allí no se mostraba ninguna emoción. Mis padres no sabían cómo expresar sus sentimientos, especialmente mi padre. Apenas hace poco ha empezado a decirme que me quiere y a abrazarme cariñosamente. Por fin siento que está orgulloso de mí.

El momento de la comida ilustra bien cómo eran las cosas en aquel entonces. Mi padre comía solo la mayoría de las veces. Yo lo hacía cuando llegaba del gimnasio, y no sé a qué hora cenaba mi hermano. En cuanto a mi madre, era ella quien se encargaba de cocinar, esperaba hasta que todos hubiéramos comido, y cuando pasábamos a la sala a ver televisión, la veía en la cocina comiendo sola.

Estoy decidido a no cometer con mis hijos los mismos errores que mis padres cometieron con nosotros. Ni siquiera debería llamarlos errores, pues formaban parte de nuestra cultura.

Crecí en un pequeño apartamento de un segundo piso con una sala, una cocina, dos habitaciones y un baño en donde difícilmente cabía una ducha. En ese apartamento había espacio apenas suficiente para nosotros cuatro.

En la cocina había una mesa de cuatro puestos, pero ocupaba casi todo el espacio. Era una cocina típica de la época y de la zona en que vivíamos, con pisos de linóleo, una nevera y un horno.

Mi hermano y yo compartíamos el mismo cuarto y dormíamos en camarotes. Por ser el mayor, era él quien decidía la decoración de la habitación, la cual cubría con afiches de bandas de *heavy metal*. Yo no tenía ni voz ni voto.

En la sala teníamos un sofá de cuerina (para quienes no lo sepan, la cuerina es cuero sintético). En una de las paredes había un gran espejo con un crucifijo. El objeto más preciado era un televisor a color de 20 pulgadas, del que sobresalían dos antenas, torcidas a causa de los constantes ajustes. Comparada con una de esas enormes pantallas equipadas con accesorios tecnológicos, la nuestra se vería patética, pero en ese vecindario y en aquellos días, era como tener una pantalla de cine en casa. Es verdad que sólo teníamos siete canales y que era necesario cambiar los canales manualmente —un concepto que mis hijos consideran primitivo—, pero ya fuera que disfrutáramos de un partido de los Dodgers o de los programas de entretenimiento, ese televisor era nuestra ventana al mundo, la prueba de que había vida más allá de McBride Avenue.

Las paredes del apartamento eran todas blancas; no había alfombras, pero sí adornos baratos en todos los rincones. El lugar tenía una apariencia muy al estilo de los años cincuenta.

Teníamos nuestra propia provisión de ratas y cucarachas. Había tantas cucarachas que ni siquiera intentábamos matarlas y las considerábamos más como mascotas. Era todo lo que conocíamos.

Había una pequeña entrada junto a nuestro edificio que convertimos en un improvisado terreno de béisbol. Le cortábamos el palo a una escoba para hacer un bate, conseguíamos una pelota vieja de tenis y ya estaba. No era propiamente el estadio de los Dodgers, pero éramos felices.

Ese era nuestro mundo. Nunca abandonábamos nuestro vecindario, y vivíamos inocentes en nuestra pequeña burbuja. Una vez, cuando era niño, mi madre y yo fuimos a una consulta médica en autobús. Nos bajamos en la parada equivocada y nos perdimos. Mi madre no hablaba inglés, así que deambulamos por lo que a mí me pareció una eternidad. Resultó que estábamos en Montebello, no muy lejos de casa. Finalmente, mi madre llamó a un pariente para que nos recogiera.

Algunas veces vivíamos de los cupones de alimentos. Eran de color marrón y valían un dólar cada uno. Mi madre me enviaba con un talonario de cupones a la pequeña tienda de la esquina a comprar huevos, tortillas y una lata grande de frijoles. Si había mucha gente, yo esperaba a que se fueran antes de sacar mis cupones. Me daba mucha vergüenza.

Durante varios años llevé uno de esos cupones en mi billetera para no olvidar el valor de un dólar, de la comida ni de las cosas básicas de la vida para aquellos que no las tienen. Y también, para no olvidar lo lejos que había llegado.

Recientemente me robaron la billetera en Las Vegas y perdí mi cupón de alimentos. Y cuando la historia se conoció en todo el país, recibí cientos de cupones en mi buzón de las oficinas de Golden Boy Promotions, y ahora tengo suficientes de dónde escoger para mi nueva billetera.

Mi padre me dice que no debo ir por ahí diciendo que usábamos cupones de alimentos, pues no es cierto. La verdad es que él no se enteró porque mi madre nunca se lo contó. La idea de que el jefe del hogar se estuviera rompiendo la espalda para proveer alimentos a su familia y que aun así necesitáramos cupones para sobrevivir, habría sido inaceptable para mi padre. Era demasiado orgulloso para permitirlo, así que mi madre se lo ocultó.

Cuando nació mi hermana Cecilia doce años después de mi llegada a este mundo, nos mudamos a un dúplex en Mcdonnell Avenue. Vivíamos detrás de la casa del tío Vicente y aunque estuviera tan solo a una cuadra de nuestro antiguo apartamento, para nosotros fue como mudarnos a Beverly Hills. En nuestra nueva calle no había edificios de apartamentos, sino casas dúplex. Del hacinamiento en que vivíamos pasamos a lo que nos parecía una mansión. Hasta teníamos un jardín con un pequeño porche.

Si bien teníamos más espacio en la propiedad, la casa en sí era más pequeña y tenía una sola habitación. El garaje había sido transformado en una habitación adicional en la que dormíamos mi hermano y yo. Mi hermana pequeña dormía en el cuarto de mis padres.

Ceci trajo calidez a nuestra casa y cautivó por completo a mi padre, pues era el bebé de la familia. No era fácil conmoverlo, pero ella lo logró, y no solo a él: toda la familia la amaba y la consentía.

Teníamos un Monte Carlo gris claro de finales de los setenta. A mis ojos de niño, era un auto enorme, casi un tanque. No me parecía nada "padre", sino embarazoso.

A mi papá le tenía sin cuidado que el auto fuera "padre" o no. Estaba feliz de poder andar en cuatro ruedas. Tenía un trabajo duro y exigente, pero nunca se quejaba, y lo enorgullecía poderse encargar de su familia. Tal vez no fuéramos ricos, pero gracias a él teníamos un techo y podíamos disfrutar de la libertad de pasar tiempo en el gimnasio, en donde pude perfeccionar las habilidades que me permitieron hacerme cargo de mi familia de un modo que mi padre ni siquiera habría soñado.

Su consuelo era que al terminar su tedioso día de trabajo podía ir al gimnasio a ver a sus hijos entrenar. Eso lo alegraba, le recordaba a mi abuelo viéndolo pelear, y los días en que podía pasar la mayor parte del tiempo en un gimnasio, afinando sus habilidades.

Mi madre era el ama de casa por excelencia. Sin importar lo pequeña que fuera nuestra casa, ella se pasaba todo el tiempo limpiándola, sacudiendo, lavando los platos y la ropa. Se pasaba todo el día fregando, y mi hermano y yo nos preguntábamos cuántas veces se podía limpiar ese lugar. Era meticulosa: ése era su nido y estaba decidida a preservarlo como un territorio de seguridad y bienestar para su familia.

Mi madre cocinaba como si el mundo se fuera a acabar al día siguiente. Siempre hacía chorizos y huevos para el desayuno y carne asada (o de otra clase) con frijoles para la cena. Nunca faltaban las salsas en la mesa. Mi madre era conocida por sus salsas, tortillas y su guacamole.

Cada dos semanas íbamos los sábados por la mañana al mercado de Johnson, donde mi madre gastaba un promedio de 45 a 50 dólares en comestibles. Yo hacía todo lo posible por acompañarla antes de ir al gimnasio porque así podía escabullirme en la sección de los caramelos: me echaba un puñado a la boca y otro más en mis bolsillos.

A mi madre nunca le preocupó que yo tuviera un problema de sobrepeso. Primero que todo, era un niño muy activo, especialmente después de que el gimnasio se convirtiera en mi segundo hogar. En segundo lugar, no me gustaba comer, lo hacía de mala gana o jugaba con la comida en el plato, usando mi tenedor o una tortilla como excavadora. Hacía lo que fuera para que la comida no pasara por mi garganta. Eso no le hacía ninguna gracia a mi madre y me hacía permanecer en la mesa hasta que me comiera todo, algo que teniendo en cuenta mi falta de entusiasmo, podía tardar horas. No importaba el tiempo que me tomara o si la comida se enfriaba —lo que siempre sucedía—, estaba condenado a esa silla hasta que terminara.

En nuestro hogar, era la comida hecha en casa o nada, excepto cuando íbamos a visitar a nuestros parientes. En todos los años de mi infancia y mi adolescencia, jamás salimos a comer a un restaurante, ni una sola vez.

Cuando era adolescente, una vez entré a un pequeño restaurante chino cerca de nuestra casa y compré comida para llevar; esa fue la única vez.

Además de sus habilidades culinarias, mi mamá se enorgullecía de su apariencia y sus modales. Para ella, era importante tratar de ser una persona intachable. A pesar de que casi nunca salía de casa, su cabello siempre lucía perfecto y su maquillaje impecable, así estuviese limpiando. Deseaba a toda costa tener una apariencia elegante aunque no pudiera comprar objetos elegantes. No tenía dinero para ir a un salón de belleza, pero se teñía el cabello una vez a la semana y siempre aparecía con un nuevo tono rubio, que iba bien con su tez clara. Tenía unos hermosos ojos castaños... era realmente una mujer hermosa.

Medía aproximadamente 5,4 ó 5,5 pies, y pesaba 150 libras, tal vez un poco más. Podría decirse que era rolliza, pero eso no la obsesionaba, se sentía segura de su apariencia y con toda razón. Mi madre fue capaz de transmitir esa confianza a sus hijos. Vestirme y verme bien siempre ha sido algo importante para mí.

Mi madre siempre llenaba la casa de risas. Tenía una carcajada sonora, de esas que te dan ganas de reír. Cuando se juntaba con su amiga Maura, que era como una hermana para ella, o con una de sus primas, o con su tía Hermila, disfrutaban con algarabía y bullicio la vida que llevaban en su pequeño mundo.

En una ocasión, mi padre salió tan temprano del trabajo que llegó a casa antes que yo de la escuela. Mi madre se subió al auto de la familia, encendió la radio, le subió todo el volumen y empezó a oír rancheras, que era su música favorita. Cantaba tan fuerte que pude oírla mientras venía caminando, a unas cuantas casas de la mía.

Al principio me sentí abochornado y pensé: *¿Qué estás haciendo, mamá? Todos los vecinos te están oyendo.* En ese entonces yo era un estudiante de secundaria muy tímido. Mi mamá me hizo señas de que subiera al auto con ella y empezamos a cantar. Enseguida estábamos riéndonos y divirtiéndonos de lo lindo.

Eso es lo primero que recuerdo cuando pienso en ella antes de que se enfermara, antes de los agonizantes últimos meses en su batalla contra el cáncer de seno. Puedo vernos a los dos en ese auto, cantando a dúo, disfrutando de la compañía mutua, aparentemente despreocupados del resto del mundo.

Nunca tuve que ayudar con los quehaceres de la casa cuando era niño. Mis padres querían que tuviera un rendimiento destacado en la escuela y el gimnasio, y en eso consistía mi vida. Mientras yo me ocupara de cumplir con esos dos requisitos, mi madre estaba feliz de encargarse de la casa.

Yo no tenía ningún problema con ese arreglo, pero no tener ninguna responsabilidad en la casa también significaba no recibir una mesada. Sin embargo, mis padres tampoco tenían los medios para darme una. Mis compañeros me conocían como el niño pobretón.

En la escuela había filas para comprar comida y útiles escolares. En la primera comprabas brownies, galletas y otras golosinas, mientras que en la segunda se podían comprar lápices o cuadernos. La diferencia no tenía importancia para mí porque nunca hacía ninguna de las dos filas, pues no tenía dinero para comprar nada.

Eso siempre les causó gracia a mis compañeros de clase, a quienes les encantaba burlarse del pobre Oscar. Si les hubiera dicho que algún día sería conocido como el Chico de Oro, se habrían burlado aun más.

Al final del verano, cuando todas las tiendas ofrecían promociones para el regreso a la escuela, recibía un cuaderno y algunos lápices, eso era todo.

Como el dinero era poco, mis padres nunca nos llevaron de compras. Únicamente tenía un par de *jeans*; los usé una y otra vez hasta que mis amigos me señalaban y se destornillaban de la risa, y entonces me harté de ellos.

Aunque nunca se lo confesé a mi madre, a veces usaba sus pantalones para ir a la escuela. Una vez me puse un par de pantalones rojos suyos, con un cierre en la parte trasera, que me quedaban muy apretados. No es difícil imaginar la reacción de mis amigos. Después de dos clases, no resistí más y me fui a casa.

Luego de ese incidente volví a mis viejos y queridos *jeans*.

Tengo que confesar que siendo muy niño, cuando tenía aproximadamente nueve años, fui a K-Mart varias veces y robé lápices y borradores. Me los metía en los bolsillos y salía de la tienda. El miedo que sentía no me detenía, pues los necesitaba para la escuela. No sé qué habría sucedido si mis padres se hubieran enterado.

A decir verdad, puedo adivinar lo que habría hecho mi madre. Es curioso que mi padre nunca nos pusiera una mano encima a pesar de ser tan duro e intimidante con mi hermano y conmigo. Por increíble que parezca, era mi madre quien se encargaba del castigo físico. Se quitaba uno de sus zapatos y nos lo lanzaba, o nos daba con una correa. Esos castigos nos hacían llorar cuando éramos pequeños, pero nos tenían sin cuidado a medida que fuimos creciendo.

Una vez empecé a reírme en medio de una zurra. Mi madre me bajó de su regazo y dijo: "Está bien, le voy a decir a tu padre que te castigue cuando regrese del trabajo".

Esa amenaza me preocupó. El temor que sentí borró la sonrisa de mi cara y la reemplazó por una mirada de arrepentimiento.

Normalmente esperaba ansioso el momento en que mi padre regresaba a casa, pues eso quería decir que yo podía irme al gimnasio.

Esa vez, sin embargo, no tenía prisa alguna por verlo llegar, pues sabía que su llegada significaba subir a la habitación y tener un "encuentro cercano y personal" con su correa.

Finalmente, oí el sonido que tanto temía, su auto se detuvo y la puerta se abrió. Mi madre lo recibió entre lágrimas, señalándome y acusándome: "No me hace caso". Una sombra de ira oscureció el rostro de mi padre. Me tomó del brazo y me llevó a la habitación que compartía con mi hermano, tirando la puerta tras de sí. Yo ya estaba temblando.

Una vez en la habitación, el ceño fruncido se desvaneció y en su lugar apareció una amplia sonrisa, acompañada de una risita nerviosa. Me preguntó qué estaba sucediendo; yo me sentía confundido y aliviado al mismo tiempo.

Lentamente, mi padre se desabrochó el cinturón y lo sacó de los pasadores. En ese momento me sentí aun más desconcertado.

"Escúchame" susurró, "voy a golpear con fuerza la cama con este cinturón y cada vez que lo haga, quiero que grites como si te estuviera doliendo mucho, ¿está bien?"

"Está bien", dije.

¡Bang! ¡Bang! Mi padre golpeó varias veces la cama y cada vez que lo hacía yo emitía un grito de dolor.

En ese momento vi a mi madre parada en el umbral de la puerta. No parecía nada contenta con la situación.

El hecho de que mi padre pudiera actuar como "el bueno" en una situación como esa no disminuía mi temor a contrariarlo. Era un hombre de modales bruscos y recios; las cosas se hacían a su manera o no se hacían, y aunque yo lo respetaba, también le tenía miedo.

El efecto intimidante que tenía sobre mí se prolongó durante mucho tiempo más, incluso después de ganar la medalla de oro olímpica, de hacerme boxeador profesional y de empezar a ganar más dinero que él.

Recuerdo que en una ocasión —luego de comprar una propiedad

en Montebello para mi familia y para mí— intenté entrar en casa a hurtadillas con mi amigo Raúl tras una noche de fiesta y licor, temeroso de que mi padre me descubriera.

Había salido con unos amigos después de vencer a Paris Alexander en Hollywood, en mi tercera pelea profesional. Nos llevaron a casa a eso de las 3 a.m. y pedimos que nos dejaran una cuadra antes para que mi padre no me viera, ya que no habría aprobado que llegara a esa hora de la madrugada a casa, menos aun estando ebrio.

Yo había hecho instalar cámaras de seguridad alrededor de la casa, así que Raúl y yo intentamos trazar una ruta hasta mi habitación para esquivar las cámaras.

Ahí estaba yo, próximo a cumplir veinte años, y actuando como un niño que se ha comportado mal. Tal era el efecto que tenía la imponente presencia de mi padre en mí. Cuando llegamos al perímetro de la casa, Raúl y yo nos arrastramos como dos soldados que intentan pasar por debajo de una barricada de alambre de púas. Llegamos a la casa, pero todas las puertas estaban cerradas con seguro.

Estábamos tan borrachos que, después de arrastrarnos durante unos minutos, nos deteníamos y dormíamos un poco antes de reanudar nuestra "misión de reconocimiento".

A través de las cortinas, alcanzábamos a ver la sombra de mi padre viendo televisión en una habitación de la primera planta. Mi cuarto estaba en el segundo piso, y pensamos que si lográbamos llegar hasta allí, podríamos decir que habíamos estado en casa todo el tiempo.

La fachada de la casa tenía unas columnas que sostenían el balcón de mi habitación. Tomé una silla, me subí en ella e intenté alcanzar la verja del balcón.

El alcohol que había tomado y la desvencijada silla en la que estaba parado me hacían sentir tan inestable como un boxeador que se levanta después de haber sido noqueado por tercera vez. Pero cuando Raúl estabilizó la silla con su peso, finalmente pude equilibrarme lo suficiente para agarrarme con firmeza a la verja e impulsarme hasta la parte de arriba del balcón, en donde me desplomé estrepitosamente.

Permanecí un momento en silencio, temiendo que mi padre me hubiera oído, pero al no sentir sus pisadas lentas y pesadas en la segunda planta, supuse que estábamos a salvo.

La suerte seguía de nuestro lado. La puerta que daba a mi habitación no tenía seguro, así que lo único que tenía que hacer era ayudar a subir a Raúl. Se montó en la silla, pero tuvo el mismo problema que yo: era un escalador ebrio apoyado en una base inestable. Me agaché y estiré mi mano para sujetar su brazo.

De pronto, me quedé paralizado. Raúl parecía desconcertado, pues yo me veía vacilante aunque la silla ya no se movía. Cuando Raúl se dio vuelta, entendió.

Mi padre estaba aguantando la silla.

Nunca podía salirme con la mía si él estaba cerca, aunque de todos modos no intentaba hacerlo muy a menudo. Mi hermano y yo éramos buenos muchachos, al igual que la mayoría de los amigos con los que salía. Éramos los chicos inocentes de la cuadra, y no queríamos involucrarnos en nada malo.

Para mi padre, el mejor ejemplo de un muchacho malo era Eric Gómez. ¿Por qué? Y porque Eric, a quien conozco desde que tenía cinco años, se la pasaba en la calle con su patineta y yo quería patinar con él. A mi padre le preocupaba que me hiciera daño tratando de imitarlo, y según él, eso lo convertía en una mala influencia.

No es que no hubiera chicos verdaderamente malos en el vecindario. Estaban los pandilleros, algunos de los cuales me pidieron varias veces que me uniera a ellos, cuando tenía trece y catorce años. No hacía falta que mi padre me dijera que no era una buena idea unirme a una pandilla, pues yo sabía que estos chicos estaban metidos en algo más que patinetas.

Había tantas pandillas en el sector donde vivíamos, que mi hermano y yo no salíamos de noche, y nunca lo hacíamos solos. Lo más lejos que me aventuraba era a la licorería a comprar leche, pero sólo iba con mi hermano o con un vecino.

Cuando mi carrera de amateur empezó a despegar, los miembros de las pandillas empezaron a reconocerme y dejaron de presionarme para que me uniera a ellos. Más bien me protegían, pues respetaban lo que yo hacía en el cuadrilátero.

El hombre que garantizaba mi protección era conocido como "El Padrino", un personaje de unos sesenta años, cubierto de canas, que se paseaba por el vecindario con la ayuda de un bastón, sin camisa y con tatuajes en todo el cuerpo: era "EL hombre".

Un día me topé con él en la calle. Asintió y me dijo "No te preocupes por nada. Te estamos cuidando".

En esa época, yo era muy inocente para saber que necesitaba protección, pero a medida que fui creciendo llegué a apreciar el hecho de que hubiera dado la orden de que nos dejaran en paz. Cuando digo "nos" me refiero a toda la familia De La Hoya. En el sector donde vivíamos había tiroteos en la calle, policías patrullando constantemente y helicópteros invadiendo el cielo nocturno, pero nuestra casa estaba siempre resguardada, como si viviéramos en un domo protector.

Supongo que debo darle las gracias al hombre del bastón por eso.

La condición privilegiada que tenía en el barrio quedó plenamente demostrada una noche traumática, en lo que comenzó como un inocente recorrido hasta la casa de mi novia, Verónica Ramírez, a una cuadra de mi casa. Eran las ocho de la noche, una hora supuestamente segura y tranquila.

Llevaba una chaqueta de cuero y una cámara, y estaba a unas casas de mi lugar de destino cuando oí el rugido de un camión. El vehículo frenó en seco y de su interior salieron cerca de diez tipos con máscaras para esquiar. Había pistolas por todas partes. Me pusieron una en la cabeza y pensé que me había llegado la hora y que moriría a los quince años.

"Dame tu chaqueta", me exigió uno de ellos. "Dame tu cámara".

"¿Tienes billetera?" preguntó otro.

"Sí, tómala", respondí.

Todo fue muy confuso, sólo vi que el camión se alejó a toda marcha y que yo estaba solo de nuevo, en una noche tranquila.

Sintiendo que iba a hacerme pipí en los pantalones, corrí a casa de Verónica y llamé a la policía.

Cuando finalmente me llené de valor para salir de nuevo a la calle, me dirigí rápidamente a casa, mirando constantemente por encima de mi hombro y tomando una ruta distinta a manera de protección.

Cuando llegué, una tía que se estaba quedando con nosotros me dijo, "Tu amigo acaba de venir y te dejó algunas cosas que olvidaste en su casa".

Se trataba de mi chaqueta, mi cámara y mi billetera.

"¿Qué diablos es esto?", pensé en voz alta.

Al día siguiente descubrí que quienes me habían asaltado eran muchachos del barrio que no me reconocieron en la oscuridad y descubrieron quién era yo al abrir la billetera.

Fue algo que, una vez más, tal vez debía agradecer al hombre del bastón.

Pero mis historias con las pandillas no terminaron ahí. Mucho después de mudarme de vecindario, otra pandilla trató de reclutarme para sus filas.

Cuando era boxeador profesional recibí una oferta de una fuente inesperada, un nuevo grupo de admiradores que acechaban en la oscuridad.

Sucedió en un club en West Covina a donde había ido con Raúl y algunos amigos; éramos aproximadamente veinte. Yo estaba soltero, no tenía preocupaciones y con cinco peleas profesionales a mi haber, era bastante conocido en el sur de California.

Una rubia se me acercó, empezó a hablarme, y poco después estábamos en la pista de baile.

No era nada anormal, pues no era la primera mujer que me abordaba.

Cuando empezamos a entrar un poco más en confianza me dijo sonriendo que alguien quería conocerme, señalando una mesa en la esquina del salón.

De nuevo, no tenía nada de inusual; algunas personas querían simplemente presentarme a sus familiares y amigos.

Atravesamos la pista de baile, me condujo hasta una mesa muy concurrida y señaló a un tipo que tenía algo menos de cuarenta años y que parecía ser el líder del grupo.

El hombre se presentó y añadió, "¿Te puedo invitar a tomar algo? De hecho, voy a pagar todas las copas que quieras. Puedo hacerme cargo de ti".

No había nada inusual en él, no tenía tatuajes o joyas ostentosas y tampoco hablaba fuerte, ni de una manera brusca.

Le di las gracias —pensé que era un admirador con mucho dinero— y regresé a mi mesa.

Cuando me senté, mis amigos empezaron a susurrar: "¿Sabes quiénes son? La mafia mexicana, deben haberte reconocido".

Había oído hablar de ellos antes y ahora estaba asustado. La rubia se quedó conmigo y los tragos siguieron llegando por cortesía de esa mesa. Me sentí presionado. Incluso cuando fui al baño, sentí que me vigilaban.

En efecto, cuando miré hacia la mesa donde estaban, varios tipos me estaban observando; querían seguir la conversación, pero yo no.

Pensé que de alguna manera era una aventura emocionante, pero yo sabía que debía detenerla de inmediato si quería que tuviera un final feliz.

Era hora de emprender la huida. Raúl y yo decidimos que mis amigos me rodearían y que saldríamos del club en grupo.

Conté hasta tres, nos levantamos y nos dirigimos a la puerta como una manada salvaje. Una sensación de alivio me recorrió cuando sentí el aire frío de la noche, pero eso no duró mucho tiempo. Por encima de mi hombro vi a mis nuevos amigos saliendo apresurados del club y dirigiéndose hacia mí, ansiosos por continuar nuestra conversación.

Creo que había unas mil personas en el club cuando salimos. Segundos después, el lugar estaba prácticamente vacío, la multitud había salido a la calle y se desató el caos. La mayoría de las personas probablemente ni siquiera sabían quién era yo, simplemente habían visto al grupo mío siendo perseguido por mis "nuevos amigos", y salieron a ver en dónde ocurriría la acción.

Pero la acción no iba a ocurrir estando yo. Uno de mis amigos ya se había subido al auto y había encendido el motor. Yo me lancé dentro; los neumáticos chirriaron mientras retrocedíamos, golpeando fuertemente a alguien en la pierna cuando aceleramos.

Llegamos a mi casa en Montebello sin más incidentes. Éramos diez, y nos reímos y celebramos al calor de unas cervezas, recordando esa noche tan emocionante.

Al cabo de una hora aproximadamente, el grupo empezó a dispersarse. La mayoría de los muchachos se fueron y yo subí a mi habitación. Nuestra casa quedaba en una calle sin salida y mis amigos habían estacionado en el semicírculo. Oí los motores de los autos encenderse y vi los destellos de las luces que se filtraban por mi ventana.

Miré por la ventana y quedé paralizado al ver en medio de mi calle, y totalmente inmóvil mientras los autos pasaban a su lado, a la rubia del club, quien miraba fijamente mi casa, en dirección a mi ventana. Fue algo alucinante.

Permanecí dentro y la mujer se fue después de un rato.

Luego confirmé que se trataba de la mafia mexicana, la cual estaba interesada en manejar mi carrera. Nunca más intentaron contactarme.

Y nunca más regresé a ese club de West Covina.

por el sendero empedrado, mirando el cielo lleno de estrellas, muchas más de las que podía ver en el cielo de nuestra ciudad.

El camino pasaba a un lado de la casa de mi bisabuela, y los sonidos provenientes de la casa principal se desvanecieron a medida que me acercaba al retrete.

De repente, sentí una mano fría y huesuda que me agarró de la muñeca; era mi bisabuela. Luego emitió un sonido bajo y gutural, casi como un gruñido. Simplemente, estaba intendando hablar, pero era algo muy aterrador para un niño.

De haber podido, habría regresado a casa de mi abuela de un salto, pero no podía liberarme; ella no me lo permitía. Comencé a gritar y a pedirles ayuda a mis parientes, quienes vinieron y me liberaron de ella.

Las condiciones de la casa de mi abuela eran primitivas si se las comparaba con las de la casa de mis padres, pero en muchas ocasiones deseaba que Tecate fuera mi hogar porque mis tías y tíos eran muy cariñosos y atentos, y me demostraban sus sentimientos con una desenvoltura mucho mayor que la que veía en mi propio hogar. Sostuve varias conversaciones allí; eran conversaciones largas y profundas que me permitieron expresar mis propios sentimientos. Y yo extrañaba profundamente esas conversaciones cuando estaba en mi casa.

Tecate no era nuestro único destino en México; también íbamos a Durango, cerca de Ciudad de México, a visitar a la familia de mi padre. Tardábamos veinticuatro horas en llegar hasta allí.

Mi abuela paterna, quien se había separado de mi abuelo, vivía con varias tías, tíos y primos míos en una casa más grande que la de Tecate: y la casa tenía baño, lo cual era todo un lujo.

El ambiente era igual al de Tecate. Siempre había diez personas sentadas alrededor de la mesa tomando chocolate caliente, comiendo desayunos mexicanos, hablando, riéndose e interactuando. Nunca me cansaba de estas reuniones.

Hasta mis padres se contagiaban del espíritu mexicano y se volvían más abiertos, lo cual me ofrecía la oportunidad de decir cosas que nunca decía en casa. En esos momentos pensaba incluso en decirles a mis padres que los amaba.

Pero nunca lo hice.

El control en la frontera era mucho más flexible en aquella época anterior al 9/11, sin embargo, mis padres actuaban con cautela antes de cruzar el puesto de control de la aduana. Siempre nos aconsejaban actuar con prudencia y decirle al oficial de la aduana que éramos "ciudadanos americanos".

Mi madre siempre tenía dificultades con esto, incluso después de recibir la ciudadanía americana, pues aún tenía problemas con el inglés. Siempre se ponía nerviosa cuando llegábamos a la frontera. Permanecía sentada en la parte delantera del coche, repitiendo una y otra vez: "Ciudadana americana. Ciudadana americana".

Justo antes del puesto fronterizo desde EE.UU., había una pequeña edificación con un letrero que decía AMERICAN MARKET. Era lo último que se veía antes de llegar al puesto fronterizo.

Recuerdo una ocasión en particular; mi padre, mi hermano y yo nos habíamos identificado como ciudadanos americanos con mucha seguridad y sin pensarlo dos veces, tal como siempre lo hacíamos. Luego le llegó el turno a mi madre.

El oficial se agachó y la miró por la ventanilla del auto. Y ella exclamó nerviosa: "American market. American market".

Mi hermano y yo comenzamos a reírnos, pero al oficial de aduanas no le pareció nada divertido. Nos hizo bajarnos y comenzó a interrogarnos mientras inspeccionaban nuestro auto.

Recuerdo otro momento divertido que tuve con mis amigos en la frontera varios años después, luego de haber ganado la medalla de oro. Éramos unos diez, incluyendo a Raúl, y veníamos de Cancún, donde compramos unas veinte cajas de tabacos cubanos.

De regreso en la frontera, avanzamos por un túnel que conducía al puesto de control. Vimos a los oficiales de aduana mientras nos acercábamos. Tenían un aspecto serio y desafiante, pero lo más alarmante era que tenían perros que husmeaban artículos ilegales, y seguramente, los tabacos cubanos estaban incluidos en esa categoría.

Nos preocupamos, pero Raúl dijo que se encargaría de todo, así que le entregamos la bolsa con los tabacos.

Y entonces comenzamos a bromear con él. "Raúl", le gritamos. "¿Qué llevas en esa bolsa? ¿Tabacos? ¿Tabacos cubanos?"

Y él, que generalmente es sumamente calmado en cualquier situación, comenzó a sudar y a decirnos que nos calláramos.

Afortunadamente, cuando llegamos al puesto de aduanas, uno de los oficiales me reconoció.

"Hola, campeón, ¿cómo estás? No te preocupes", me dijo, y nos dejó seguir. "Adelante".

Sin embargo, uno de los perros siguió a Raúl, husmeó la bolsa que llevaba y se negó a abandonarlo. Raúl mantuvo la cabeza agachada y caminó cada vez más rápido hasta que desaparecimos de la vista del oficial. Tuvimos que hacer un esfuerzo para no reírnos mientras lo veíamos decirle al animal que no lo molestara.

Este es otro motivo para sonreír cuando pienso en México.

TACOS AL AMANECER

Yo era apenas un niño de seis años que saltaba y se vestía como si estuviera en Halloween.

Sin embargo, y en términos retrospectivos, mi primera pelea demostró ser mucho más que eso; fue el momento en que di mis primeros pasos tentativos por un camino que mi abuelo había recorrido hacía mucho tiempo, y que luego fue seguido por mi padre. Ese sábado por la tarde en el Pico Rivera Sports Arena, le añadí un eslabón a la cadena de mi familia y establecí con mi padre un vínculo de por vida, vínculo que fue templado posteriormente al calor de la batalla, aunque puesto a prueba por las exigencias propias de la existencia de un guerrero.

De todas las batallas que he peleado en mi carrera, ninguna fue tan dura como la lucha para ganarme la aprobación de mi padre, quien fue criado en una cultura en donde la diferencia entre ganar y perder en el cuadrilátero podría significar la diferencia entre la adulación y la desesperación en la vida. A mi padre le parecía que los elogios generaban exceso de confianza y falta de disciplina; siempre estaba más preocupado por mi próxima pelea que eufórico con la última.

Y en cierto sentido tenía razón. En el boxeo, la victoria puede ser fugaz y la derrota permanente.

Claro que no pensé en nada de eso luego de mi primera pelea; yo sólo era un niño que había aprendido que era mucho más agradable ganar que perder.

Obtuve un trofeo que le di a mi madre, y también le mostré los regalos que obtuve con mi triunfo. Algunos de mis tíos estaban al lado del cuadrilátero, y cuando bajé las escaleras, me recompensaron con dinero. Uno de ellos me dio una moneda de 25, y otro una de 50 centavos.

Eso me abrió los ojos: ¿así que también podría ganar dinero peleando?

Me encantó eso y toda la atención que recibí, pero el premio más grande que obtuve con esa pelea fue la primera señal de aprobación de mi padre, la cual no fue verbal. Pasó mucho tiempo antes de que pudiera expresarlo con palabras, y lo único que me dijo fue: "Hiciste un buen trabajo, pero puedes hacerlo mejor".

Sin embargo, yo veía que él se sentía muy orgulloso de mí. Nuestra familia y algunos de sus amigos fueron a verme. Por la expresión de su rostro, sabía que pensaba, *Sí, ese es mi chico.*

Posteriormente tuve muchas peleas. A veces tenía que subir al cuadrilátero el sábado y también el domingo, pero siempre lo hacía por lo menos una vez a la semana. Ocasionalmente tenía que pelear en otros gimnasios lejanos, como en el de Santa Fe Springs.

Sin embargo, y sin importar mi buen desempeño en el cuadrilátero, yo sabía que mi padre me sermonearía un buen rato cuando llegara a casa. Él se ponía en posición de boxeo y me mostraba como debí haber hecho esto o aquello.

Recibí mi primer par de guantes cuando tenía diez años. Mi tío José Luis Camarena me llevó a comprarlos; él era uno de los tíos que peleaban en el garaje del tío Lalo. José Luis no era muy bueno con los guantes, y siempre recibía una paliza, pero era magnífico para comprarlos.

Mis implementos boxísticos continuaron aumentando. Yo necesitaba proyectar una buena imagen, pues era el campeón de mi barrio y llevaba varios años sin recibir una derrota, así que mis padres me compraron *shorts* de satín rojo. A mi madre le gustaba ese color porque decía que traía buena suerte y me haría sentir más rabioso, como un toro al ver el color rojo en la capa del matador.

También me dieron zapatos, medias y camisetas sin manga, y dejé de utilizar las de 7-Up. Mandamos a marcar mis shorts con mi nombre con letras de pegatina.

Siempre estaba ansioso por ponerme la ropa de mi hermano, pues yo tenía muy poca. Esperaba que se marchara a la escuela, sacaba ropa suya, me la ponía y me iba por un camino diferente al suyo.

Un día, cuando tenía unos nueve años, me sorprendió y comenzó a golpearme en la cocina de nuestro apartamento en McBride. Le lancé un gancho de izquierda en el cuerpo y se derrumbó como un saco de papas.

Nunca más volvió a molestarme.

Desde un comienzo, mi hermano había recibido toda la atención de mi padre porque se suponía que era el Chico de Oro. La gente decía que él era mejor que yo, pero finalmente resultó que no le gustaba el boxeo y se retiró a los catorce o quince años después de solo cuatro peleas. Las perdió todas, y hasta el día de hoy, si se lo preguntas, te dirá que se las robaron, pero yo creo que él no tenía el corazón puesto en ellas.

Mi tío José Luis le suplicó que permaneciera en el boxeo, y trató de sobornarlo con una motocicleta. Pero de nada sirvió, mi hermano quería retirarse.

Él prefería el béisbol, un deporte en el cual se destacó antes de arruinarse el brazo lanzando.

Yo acompañaba a mi hermano al estadio de béisbol, pues quería estar con él, y tal vez ser incluso su compañero de equipo. Aunque había aprendido a amar el boxeo, todavía me intrigaban los planes de mi hermano mayor.

Un sábado, cuando yo tenía ocho años, estábamos jugando un partido en el Parque Salazar. Él era el lanzador y yo era el paracortos.

El juego sólo duró unos 5 minutos. Mi padre llegó de la zona de estacionamiento con aspecto enfadado. Entró al campo de juego sin importarle el partido, me agarró del brazo y me sacó del diamante.

"Ya basta", me dijo con firmeza. "Esto no es para ti".

Comencé a llorar, pues no entendía nada: yo sólo quería jugar.

Pero estaba desperdiciando mis lágrimas, pues expresar emociones era algo que no funcionaba con mi padre, ni tampoco discutir con él.

Ese fue el final prematuro de mi carrera en el béisbol. Sólo había un guante que mi padre quería que yo me pusiera, y no tenía malla como los de béisbol.

Cuando mi hermano salió del panorama, mi padre centró toda su atención en mí: me convertí en su elegido.

Pero no sólo de mi padre: me convertí en el centro de atención de mi numerosa familia. Me apoyaron y me compraron implementos, y todos estaban ansiosos de tener una parte en la creación de Oscar.

Percibí que mi hermano se sentía herido por toda la atención que recibía yo, y cuando pasó a un segundo plano, creo que lamentó por primera vez no haber seguido en el boxeo.

Era una trama parecida a la de la película *La Bamba*. Yo era Ritchie Valens y él era Bob Morales, el hermano mayor.

Siempre llevé a mi hermano a todos mis entrenamientos, pero sentía su resentimiento hacia mí, lo cual es comprensible.

Pero es curioso como todo aquello se ha invertido; actualmente mi hermano y mi padre son muy unidos y hacen muchas cosas juntos. Tengo una buena relación con mi padre, pero puedo sentir que es más cercano a mi hermano.

Sin embargo, durante mi juventud, mi padre se concentró en mí a medida que yo seguía teniendo éxitos en el cuadrilátero y llenando nuestra casa con mis trofeos. Llegué a ganar más de doscientos.

Durante todos esos años, mi padre me presionaba para que corriera. Sin importar la fase de mi carrera en la que me encontrara, era partidario de que yo me entrenara desde que me despertaba: yo debía correr por la carretera desde que abría los ojos.

Cuando se despertaba a las 4:30 a.m. para ir a su trabajo en Azusa, me tocaba la puerta y me gritaba: "Me voy a trabajar y tú tienes que ir a correr".

Este proceso duró pocos meses y luego se convirtió en algo automático para mí. Era muy extraño que un chico se levantara a las 4:30 a.m. para correr, pero yo lo hacía.

Aún recuerdo las escenas y los olores del amanecer mientras corría por el barrio con los audífonos debajo de mi capucha, la música retumbando en mi alma. Pasaba por un puesto de comidas y veía a varias personas reunidas, comiendo tacos al amanecer. Le daba la vuelta al cementerio y regresaba a casa. Corría un total de dos millas en casi media hora.

Desde los seis a los nueve años, tenía peleas con los niños del sector, y cuando cumplí diez, llegué a la categoría amateur.

Durante ese período, Joe Minjarez fue mi entrenador, al igual que el de todos los chicos del gimnasio. Nos hacía trabajar pero de una forma divertida. Cuando terminábamos el entrenamiento al final del día, nos daba 25 o 35 centavos a cada uno para comprar helados en la pequeña tienda que había enfrente. Y mientras otros padres y entrenadores se iban a beber cerveza en la parte posterior del gimnasio, Joe permanecía con nosotros.

A los catorce años pensé que iba a dar el mayor paso de mi naciente carrera: nuestro equipo de boxeo viajaría a Hawái para enfrentarse a un equipo de esa isla. Era algo superior a todo lo que yo había imaginado, abordar un avión y volar miles de millas a un lugar lejano para una pelea de boxeo. Eso era lo que hacían los profesionales.

Joe tenía que elegir a seis chicos, pero cuando dio a conocer la lista, yo no estaba en ella y me sorprendí. Pero mi sorpresa fue más allá al ver la reacción furiosa que tuvo mi padre; simplemente perdió el control.

No sé de qué habló con Joe; simplemente me encogí de hombros y pensé: *¡Qué bueno habría sido ir a Hawái!*

Pero para ser justo con mi entrenador, había otro chico en mi categoría —de 85 o 90 libras— que también era muy bueno, mayor y con más experiencia que yo.

Sin embargo, mi padre no escuchó ninguna explicación. Salimos del gimnasio y nunca más regresamos.

Comencé a entrenar en el Resurrection Gym, donde estaba George Payan, mi nuevo entrenador. Yo sabía muchas cosas de él porque había trabajado en Ayúdate. Era un hombre fuerte y conducía su trabajo al estilo militar; era como estar en un campo de entrenamiento para reclutas. Todos los días nos hacía correr varias millas, y comer helados en la tienda de enfrente era cosa del pasado.

Sin embargo, era bueno y sabía de boxeo. Aunque lamenté no tener a Joe como entrenador, el cambio fue bueno para mí; me acercaba a los trece años y necesitaba una mayor disciplina. El nuevo ambiente también me hizo mucho bien. Era un gimnasio más grande, con más boxeadores y una mayor competencia. Algunos boxeadores profesionales entrenaban allí, como por ejemplo, Paul González, quien habría de ganar una medalla de oro en los Juegos Olímpicos, así como Joey Olivo, un ex campeón de la WBA en la categoría de peso mosca. Sentí como si hubiera dejado el acogedor gimnasio del vecindario para entrar a uno grande.

Yo siempre atraía una multitud cuando entrenaba en Ayúdate; era una de las estrellas y podía justificar mi popularidad por mi capacidad de derrotar a cualquiera que pusieran a pelear conmigo.

Entrenaba con boxeadores profesionales cuando llevaba menos de un año en el gimnasio; mis días de supremacía habían llegado temporalmente a su fin.

El primer profesional que enfrenté fue Olivo. Tenía veintinueve años y había sido campeón mundial: mientras que yo tenía catorce años y todo mi mundo se reducía a mi barrio. Sin embargo, no me sentí intimidado. Pesaba casi 100 libras en aquel entonces, me gustaba pegarle al saco y confiaba en mis golpes. Esta confianza se disparó por las nubes cuando descubrí que podía pelear de igual a igual con Olivo, pues combatía cinco, seis, y hasta ocho asaltos con él.

Me convertí en el chico maravilla del gimnasio, y recibí todos los elogios que mi padre se había abstenido de hacerme.

En Ayúdate peleábamos tres asaltos y luego Joe hacía que uno de nosotros le pegara al saco grande, otro a la perilla para practicar velocidad y que otro saltara la cuerda. Nos decía que lo hiciéramos hasta que nos cansáramos.

Pero con George no existía el cansancio; él no quería saber nada de eso. Nadie hacía nada a título personal, trabajábamos como un equipo siguiendo una rutina de regimiento. Corríamos cinco millas al lado de George. Saltábamos la cuerda durante 10 segundos, y él nos hacía a aumentar la velocidad durante ese tiempo tan corto. Realmente trabajábamos duro.

Luego de las extenuantes jornadas de entrenamiento con George y de mis duras sesiones de sparring, enfrentarme a un rival de mi edad en varios torneos me parecía un verdadero descanso. Después de recibir los golpes de Olivo durante cinco asaltos, nada que yo recibiera de otro chico de catorce años iba a desconcertarme.

Sin embargo, eso comenzó a cambiar a medida que asistí a torneos como Golden Gloves y me enfrenté a otros boxeadores talentosos de mi edad, quienes también estaban destinados a alcanzar el estrellato. En ese circuito habían cuatro boxeadores elite: Shane Mosley, Pepe Reilly, Rubén Espinoza y yo.

Tres de las cinco peleas que perdí como amateur fueron con ellos, y cada derrota me pareció como si fuera el fin del mundo.

Mi padre tampoco lo tomaba de buena manera y siempre me echaba la culpa. Me decía que yo no entrenaba lo suficiente o que perdía mucho tiempo fuera del cuadrilátero. Nunca dejaba entrever la posibilidad de que mi rival fuera bueno; la culpa siempre era mía. Creo que realmente él sabía que yo era bueno y que por lo tanto debía derrotar a todos mis contrincantes.

Creo que mi padre quería vivir sus sueños a través de mí. Él era un boxeador y su padre también lo era, pero realmente ellos nunca llegaron a nada.

Mi padre no lo hizo porque veía signos de dólares encima de mi cabeza. Ninguno de los dos imaginaba que yo me convertiría en un chico de oro y que ganaría millones de dólares. Yo sólo lo hacía por amor al boxeo, y para que su hijo alcanzara el nivel que nunca alcanzó él.

Cuando yo tenía catorce años, iba al gimnasio, luego corría cuatro o cinco millas, y al llegar a mi casa, encontraba a mi padre con los guantes puestos, esperándome para entrenar y enseñarme algunos movimientos.

Las relaciones entre padre e hijo, en las que el padre generalmente actúa como entrenador y también como manager, casi nunca funcionan. El conflicto normal de egos en la esquina del cuadrilátero, además del conflicto natural de los egos entre un padre que tiene la sabiduría para enseñar, y el de un hijo que cree saberlo todo, casi siempre termina mal.

Tengo que darle créditos a mi padre, pues nunca sucumbió a nada de eso. Nunca intentó dirigirme desde la esquina del cuadrilátero, entrenarme, ni entrometerse en mi carrera. Siempre se conformó con estar detrás de escena. Expresaba sus sentimientos, pero lo hacía desde afuera, y yo respetaba eso.

Aunque fui tratado con respeto por mis colegas en el gimnasio, algunas veces me trataron con desdén en la calle. Cuando mi reputación aumentó, algunos adolescentes me desafiaron a pelear. Sin embargo, los pandilleros nunca lo hicieron, pues como lo dije anteriormente, siempre permanecieron a un lado. Se trataba de compañeros de estudio o de chicos del barrio que querían hacerse de un nombre.

Pero yo no iba a caer en eso. Nunca utilicé mis habilidades como boxeador para confrontar a nadie. De hecho, nunca tuve una pelea callejera: nunca.

Para ser honesto, yo tenía miedo, pues no sabía cómo pelear en la calle. No me gustaba la incertidumbre ni el hecho de estar forcejeando en el pavimento en lugar de boxear. También me intimidaba la posibilidad de una confrontación que se saliera de control, el hecho de que a un oponente podrían sumarse dos o tres de sus amigos; y la pesadilla por excelencia para mí: que me hicieran tanto daño que pusieran mi carrera en peligro.

Cuando tenía quince años, un par de chicos me lanzaron golpes para ver cómo reaccionaba. Simplemente los esquivé y me fui del lugar. Me gritaron: "No eres nada. No eres un boxeador".

Podían decirme lo que quisieran, pero yo no estaba dispuesto a caer en el juego de ellos. Habría aceptado si hubieran querido enfrentarse conmigo con los guantes puestos. Me gusta el bienestar que ofrece el cuadrilátero, donde las reglas están establecidas y hay un árbitro que las hace cumplir.

Lo más cerca que estuve de una pelea callejera fue una trifulca en la que se enfrascaron algunos amigos y que yo intenté disolver. Cuando me metí en el medio, alguien me dio un codazo y me dejó un ojo negro. Mi padre me dio un largo sermón y me dijo que tenía que cuidar la máquina de boxeo en la que yo había trabajado tan duro para perfeccionar.

Yo no peleaba en las calles, pero boxeaba a un nivel cada vez más alto en el cuadrilátero cuando cumplí los quince años. Viajé a Arizona, a competir en los torneos regionales de Golden Gloves.

Aunque eso me dio una gran popularidad en los círculos del boxeo amateur, lo cierto es que yo no era ninguna maravilla en Garfield High.

Si yo hubiera sido un buen receptor en el equipo de fútbol o un anotador destacado en básquetbol, habría podido ser una estrella y atraer a muchas chicas.

Sin embargo, pasé desapercibido hasta mi penúltimo año, incluso cuando no tenía torneos y estaba en la ciudad. Yo era tímido y callado; tenía pocos amigos y nada de amigas. Mientras todos los demás la pasaban bien, yo estaba solo en un rincón, sumergido en mi propio mundo.

Nunca me aceptaron entre los chicos populares. El sueño de asistir a los Juegos Olímpicos me daba vueltas en la cabeza; yo miraba a los que estaban a mi alrededor y me decía: "Está bien. Veremos cómo terminan las cosas". Sin embargo, en ese momento yo sólo contaba con mis sueños. Tal vez me estaba engañando a mí mismo.

Sin embargo, surgí en el último año. Me había convertido en un prominente boxeador amateur, ampliamente conocido en el barrio, y salía ocasionalmente en los periódicos.

Esto aumentó mi popularidad, pero lo que terminó por sacarme de mi caparazón fue Verónica Ramírez, la chica más hermosa de la escuela.

La conocí a través de Javier, un amigo reciente, y quien era otra persona ajena a todo, que venía de otra escuela y sólo hablaba español, algo que lo aislaba aun más. Pero nuestro aislamiento mutuo se convirtió en un vínculo.

Los dos teníamos los ojos puestos en esa chica de cabello largo y abundante, de cara bonita, personalidad agradable y una figura despampanante.

Fue Javier el primero en hablarle a Verónica, y cuando me la presentó, conectamos de inmediato.

De todas las chicas con las que duré lo suficiente para presentárselas a mi madre —creo que fueron tres— Verónica era su favorita. Mi madre me decía, "Esa es la mujer para ti".

Fui a Colorado Springs a entrenar para un torneo nacional un tiempo después de haber comenzado a salir con Verónica. Mientras que en el pasado me desconectaba del mundo cuando tenía una pelea importante, esta vez no lo hice: estaba muy enamorado, la llamaba varias veces al día, casi cada media hora, si es que pueden creerlo.

A mis compañeros de equipo les aburría tanto que yo les hablara de Verónica, que trataban de evitarme cuando comenzaba a hacerlo. Y cuando sacaba su fotografía —como siempre lo hacía— todos me dejaban solo.

Obviamente, cuando regresé a casa, lo primero que quise hacer fue verla; vivía a pocas calles de distancia.

Cuando fui a casa de sus padres, sentí que algo andaba mal. Era evidente que ella estaba enojada, había estado llorando y estuvo muy callada.

Y luego me soltó una bomba: "Todo ha terminado", me dijo. "No voy a verte más. No puedo soportar esto. ¿Por qué lo hiciste?"

Inicialmente no podía hablar, pero luego comencé a tartamudear y mi voz se hizo más fuerte a medida que la ansiedad se apoderaba de mí.

"¿De qué estás hablando?" le dije. "Yo no he hecho nada".

Pero no había nada que yo pudiera decirle que la hiciera cambiar de idea; según ella, ya habíamos terminado.

Caminé como un zombi dando tropezones por las calles. No podía entender por qué había sucedido esto, ni por qué la relación de mis sueños se había convertido en una pesadilla sin ninguna advertencia, sin ninguna causa discernible.

Yo estaba destrozado y con el corazón partido: había perdido a mi primer amor.

Pocos meses después supe la verdad: uno de mis compañeros de equipo en Colorado Springs, tal vez por celos o por hacerme una broma pesada, consiguió el número telefónico de Verónica y le dijo a su novia que la llamara y le hiciera una escena de celos.

"¿Qué diablos estás haciendo?" le dijo a Verónica. "Él es mi hombre. Oscar está conmigo; estamos durmiendo juntos. No lo verás más".

Es probable que haya sido una broma para mi compañero, pero fue un duro golpe para mí.

No hablé con nadie sobre lo que había sucedido, ni siquiera con mis padres, pues no sabía cómo decirles algo semejante.

¿Quién fue el bromista que se divirtió tanto a costa mía? Raúl Márquez, quien posteriormente ganaría el campeonato de las 150 libras de la Federación Internacional de Boxeo.

Me dolió que me hubiera hecho eso porque nos habíamos hecho buenos amigos desde que comenzamos a entrenar juntos. Y cuando hablamos de eso después, me reí porque no quería demostrarle que realmente me había afectado; no quería decirle que Verónica era la mujer de mis sueños y que él había destruido eso.

Nunca pude reanudar mi relación con ella; era una mujer realmente buena que no había estado expuesta a ese tipo de cosas, y todo el asunto le pareció tan extraño que no quería enfrentarse a algo así.

Tardé varios años para recobrarme de esta pena, pero cuando lo hice, se desató el caos en mi relación con las mujeres.

En cuanto a Verónica, no tuve la oportunidad de volver a verla, pues mi carrera estaba despegando en grande y casi siempre estaba viajando. Hacía mis tareas bajo la supervisión de tutores en las diversas ciudades en las que competía.

Volví a pensar en Verónica tres años después mientras regresaba de Barcelona luego de ganar la medalla de oro. Me imaginé que estaba entre la multitud, esperando para saludarme.

Sí, me recibió una gran multitud, pero Verónica no estaba presente; fue en ese momento cuando pude dejarla finalmente en el pasado. Pensé para mis adentros: *Al diablo con esto. Tengo que ver todo lo que tengo ahora. ¿Verónica? Podría conseguir cinco mujeres como ella si así lo quisiera.*

Si hubiera seguido con Verónica, probablemente habría terminado casándome con ella y no con Millie. Creo que las cosas suceden por una razón.

Hace varios años me encontré con Verónica en la casa de un amigo mutuo. Era feliz, estaba casada y con hijos. Nos saludamos y nos reímos recordando los viejos tiempos. Me dijo que le alegraba todo lo que yo había logrado, y yo le dije que me sentía feliz por el rumbo que había dado su vida.

Sin embargo, nunca le dije que esa llamada telefónica había sido una broma.

A pesar de que Verónica estaba siempre en mi mente durantes esos años de secundaria, también lo estaban las Olimpíadas. Recordemos que Paul González que había obtenido la medalla olímpica de oro en 1984 estaba entrenando en Resurrection. Cuando entraba en el gimnasio era como si llegara el presidente. Su entrenador, Al Stankie, entraba primero y gritaba, "Hagan lugar. Está entrando Paul Gonzalez".

De niño te maravilla ver a un hombre a quien has visto ganar la medalla de oro olímpica en la televisión, entrenando en vivo y en directo, allí enfrente tuyo. Si eso no te inspira, nada lo hará.

Mi entrenamiento pronto pasó a manos de Manuel Montiel, un personaje. Podía sentarse en un banquito en el centro del cuadrilátero con su manopla en el aire para que los niños le pegaran con sus guantes. Le encantaba tomar, y cuando uno de los entrenadores anunciaba que salía a comprar cervezas, Montiel se metía la mano libre en el bolsillo para contar su cambio mientras los niños seguían dándole a la manopla. Era un espectáculo bien cómico.

Un día le dije adiós a Resurrection. No sabía qué había pasado, pero me transferían a un gimnasio en el centro de Los Ángeles. El dueño del gimnasio era Carl Damé, jefe de una compañía constructora. No hice preguntas. Mi padre me dijo que iba a cambiar de gimnasio, entonces me cambié.

Marty Denkin, una figura conocida del boxeo en el sur de California que ha sido árbitro, miembro del California State Athletic Commission, y ha participado en varias películas sobre boxeo, era quien reclutaba para el nuevo gimnasio. Más tarde me enteraría de que Marty le había pagado 1.500 dólares a Montiel para que me dejara ir.

Desde ya que no vi nada de ese dinero. Tampoco firmé nada porque no iba a hacer peligrar mi condición de amateur.

Me gustaba el gimnasio pero era un rollo llegar. Debía tomar un autobús y el viaje tomaba noventa minutos de ida y noventa de vuelta. Viajaba solo, regresando a casa de noche lo cual podía ser peligroso.

La solución era simple. Tenía dieciséis años y ya tenía licencia de conducir. Lo único que necesitaba era un auto. La gente del gimnasio, deseosa de retenerme accedió a proveerme de movilidad.

Pude haber sido una estrella en el circuito amateur, pero fui como cualquier otro adolescente a la hora de tener su primer auto. ¡No podía estar más feliz!

Los oficiales del gimnasio iban a darles autos a sus tres luchadores más importantes. Uno sería para Reggie Johnson, que había ganado un título. Otro a una promesa mexicana, un profesional que tenía cinco o seis peleas. El tercer auto iba a ser mío. A Johnson le dieron dinero para un BMW. Al profesional mexicano le tocó un Camaro casi nuevo. El tercero era un Mercury destartalado.

Marty me dijo que mi auto era una basura.

Yo estaba desconsolado y con la mandíbula por el piso mientras miraba ese pedazo de lata oxidada. Mi padre me miró, lo miró a Marty y comenzó a echar humo.

A esta altura yo conocía la rutina. Mi padre me dijo que empacara porque, una vez más, nos íbamos.

IX

SUPERVISOR DE RUIDO EN BUDWEISER

No siempre fui el Chico de Oro.

Mis intentos por ganar dinero antes de convertirme en estrella del boxeo fueron lamentables.

Cuando tenía nueve o diez años, en el gimnasio Ayúdate había un chico de unos doce años que me dijo que ganaba buen dinero vendiendo paletas en un carrito que empujaba por el barrio, hacía sonar la campanilla para que la gente supiera que las paletas habían llegado. Mi amigo quería saber si yo quería un carrito.

"Apúntame", le respondí. Me dijo que fuera a la bodega a las seis en punto de la mañana siguiente. Eso significaba faltar a la escuela, pero lo único que yo veía eran monedas bailando en mi cabeza. ¿Quién necesitaba ir a la escuela si iba a ser rico?

Me encontré con él después de correr en la mañana y me dio 50 paletas y un carro. Debía venderlas a 50 centavos cada una; la mitad sería para el distribuidor y la otra mitad para mí.

Era un gran negocio. Eso significaba que podía ganar 12 dólares con 50 centavos al día. Era mucho dinero para mí.

Sabía que tenía que ser cuidadoso con mi ruta, y asegurarme de no ir a ninguna parte donde me viera alguien conocido, especialmente mi madre. Después de todo, yo no estaba yendo a la escuela.

Tracé una ruta para ir a una escuela del barrio a la hora del desayuno y a otra a la hora del almuerzo. Eso iba a ser dinero fácil.

Eran casi las ocho cuando saqué el carrito de la bodega. Pasó una hora sin una venta. Otra hora y nada. La gente decía, es demasiado temprano, hace demasiado frío, es demasiado caro, o lo que fuera.

Pero yo seguía lleno de energía, pensando que iba a vender todas las paletas.

Pasó otra hora y comencé a sentir hambre. Mientras más hambre sentía, mejor se veían las paletas. Tal vez podría comerme una, pensé. Sólo una. Sería mi almuerzo y me quedaría una ganancia de 12 dólares con 25 centavos. ¡Oye, sabía bien!

Me acerqué a una escuela a la hora del almuerzo, estacioné mi carrito cerca de la entrada y me froté las manos pensando en todo el dinero que iba a ganar. Estaba haciendo mucho calor. Seguro que ahora sí iba a barrer con todo.

Seguía sin vender y con hambre, así que me comí otra paleta. Era un dólar menos.

Ya había sido suficiente con las escuelas. Decidí ir a un centro de lavado de autos, donde encontraría gente adulta y con dinero. Allí vendí cinco paletas. "Bueno, está funcionando", pensé.

Sólo restaban unas cuantas horas y seguía sin encontrar clientes. Deprimido, me comí otra paleta.

Perdí la cuenta de cuántas me comí, pero cuando llevé el carrito a la bodega, debía 50 centavos.

Está bien, admito que tal vez no sea un buen vendedor. En otra ocasión intenté lavar platos los fines de semana en el restaurante de mis tías. Eso parecía bastante sencillo. Me pagaban con monedas de 5 y de 10 centavos. Al final del día terminaba con 3 dólares o 3 con 50.

El problema era que después del trabajo, mis tías, mis primos y algunos clientes del restaurante, nos sentábamos a jugar dominó y a apostar dinero. Y por lo general, yo terminaba perdiendo todo lo que había ganado.

A los dieciséis años conseguí un trabajo con un salario decente. Como ya era un prospecto olímpico, cumplía con los requisitos para una oportunidad de empleo por medio de USA Boxing, la agencia nacional del gobierno para boxeadores amateur.

Recibía 900 dólares cada dos semanas, y trabajaba en Budweiser, patrocinador de los Juegos Olímpicos, en la planta del Valle de San Fernando. Inicialmente no tenían ninguna labor que asignarme. Yo caminaba, saludaba a los empleados y eso era todo. Me sentía tan aburrido que buscaba un lugar solitario y me dormía dos horas.

Finalmente me dieron un cargo: supervisor de ruido. Me dijeron que caminara por el inmenso complejo y les dijera dónde hacía más ruido. Me dieron instrucciones para usar una escala de uno a cinco, en la que cinco era el ruido más alto. "Escribe un número cada diez pasos", me dijeron.

Caminé diez pasos y califiqué el ruido con cinco. Después de otros diez pasos, me pareció que el ruido había bajado a cuatro y así sucesivamente. Lo hice todo el día, pero nunca escribí dónde había estado parado. Lo que entregué fue un pedazo de papel con un montón de números anotados.

No les importó. Eso era mejor que pagarme por dormir.

Finalmente comencé a ganar en serio cuando ascendí en la escala amateur. Podía recibir 1.000 o 1.500 dólares por ganar un torneo. Lo máximo que gané fueron 2.500. Le di una parte a mi familia, y compré una cámara nueva, una bicicleta, un tocadiscos y algo de ropa.

Estaba comenzando una carrera bastante lucrativa. Nada mal para un chico que había empezado comiéndose todas las ganancias.

X

BUSCAPLEITOS EN LA PUERTA DE MI CASA

¿De amateur a profesional?

¿De medallista de oro a chico de oro?

Nadie dudaba que lo uno seguiría a lo otro, que yo alcanzaría el éxito, que aprovecharía la fama y la fortuna que me acechaban, y que lucharía por los campeonatos con toda la resolución y el vigor que había demostrado en el largo camino hacia los Juegos Olímpicos de Barcelona.

No necesariamente.

Esa conclusión anticipada a la que todos llegaban no era siquiera una probabilidad real en mi mente. Honestamente, no quería seguir peleando cuando terminaron los Juegos Olímpicos de Barcelona. ¿Por qué? Porque ya había logrado mi sueño. Lo había hecho por mi madre y eso era todo.

¿Qué haría ahora? No estaba seguro. Me gustaba la arquitectura; siempre me había apasionado el dibujo y crear cosas, así que estaba contemplando la idea de volver a la escuela. Anteriormente había recibido algunas clases de dibujo y había desarrollado una pasión por plasmar mis visiones en el papel: era algo que me interesaba mucho.

Todos los que me rodeaban seguían susurrándome al oído que yo tenía que continuar con el boxeo, y mi padre era el más insistente, pero no me convencieron; cumplía con escucharlos pero seguía considerando mis opciones.

Luego de haberme esforzado tanto para conseguir la medalla de oro, probablemente necesitaba un poco de tiempo para pensar.

Y un día me desperté, y sentí como si mi madre me estuviera hablando de nuevo: me aconsejaba que siguiera boxeando. Realmente no puedo describir la forma en que me sucede esto, pero muchas veces siento que mi madre me ha guiado.

No estaba pensando en una carrera prolongada en el cuadrilátero, y mucho menos en una como la que he tenido la suerte de tener. Yo sólo quería ganar un título mundial: uno solo. Ese sería mi sueño, distinto al que había compartido con mi madre; obtener el cinturón del campeonato para complementar mi medalla, ganar un poco de dinero, retirarme, tal vez comprar una casa, ser un arquitecto, y vivir feliz para siempre.

¿Cuánto había pensado ganar el cuadrilátero? Tal vez cincuenta mil dólares.

Créanme, no sabía que mi vida iba a cambiar de este modo. Ni en mis sueños más descabellados habría podido predecir esto.

Incluso antes de que decidiera ser profesional, todas las personalidades del boxeo me llamaban, desde Don King a Bob Arum, pasando por casi todos los promotores y managers que había en el negocio, y también los que trataban de incursionar en él. Casi todos me llamaban por teléfono, incluyendo a King, aunque no tengo idea cómo consiguieron mi número.

A esas alturas, mi padre y yo no estábamos a la espera de la próxima pelea, ni decíamos: "Muy bien, ya hemos ganado la medalla de oro. ¿Cuánto dinero podemos conseguir ahora?".

Una de las personas que más me buscaba era un manager llamado Shelly Finkel. Era un veterano que estaba contactándome incluso antes de mi participación en Barcelona, y me dijo que me ayudaría en lo que yo necesitara.

"¡Qué bien!", pensé.

Shelly no sólo hablaba; en una ocasión me dio dinero para mis gastos y comprar zapatillas de correr y otros implementos, mucho más de lo que hacía cualquier otro.

Cuando Evander Holyfield peleó contra Buster Douglas en 1990 en el Mirage de Las Vegas, Shelly nos invitó a mi padre y a mí a ver la pelea. Antes del campanazo inicial, mi padre llevó a Shelly a un lado y le dijo con lágrimas en los ojos que mi madre tenía un cáncer terminal y que no tenía dinero para los tratamientos médicos. Shelly le dio el dinero que necesitaba, y también pagó los gastos del viaje de mi padre, de otros miembros de mi familia y de Robert Alcázar a los Juegos Olímpicos.

Shelly también pagó el funeral de mi madre, algo que supe varios años después. En total pagó alrededor de 100.000 dólares. Yo estaba muy agradecido y me sentí en deuda con él. Pensé, *Este es el hombre más bondadoso que he conocido como amateur. Ha hecho mucho por mí. Por supuesto que iré con él cuando me convierta en profesional. ¿Por qué no habría de hacerlo?*

Fue otro ejemplo adicional del tipo de información que mi padre y Robert me ocultaron, y que me hubiera permitido involucrarme más en decisiones clave a comienzos de mi carrera, pues si hubiera sabido de los gastos funerarios, habría firmado con Shelly sin pensarlo dos veces.

En vez de esto, una multitud de oportunistas se abalanzó sobre mí cuando regresé con la medalla de oro, y cada uno me hacía una oferta más fabulosa que la anterior. Todos me proponían negocios importantes, contratos de un millón de dólares, y todo tipo de ofertas. Cada persona que hablaba conmigo, me decía que su propuesta era mejor que todas las que yo había escuchado antes.

Yo era ingenuo; intentaba pasarla bien sin preocuparme por nada: simplemente se lo dejaba a Robert y a mi padre.

Robert decidió rechazar la oferta de Shelly, pues pensaba que los 200.000 dólares que nos había ofrecido eran muy poco. Shelly

dijo que igualaría cualquier oferta que recibiéramos, pero Robert creyó que lo mejor era seguir escuchando ofertas. En esa época, él era el cerebro que manejaba mis asuntos. Había sido boxeador, y le hice caso cuando me advirtió sobre los riesgos de asociarme con las personas equivocadas.

Posteriormente le pagamos a Shelly los 100.000 dólares que le había dado a mi familia.

Finalmente, Robert decidió que nos asociáramos con Robert Mittleman y Steve Nelson, un par de managers. Robert me dijo que nos ofrecían un millón, divididos en una casa en Montebello, un auto y un poco de dinero en efectivo, más 250.000 por mi primera pelea, incluyendo 75.000 para mi padre y 25.000 para él.

Abrí los ojos de par en par. Hay que recordar que yo era todavía un chico de diecinueve años, que estaría feliz si tenía dinero para cerveza.

El golpe de gracia fue el auto.

Habían descubierto mi talón de Aquiles: la oferta del gimnasio Marty Denkin de darme un auto nos convenció a mi padre y a mí; fue la forma en que Mike Hernández, mi futuro asesor financiero, me tentaría de nuevo, y también fue un punto decisivo en la propuesta de Mittleman y Nelson. Me dieron un Acura NFX del 93 completamente nuevo, un lujoso auto deportivo.

Y cuando lo vi, dije, "Esto es".

Poco después supe que Mittleman y Nelson no tenían dinero en efectivo para respaldar su oferta, y le habían pedido a Bob Arum que asumiera algunos de los gastos, llegando a un acuerdo para que Bob fuera mi promotor.

Fueron a visitarlo a una casa que había rentado en Malibú, y cuando aceptó contribuir con 250.000 dólares, Mittleman se emocionó tanto que se quitó la camisa, corrió hacia el agua con el resto de la ropa puesta y se lanzó al mar.

Cuando Mittleman y Nelson me dijeron que se harían cargo de mi carrera y la financiarían, creí que podría ganar mucho dinero

como boxeador profesional. Pensé: *Este puede ser el comienzo de algo bueno.*

Me dieron la casa, pero el auto tenía un *lease*, y la primera cantidad de dinero que gané como boxeador profesional fue de sólo unos 40.000 dólares.

A través de toda mi relación con ellos dos, parecía que yo siempre recibía algo de lo que me debían con una promesa de que el resto estaba en camino.

En septiembre de 1992 firmé un contrato con ellos. Mi primera pelea estaba programada para el 23 de noviembre en el Forum de Inglewood. Era emocionante saber que yo iba a ser un boxeador de marca mayor, y que iba a enfrentarme con los mejores pegadores del mundo.

Es probable que Lamar Williams —mi primer rival— no estuviera en esa categoría, pero las credenciales de este boxeador de peso liviano nacido en Erie, Pennsylvania, eran mucho más impresionantes que las que se asociaban normalmente con un boxeador seleccionado para enfrentarse a una promesa que quería debutar en grande como profesional. Williams tenía un récord de 5-1-1, veinticuatro años, y era todo un veterano para un joven de diecinueve años como yo.

En otras palabras, no me esperaba nada fácil en el cuadrilátero.

Es probable que yo me sintiera insatisfecho por no haber recibido, a tiempo, todo el dinero que me habían prometido Mittleman y Nelson, pero ellos marcaron puntos conmigo debido a los gastos que tuvieron durante mi preparación para el combate, la cual fue dispendiosa si se la comparaba con la preparación que recibía durante mis días de amateur. A fin de prepararme para esta pelea de seis asaltos, me enviaron durante seis semanas a Big Bear, me consiguieron una cabaña, un chef para que me cocinara, un gimnasio dirigido por Larry Goosen, y sparrings como Gabriel Ruelas, un futuro campeón.

Entrenar con profesionales no era algo nuevo para mí. Hay que recordar que lo había hecho desde el comienzo de mi adolescencia en el Resurrection Gym.

Pasar de la categoría amateur, donde el sistema de puntaje era complicado, y llegar a la profesional, donde el poderío y la técnica se podían integrar mejor, tampoco fue un problema para mí. Yo había preferido el estilo profesional desde el comienzo. Tuve más dificultades de pasar del método amateur para competir en los Juegos Olímpicos, que pasar a la categoría profesional.

No estudié el estilo de Williams como lo hice con mis futuros rivales. No vi las grabaciones de sus peleas anteriores, pues ni siquiera sabía de su existencia. Robert y yo sólo nos concentramos en mí, en mi estilo, en hacer lo que me había dado buenos resultados en el pasado, aunque esa vez lo hice con mayor intensidad. Hay que recordar que yo estaba acostumbrado a pelear tres asaltos en la categoría amateur, y ahora tenía que pelear el doble. Esa era mi mayor preocupación.

Entrené muy duro para esa pelea. Es probable que sólo fueran seis asaltos, pero el interés que despertó fue el mismo que se vería para una pelea por el campeonato mundial. El día del combate se acercaba y yo no sentía presión alguna. De hecho, la mayor presión que he sentido fue cumplir con el sueño de mi madre de ganar en los Juegos Olímpicos. Hasta el día de hoy, y a pesar de todas las peleas importantes que he tenido, nunca he sentido una presión más grande que esa.

Cuando pasé a la categoría profesional, pensé que mi vida y la de mis familiares sería más fácil ahora que iba a ganar un poco de dinero, y sólo sentí presión de ganar como profesional más adelante.

Regresé de las montañas pocos días antes de la pelea y permanecí en un hotel cercano al Forum. Había un desfile constante de personas que me deseaban lo mejor. Salían y entraban de mi cuarto en los días previos, pero ni la gente, ni lo que me decían, ni toda esa excitación pudieron acabar con mi tranquilidad. Yo sabía que estaba preparado y tenía la certeza de que podía tener éxito. Era como un animal enjaulado que llevaba un tiempo observando a su presa, y estaba listo para abalanzarse sobre ella.

Cuando finalmente abrieron la jaula y me soltaron en la emocionante atmósfera del Forum, tengo que reconocer que me sorprendí. A pesar de todas las expectativas, todavía pensaba que esta pelea no sería muy diferente a las que había tenido como amateur: unos pocos centenares de personas en las sillas, y familiares y amigos animándome ruidosamente en las filas de adelante. Quizás asistieran cerca de mil personas.

Cuando llegué, vi que estaba sonando "Sangre Caliente", una canción que yo había pedido, y que había más de seis mil asistentes; fue ahí cuando me puse nervioso.

Mi abuelo Vicente estaba en el público. ¿En qué estaría pensando? Él había sentido la emoción de ser un boxeador, de ver a su hijo abrirse paso para entrar al coliseo deportivo, y ahora estaba viendo a un De La Hoya de tercera generación llevar su apellido al cuadrilátero.

Sólo puedo imaginar cómo se sentiría mi abuelo, pues nunca hablamos de eso ni de nada relacionado con el boxeo. Él no era el tipo de persona que se entrometía en asuntos de boxeo, que me aconsejara sobre las virtudes de un corto o de un gancho de izquierda, ni que analizara mi carrera. Lo único que me dijo fue: "Bien hecho".

Simplemente se sentó emocionado en su silla, pero su sola presencia me recordó que yo era el heredero de una valiosa tradición familiar.

Sin embargo, esa sensación desapareció tan pronto subí al cuadrilátero. Yo no pensaba en derrotar a Williams sino en la fiesta que se armaría; pensaba que recibiría más dinero por mi próxima pelea después de ganar esta pelea. Eso me dio una sensación de euforia mientras escuchaba la presentación del árbitro.

Williams era apenas una idea secundaria.

Me presentaron como al Chico de Oro, un apodo que había escuchado desde Barcelona. Cuando descendí del podio en los Juegos Olímpicos, mi tío Vicente estaba entre la multitud de amigos y familiares que me esperaban.

"Hola, Chico de Oro", me dijo.

Vicente me explicó que para él, yo todavía tenía la cara de un niño, pero que ahora tenía el brillo que me daba la medalla que colgaba de mi cuello.

Y al igual que la medalla, ese apodo ha perdurado hasta ahora.

Cuando empecé a pelear como profesional, John Beyrooty, un escritor deportivo del periódico *Los Angeles Herald Examiner*, escribió este apodo en un artículo. Resulta que había una película de boxeo titulada *El Chico de Oro*, protagonizada por William Holden, y este apelativo también lo había lo recibido un pintoresco boxeador de Los Ángeles llamado Art Aragon.

Ahora era mío.

Antes de terminar el primer asalto, Williams era oficialmente una idea secundaria. Después de derribarlo dos veces, le di cuatro golpes —dos jabs, un derechazo, y un gancho izquierdo— y lo derroté.

Cuando pasé de la categoría amateur a la profesional, un salto del cual había escuchado hablar mucho, pensé que iba a ser más memorable y difícil.

Pero cuando el árbitro me levantó la mano, pensé: *¿Eso es todo? Debí pasar a la categoría profesional desde hace mucho tiempo.*

GUERRERO DE NEÓN

Aunque la medalla de oro hizo sonreír a mis amigos y familiares, para mis rivales fue un motivo de preocupación que los incitaba a desear destruirme. Si me derrotaban, podrían obtener el oro, es decir, más dinero y un futuro más brillante. Así que mientras yo recurría a mis primeras peleas para afinar mis habilidades, el rival que estaba en la otra esquina sólo quería sangre.

Yo tenía que ser cuidadoso.

Al menos estaba recibiendo una recompensa justa por mis esfuerzos.

Inicialmente me dijeron que Bob Arum apoyaría económicamente a Mittleman y a Nelson, lo cual les permitiría hacerme una buena oferta. Aparte de esto, yo no sabía quién era Bob.

Sin embargo, le tomé aprecio con mucha rapidez. Aunque Mittleman y Nelson estaban atrasados con el primer pago, eso cambió cuando Bob se convirtió en mi promotor en mi segundo combate. Me dijo cuánto dinero iba a recibir, y cuando terminó la pelea me dio lo prometido.

Mi segunda pelea fue en Phoenix, contra Cliff Hicks. Pelearíamos antes del combate principal, en el que se presentaría Michael Carvajal.

Después de demostrar en mi primera pelea que yo podía competir a nivel profesional, quise demostrar que también podía pelear con los dos brazos. En el pasado recurría básicamente a mi gancho de izquierda, y en el campo de entrenamiento me concentré en utilizar mi mano derecha con mayor frecuencia y efectividad: valió la pena, pues noqueé a Hicks con la mano derecha, y de nuevo en el primer asalto.

Dos peleas, dos asaltos: no estaba nada mal.

Mi próximo rival fue Paris Alexander. Yo me sentía tan tranquilo como si fuera a enfrentarme con Paris Hilton. En aquella época yo no estudiaba las grabaciones de mis rivales ni me preocupaba mucho por su estilo. Derroté a Paris en el segundo asalto, en una pelea que tuvo lugar en el Hollywood Palladium.

En mi cuarta pelea me enfrenté a un boxeador llamado Curtis Strong, y fue transmitida en vivo y en directo por un canal de televisión de San Diego el sábado en la tarde. Era una ocasión increíble para mí en ese momento de mi carrera, una gran oportunidad.

Todo iba muy bien hasta el miércoles por la noche de la semana del combate. Fue entonces cuando sentí una protuberancia en la pierna. Me dolía bastante y era dura; pensé que debía ser una contusión delicada.

Le dije a Robert que debíamos llamar a un médico para que me examinara, y el jueves por la noche vino uno a verme a la cabaña en donde estaba hospedado.

Me dijo que tenía un pelo encarnado en la pierna y que era necesario operarlo.

La pierna me dolía tanto que cojeaba, así que acepté que me operara. De todos modos, no podía pelear en esas condiciones, y si era necesario, habría que aplazar la pelea.

Le pregunté cómo era el procedimiento: ¿tendríamos que ir a su consultorio o a un hospital?

"No", me dijo. "Puedo hacerlo aquí mismo".

Y entonces abrió su maletín, me dijo que me acostara en la cama boca abajo y me dio una toalla para que la mordiera.

Por alguna razón cumplí sus órdenes, pero no me pregunten por qué.

Inmediatamente me arrepentí. Literalmente me hizo un hueco del diámetro de una moneda de cinco centavos, y de tres cuartos de pulgada de profundidad. El dolor era abrumador. Llenó la incisión con grasa y me vendó.

Me dijo que me dolería en los días siguientes y que creía que yo debía aplazar la pelea.

Mittleman y Nelson, quienes estaban presentes, contestaron alterados.

"¿Qué estás diciendo?", exclamaron. "Él tiene que pelear".

No dije nada mientras estaban allí, pero le dije a Alcázar cuando salieron: "No puedo pelear; ni siquiera puedo caminar".

El dolor era tan fuerte que el doctor me dejó unas muletas. ¿Cómo podría entrenar en esas condiciones?

Robert no tenía ninguna respuesta. El viernes por la mañana no salí a correr.

Estaba en la cabaña y recibí una llamada de Mario López; yo apenas lo había visto actuar en la televisión. Vivía en San Diego y supo que yo estaba allí. Vino con su familia y nos tomamos unas fotos juntos.

Le dije que probablemente no pelearía porque me habían operado la pierna.

Me propuso que fuera a Tijuana. La idea me agradó mucho, pues estábamos prácticamente a un paso.

Llegamos a la frontera el viernes por la noche. Fue muy divertido caminar con muletas.

La pasamos bien, creo que bebí una o dos cervezas y regresamos a las cuatro o cinco de la mañana. Era tan tarde que dormí en casa de Mario.

Cuando desperté, regresé a la cabaña. Adivinen quiénes estaban allí: Mittleman y Nelson.

"¿Qué te pasa? ¿Qué diablos estás haciendo?", me gritaron.

Eran las siete u ocho de la mañana y la pelea era a las dos de la tarde.

Me dijeron que no importaba en dónde había estado ni qué hora era; que yo tenía que pelear. Insistieron en que era un compromiso con una cadena nacional de televisión, que habían hablado con Bob y que él opinaba lo mismo.

Me presionaron y convencieron para que peleara. Me puse unos shorts de ciclismo debajo de los de boxeo para que no se me cayera la gasa ni la venda, pues era muy probable que eso sucediera cuando comenzara a sudar.

No descansé el resto del día, pero fue asombroso, pues cuando sonó la campana, me sentía como si hubiera dormido ocho horas.

Tuve la suerte de derrotar a Strong en el cuarto asalto por nocaut técnico.

Aun así, no le recomiendo a nadie que se someta a una cirugía en la cama de un hotel.

Mi quinta pelea fue contra Mayweather. Así es: antes de Floyd Jr., antes de la pelea que más ganancias ha generado en la historia del boxeo —evento al que se suscribieron 2,4 millones de personas en el sistema *pay-per-view*—, hubo otra pelea De La Hoya–Mayweather, más barata, más dura de vender y más difícil de recordar.

Y todo porque el rival no era Floyd, sino Jeff, un hermano de Floyd Sr., mi futuro entrenador.

Sin embargo, en esa época fue algo muy importante para mí. Me dijeron que era mi verdadera prueba. Mayweather tenía veintiocho años, había peleado veintisiete veces, y tenía una marca de 23-2-2. Yo era ocho años menor y tenía veintitrés peleas menos, así que era un simple chico contra un veterano curtido y espabilado. No obstante, yo confiaba en que no había mucha disparidad entre nuestras respectivas habilidades.

Como sucedería también catorce años después, el combate De La Hoya–Mayweather se realizó en Las Vegas. Era la primera vez que yo veía las luces de neón de una ciudad que se convertiría en sinónimo de mis peleas.

Mi gran entrada al lobby del palacio deslumbrante y alto que sobresalía entre el paisaje urbano, con la suite de dos pisos en el último piso para mí, pertenecían a un futuro lejano. Cuando Mittleman y Nelson me llevaron a Las Vegas para esa pelea en 1993, me alojaron en un motel realmente desagradable y de mala categoría. Mi habitación estaba atrás, prácticamente en medio del desierto.

Afortunadamente, el administrador del establecimiento me reconoció. "Hola, campeón", me dijo. "¿Qué haces aquí? Eres un medallista de oro. Deberías estar en la suite de un hotel bueno".

Él no se engañaba sobre la categoría del lugar que administraba.

Intenté restarle importancia al asunto, pero me insistió.

"Déjame encargarme de ti", me dijo.

Y así lo hizo. Me hospedó en la suite en el último piso del hotel Frontier, donde estuve como un rey. Podía pedir lo que quisiera desde mi habitación. Era un gran lujo para mí en aquella época.

Mittleman y Nelson no supieron nada del asunto hasta que no estuve hospedado en este hotel lujoso. Y aunque eran mis managers, yo necesité del administrador de un motel que me subiera de categoría.

Cuando vieron dónde yo estaba, Mittleman y Nelson, quienes estaban hospedados en ese chiquero, me dijeron que querían irse a mi hotel.

"De acuerdo", les dije. "Hablen con el administrador del motel. Es probable que también pueda encargarse de ustedes".

Ya había probado la buena vida que me esperaría en Las Vegas en los años venideros, pero la atracción principal de la ciudad estuvo fuera de mi alcance en ese viaje: no pude entrar a los casinos, pues sólo tenía veinte años.

Sin embargo, lo intenté. Entraba a hurtadillas y me sentaba rápidamente frente a una máquina tragamonedas para no llamar la atención, pero eso era justamente lo que hacía, y no tardaban en sacarme. A los supervisores de los casinos les tenía sin cuidado que yo hubiera ganado una medalla de oro, que no hubiera recibido una sola derrota y que el administrador del motel tuviera conexiones.

Corrí con mejor suerte en mi pelea contra Mayweather, quien peleaba de una manera que yo llegaría a conocer muy bien: movimientos hábiles, una defensa de primera calidad, rapidez y astucia.

Tuve dificultades para descifrar su estilo en los primeros asaltos; me estaba enfrentando al primer desafío real de mi carrera. Estuve agresivo, me abalancé sobre él y gané por nocaut técnico en el cuarto asalto.

Bob y su promotor para su organización Top Rank Boxing Bruce Trampler no me hacían combatir contra los típicos boxeadores lentos con los que aprenden la mayoría de las estrellas jóvenes. Me llevaban a un ritmo muy veloz, lo cual me parecía bien. Yo quería nuevos desafíos, pues había entrenado con profesionales desde que era un adolescente, y había peleado con los mejores del mundo en la categoría amateur antes de obtener la medalla de oro olímpica.

Y así fue; menos de un mes después de derrotar a Mayweather, viajé a Rochester, N.Y., para pelear con Mike Grable, quien tenía un récord de 13-1-2.

Ésa fue la primera vez que Trampler nos dio grabaciones para que Robert y yo las estudiáramos. A medida que el nivel de mis rivales aumentaba, dejé de concentrarme exclusivamente en mí.

Podía parecerme extraño atravesar el país por primera vez en calidad de profesional para enfrentarme a Grable, pero pronto sentí como si nunca hubiera salido de Los Ángeles. Cuando llegué a Rochester, todas las personas me reconocieron, pues me habían visto en los Juegos Olímpicos. Y cuando entré al Coliseo, parecía como si todos estuvieran de mi parte.

Grable era tan bueno como su récord, y por primera vez me llevó al límite como boxeador profesional. Gané por decisión de los jueces luego de ocho asaltos. Era fuerte como un toro, y aunque lo envié dos veces a la lona y le contaron hasta ocho en el asalto final, no pude noquearlo.

Habría sido diferente si yo hubiera podido utilizar guantes marca Reyes, los cuales son más potentes, pero los únicos que tenían eran Everlast, los cuales utilicé por primera y última vez.

En aquellas épocas iniciales, y sin importar contra quién peleara, sentía como si tuviera a un ángel guardián que me acompañara en el cuadrilátero. El nombre de ese ángel era Cecilia González De La Hoya. Después de cada pelea, le agradecía a mi madre por cuidarme, guiarme y protegerme.

Con Frank Avelar, mi próximo rival, me encontré con el primer boxeador jantancioso. Se burló de mí en los días previos a la pelea, pues su récord de 15-3 le había disparado la confianza. Ridiculizó mi apodo de Chico de Oro y juró que me noquearía. Y no sólo lo hizo él; su familia era grande y ruidosa y también profirió amenazas contra mí.

Aunque Avelar y su familia eran muy fastidiosos, yo tenía un problema más grande para esa pelea que se celebraría en Lake Tahoe: mi peso. Era la primera vez que me costaba trabajo bajar a 130 libras desde que había ascendido a la categoría profesional. Las cosas llegaron a un punto en que lo único que desayunaba era un par de claras de huevo, acompañadas en las horas siguientes por una cantidad mínima de agua y algunas naranjas. Eso era lo único que comía en todo el día.

Esta dieta tan estricta me permitió resolver el problema de peso con Avelar y me dio mucha motivación. Mi rival no dejó de hablar en la conferencia de prensa. Yo estuve calmado, pero en el fondo, tenía tanta rabia con él que sólo pensaba en noquearlo.

Sin embargo, fui amable y le deseé suerte: la necesitaba. Lo derroté en el cuarto asalto, después de lo cual su familia se quedó muda.

En aquel entonces, mis peleas no eran el evento principal, y combatía antes de la pelea de fondo. Estas peleas se conocían como "buscadoras de multitudes", pero en mi caso se llamaban "mantenedoras de multitudes", pues siempre que peleaba había pocas sillas vacías. Mi nombre siempre aparecía en la marquesina, pues no había un boxeador que fuera más conocido que yo.

Sin embargo, ese no fue el caso en mi pelea siguiente en Las Vegas, contra Troy Dorsey. La pelea principal era la de George Foreman contra Tommy Morrison.

Siempre estaba dispuesto a pelear con el que me pusieran delante, pero Dorsey fue el primer boxeador que me pareció realmente difícil, teniendo en cuenta que era tan solo mi octava pelea. No fue su récord lo que llamó mi atención, el cual era 13-7-4, si no el hecho de que hubiera peleado con boxeadores como Jorge Páez, Jesse James Leija, Kevin Kelley y Calvin Grove.

Cada vez que Dorsey lanzaba un golpe, lanzaba un gruñido que podía escucharse en casi todo el coliseo. Era una costumbre que adquirió desde que practicaba kick boxing.

Decidí que tenía que aplacarlo rápidamente. Su kick boxing, y el hecho de que estuviera acostumbrado a combatir doce asaltos, significaban que estaba bien preparado. Mi pelea más larga había sido de ocho asaltos, y sólo en una ocasión. Yo no quería que la preparación física fuera un factor determinante al final de la pelea y afortunadamente no lo fue. Combatí con agresividad, intentando noquearlo con rapidez. Fue la estrategia perfecta contra él, quien combatía muy de cerca, pero era tan confiado que mantenía los brazos abajo. ¿Quién podía errar con un blanco así? Yo no, pues le di varios golpes contundentes.

Sin embargo, no podía moverlo. Él se me acercaba y yo lo golpeaba continuamente.

Finalmente llevé el puño bien atrás y tomé impulso como un golfista que mueve el palo hacia atrás antes de dar un *backswing*. Le di un gancho de izquierda con todas mis fuerzas en la ceja derecha, la cual se abrió de inmediato y sangró profusamente.

El médico decretó que Dorsey no podía continuar y gané por nocaut técnico en el primer asalto.

Sin embargo, fue una victoria agridulce, porque ese golpe me lastimó los ligamentos de la mano izquierda, algo que me molestaría una y otra vez durante un tiempo considerable.

No obstante, dos meses después me enfrenté a Renaldo Carter en Bay Saint Louis, Mississippi, antes de la contienda principal con Roy Jones.

Pocas semanas después el dolor desapareció, y creí que la lesión de mi mano era cosa del pasado, pero volví a lastimarme mientras practicaba sparring una semana antes del combate. No se lo dije a nadie, ni siquiera a Robert. Creí que encontraría algo para compensar esto.

Robert me puso más gasa de la normal en el camerino antes de vendarme las manos, pues creía que mi mano todavía estaba débil. Este tipo de procesos es observado siempre por una persona del equipo rival. El hombre de Carter protestó al ver lo que estaba haciendo Robert, y él tuvo que quitarme las ventas y comenzar de nuevo.

Robert intentó restarle importancia al asunto, y dijo que el observador de Carter no notaría la más mínima diferencia. Intenté poner buena cara, pero en el fondo estaba preocupado porque me dolía la mano.

Me preocupé de verdad cuando comenzó la pelea porque no podía lanzar mis famosos golpes cortos. Cada vez que giraba la muñeca izquierda sentía un fuerte dolor. Lo extraño era que no sentía dolor cuando la utilizaba para lanzar un golpe al que yo llamaba "el 45" porque lo daba en un ángulo de 45 grados, y que oscilaba entre un gancho y un golpe recto al mentón. Creo que tenía que ver con el ángulo de mi brazo. Lo único que yo sabía era que yo podía utilizar mi mano izquierda con efectividad en esa posición.

Así que al tener esta buena alternativa, me olvidé de los golpes cortos y recurrí al gancho de izquierda y a mi "45", utilizando también mi mano derecha para combinar golpes. Derribé tres veces a Carter y lo noqueé en el sexto asalto.

Siempre entrenaba en Big Bear antes de cada pelea, pero para mi próximo combate contra Angelo Nunez en Beverly Hills, entrené en un gimnasio en El Monte, muy cerca de donde vivía Robert. Yo hubiera podido dormir en la cama de mi casa, pues estaba muy cerca de allí, pero Robert temía que me pudiera sentir demasiado cómodo faltando tan poco para la pelea, así que me hospedé en un hotel de Hollywood.

Pero si él o cualquier otra persona que estaba cerca de mí hubieran sabido lo que sucedía, habrían preferido enviarme a casa. Regresaba al hotel luego de entrenar, invitaba a mi novia y dormíamos juntos. En cierta ocasión, estuvo quince días seguidos conmigo. ¡Un verdadero campo de entrenamiento!

Yo no estaba preocupado. Había peleado nueve veces y había ganado ocho por nocaut. Había comenzado a creer que era invencible, y aflojé el ritmo.

Muy pronto me di cuenta de lo tonto que había sido. Cuando subí al cuadrilátero para pelear con Nunez, yo no estaba físicamente en un ciento por ciento, ni siquiera cerca. Estaba débil y me sentía mal.

Me sentí peor aun cuando supe que asistirían muchas celebridades a la pelea, Danny De Vito y Tony Danza entre ellas, debido a un evento de caridad que tendría lugar en el salón del Beverly Wilshire Hotel. Sin embargo, yo corría el riesgo de desperdiciar la gran oportunidad de mostrarles a las estrellas de mi ciudad que yo también era una estrella en ascenso.

Robert se molestó mucho al verme en problemas en los primeros asaltos. "¿Qué te pasa?", me preguntó en la esquina. "Despierta. No pareces tú".

Y no estaba bromeando.

Sentí pánico por primera vez en mi carrera. Siempre me había sentido confiado en el pasado porque sabía que yo tenía el talento para superar a cualquiera que me pusieran enfrente. Pero esta vez tenía que superarme a mí mismo debido a mis travesuras nocturnas.

Sentí que el cansancio se apoderaba de mí. Acudí una vez más a mi "45", y *¡bam!* Sucedió lo mismo que contra Carter: le abrí un corte arriba del ojo izquierdo a mi contrincante con un golpe devastador. Una vez más detuvieron la pelea, esta vez en el cuarto asalto. Y la mano me dolió de nuevo.

Sentí más alivio que euforia mientras permanecía con mi mano izquierda sumergida en una cubeta de hielo en el camerino, pues quién sabe qué habría sucedido si no le hubiera hecho ese corte a Nunez.

Nunca le dije a Robert sobre mí compañera secreta, pero lo importante era que nunca más tendría que decirle nada. Yo había disparado una bala que terminó por producirme una herida: no era invencible. Tardaría un buen tiempo en olvidar la sensación de impotencia que experimenté al pelear sintiéndome cansado y con las piernas débiles. Pasaría un buen tiempo antes de volver a violar las reglas del entrenamiento.

Tuve otra experiencia desagradable en mi próxima pelea, la novena y última de 1993. Por primera vez visité involuntariamente un lugar al que había enviado a muchos: la lona.

Yo estaba enfrentando a Narciso Valenzuela en la segunda pelea más importante de una velada boxística celebrada en Phoenix. Él no tenía un gran récord (35-13-2), pero cincuenta peleas profesionales significaban muchas lecciones aprendidas.

Yo también aprendí una cuando recibí un gancho de izquierda y me fui a la lona. No estuve mucho tiempo allí. Fue una caída rápida. No estaba lastimado, sólo avergonzado. Y muy furioso.

Sentí que moriría si no reaccionaba. Me levanté y arremetí contra Valenzuela. Le lancé casi una docena de combinaciones y lo noqueé en ese primer asalto.

En ese momento, pensé que el nocaut sería el acontecimiento de la noche. Pero en términos retrospectivos, sé que el momento más significativo sucedió después. Fue un momento que no valoré en aquel entonces. Me dijeron que no me vistiera porque alguien quería tomarme fotos. Yo estaba sudando, y me agaché ante un hombre bajito y mayor.

"Quiero tomar algunas fotos de tu rostro, captar este momento después de terminar tu pelea", me dijo. "Mi nombre es Richard Avedon".

Yo no sabía quién era él, y mucho menos imaginaba que era un fotógrafo de fama mundial, tampoco entendía el honor de que un artista como él me retratara con su cámara. Le tomaba fotos a personalidades como Pablo Picasso, Jacques Costeau y Lena Horne. Y ahora me estaba enfocando con su lente. Yo había trascendido el boxeo sin darme cuenta.

Mi pelea con Valenzuela fue la última bajo Mittleman y Nelson. Los despedí porque estaba harto.

Me habían dado una suite para una pelea en Phoenix, pero ellos se alojaron allí y me dieron la habitación suya. Creo que se les olvidó que yo era el que sudaba y sangraba. Si me daban tiquetes para las comidas antes de una pelea, eran ellos quienes los utilizaban.

Las cosas llegaron a un punto en que Robert y yo nos reunimos con Bob para quejarnos sobre Mittleman y Nelson. Nos escuchó, pero nos dijo que se negaba a involucrarse con mis managers, pues era solamente mi promotor. Finalmente aceptó y les dijo que yo estaba muy disgustado con ellos. Mittleman y Nelson bromearon y le dijeron que él se estaba inventando o imaginando las quejas, y le aseguraron que todo estaba bien.

Sin embargo, ellos sabían que yo tenía razón. Como seguí cuestionándolos, comenzaron a preguntarse quién podría controlarme.

La respuesta era obvia: mi padre.

Lo hicieron entrar en acción, dándole el 10 por ciento de sus ingresos, con el compromiso de que me mantuviera contento.

Eso funcionó por un tiempo. Como yo ignoraba el arreglo secreto, escuché a mi padre cuando intentó calmarme.

Las cosas no duraron mucho tiempo. Mittleman y Nelson cometieron el último error a finales de 1993. Preocupados por la caída que me había propinado Valenzuela, contrataron a un entrenador llamado Carlos Ortiz, un antiguo campeón con un estilo pendenciero.

Lo llevaron a mi centro de entrenamiento en Big Bear y me dijeron que trabajaría con Robert, quien estaba echando humo. Yo también estaba bastante disgustado, especialmente cuando Ortiz intentó cambiar mi estilo, con un sparring que se concentraba en la cara: yo debía recibir diez golpes y moverme luego. Tal vez eso le hubiera funcionado a un boxeador como Ortiz, que había ganado campeonatos en la división de 140 libras y dos veces en la de 130, pero que también había pagado un precio alto, a juzgar por las cicatrices que tenía en la cara. Eso no me iba a funcionar a mí.

No sólo estaba recibiendo muchos golpes, sino que me dolía la mano izquierda, algo que me obligó a cancelar mi próxima pelea. No recuerdo exactamente cuándo me lesioné, pero sí sé que Ortiz me hizo trabajar bastante con el saco pesado, algo a lo que yo no estaba acostumbrado. Es probable que los fuertes golpes me hubieran causado el problema.

Yo siempre le agradecía a Robert que trabajara con el estilo exitoso que yo había desarrollado, en vez de intentar cambiarme a su imagen como lo estaba intentando hacer Ortiz.

Robert y yo empezamos a ignorarlo, y un día, nos negamos a ir al gimnasio.

Mittleman y Nelson entendieron el mensaje: Ortiz estaba despedido.

Y luego recibieron otro mensaje: ellos también estaban despedidos.

Comenzaron a percibirlo cuando les dije claramente que no quería volver a verlos en Big Bear, y luego dejé de hablarles.

Llamé a mi padre y se lo dije.

"Pueden arruinar tu carrera si los despides", me advirtió. "Deberías ver lo que están haciendo por ti".

"Y a propósito", comentó. "Gano un porcentaje de tu dinero a través de ellos".

Yo no estaba molesto con él, pues lo entendí. Ellos no le habían dicho a mi padre que estuviera en contra mía, sino que me mantuviera a raya.

Y esa raya terminó allí. Llegamos a un acuerdo con Mittleman y Nelson.

Bob estuvo de acuerdo con mi decisión de terminar con ellos.

"Habíamos llegado a un punto", dijo él, "donde discutíamos más sobre las suites y los tiquetes para comidas que sobre las peleas. Era algo difícil de imaginar. ¿Tienes a un medallista de oro olímpico y le quitas la habitación? Fue algo muy estúpido".

◇ ◇ ◇   XII   ◇ ◇ ◇

DESEOSO DE SER
RECONOCIDO

Actualmente, pareciera que tan pronto un boxeador gana unos cuantos combates, inmediatamente empieza a hablar de títulos y a emprender la búsqueda de cinturones mundiales.

Yo no era así. Sí, es cierto que en algún momento quise colgar un cinturón de campeón junto a mi medalla de oro, pero como sabía que aún tenía mucho por aprender en el cuadrilátero y debía aumentar mi arsenal pugilístico, a finales de 1993 me sentí satisfecho de seguir siendo un boxeador de peleas preliminares. Me mantuve invicto durante once encuentros y había ganado diez de ellos por nocaut, pero tenía claro que debía progresar más.

El problema era mi aumento de peso. En mis once peleas profesionales había pasado de 131 a 138 libras. Medía poco más de 5,10 y pensé que podría llegar a peso mediano (160 libras) cuando tuviera más edad. Así que si podía ganar un título en las 130 libras, tenía la posibilidad de lograr una hazaña sin precedentes: obtener un título en seis categorías de peso (130, 135, 140, 147, 154 y 160).

Yo era lo suficientemente delgado para bajar a 130, pero no por mucho tiempo, aunque pasara hambre. Así que sentía cierta urgencia por obtener ese título inicial en la categoría de las 130 libras.

Inicialmente tenía un encuentro programado contra José Vidal

Concepción en el Madison Square Garden, pero tuvo que ser cancelado debido a un dolor en mi mano izquierda, resultado de las desastrosas sesiones de sparring con Carlos Ortiz.

Cuando llamé a Bob Arum para decirle que no podía pelear, armó un escándalo como sólo él puede hacerlo, profiriendo una sarta de palabrotas y exigiéndome que subiera al cuadrilátero.

Cuando vio que no iba a lograr nada con eso, envió a mi ortopedista Tony Daly, quien dictaminó que yo tenía una pequeña fisura. Era el regalo de despedida de la Escuela de Boxeo de Carlos Ortiz.

Concepción siguió adelante con la fecha de la pelea y me reemplazó por otro oponente. Observé el encuentro por televisión, y las cámaras mostraban a fanáticos enfurecidos que llevaban pancartas en las que se burlaban de mí por no estar presente.

Yo no podía hacer nada. No iba a subirme al cuadrilátero con una mano vendada, a pesar de todos los éxitos que había logrado.

HBO había mostrado interés en que yo firmara un contrato a largo plazo, lo cual le daba un mayor despliegue a la pelea. El nombre que sonaba una y otra vez era el de Genaro "Chicanito" Hernández, el campeón de peso superpluma de la AMB.

Arum y Trampler no estaban muy convencidos de que yo estuviera listo para enfrentar a Hernández, pero les llamó la atención la idea de un posible título. Como valor agregado, iba a pelear en el Olympic Auditorium, en donde también habían boxeado mi padre y mi abuelo.

Mi oponente sería Jimmy Bredahl, un zurdo hábil de 130 libras de Dinamarca, con un récord de dieciséis victorias y ninguna derrota, y el premio sería el título superpluma de la OMB.

James Toney estaba peleando contra Tim Littles en esa misma cartelera por el título supermediano de la FIB, pero los promotores hicieron mucho ruido con mi pelea y la convirtieron en el evento central. Yo no podía creer que iba a pelear en la misma cartelera de un boxeador como Toney. Estaba emocionado.

Me había esforzado mucho por alcanzar nuevamente las 130 libras, y gracias a mi dieta de hambre habitual, logré mi objetivo cuando llegué al peso requerido un día antes de la pelea. Sin embargo, no hubo pesaje. Los apoderados de Bredahl protestaron —con toda razón— diciendo que según las reglas de la OMB, el pesaje debía realizarse el día de la pelea.

Todos los miembros de mi equipo protestaron, pero era claro que así eran las reglas. Fue una estrategia hábil por parte de los empresarios de Bredahl. Ellos sabían que yo tenía problemas para alcanzar el peso reglamentario y que si podían debilitarme mentalmente, trastornar mis horarios y me obligaban a aguantar hambre durante diecisiete horas más, eso podría afectarme para el combate.

Normalmente, después de un pesaje un boxeador reabastece su cuerpo con la comida adecuada durante las veinticuatro horas siguientes, recuperando libras valiosas y recobrando toda su fortaleza.

Ese no fue mi caso. Tenía que continuar con mi rigurosa dieta hasta la mañana siguiente, y ni un solo bocado de comida podía pasar por mis labios.

Finalmente alcancé el peso necesario, y un poco menos. Llegué a pesar 128 libras, pero estaba terriblemente débil. Art Aragon, antiguo boxeador de Los Ángeles y el primero en llevar el sobrenombre de Chico de Oro, contó una vez, en tono jocoso, que había perdido tanto peso en el entrenamiento, que fue el primer boxeador en ser cargado hasta el cuadrilátero. Así me sentía yo. Hasta mi semblante había cambiado, tenía un color amarillento que me hacía ver enfermo.

Cuando me bajé de la pesa, sentí un hambre atroz. Quería comer cualquier cosa que tuviera entre mis manos, aunque sabía que eso no era bueno. Devoré una hamburguesa con queso, papas fritas y un *brownie* con helado. No era precisamente lo que come alguien que sigue un régimen estricto, pero no me importó.

Y por alguna extraña razón, no afectó mi desempeño. Me sentí magnífico cuando llegó el momento de la pelea. Quizá fuese la adrenalina de pelear por el título, sumado a las cámaras de HBO y al hecho de estar peleando en el mismo lugar donde habían peleado dos generaciones anteriores de De La Hoya.

Eso me hacía sentir aun más presionado porque no quería defraudar a mi padre ni a mi abuelo. Y no es que yo supiera cómo se habían sentido ellos, pues ninguno me había hablado de sus peleas en el Olympic.

Al caminar por aquel escenario, recordé que mi padre me llevaba a aquel lugar cuando yo era un niño. Mientras él veía las peleas, yo me reunía con otros chicos de nuestro gimnasio y dábamos vueltas por todo el edificio. Nos encontrábamos con grupos de muchachos de otros gimnasios y aquello terminaba en griterías y discusiones sobre cuál era el mejor gimnasio.

Sin embargo, la misión que yo tenía me devolvió a la realidad. Bredahl llegó invicto a este encuentro, pero salió con una derrota entre sus manos. La pelea fue sorprendentemente fácil para mí, teniendo en cuenta los problemas de peso que tuve antes del encuentro. Derribé a Bredahl en el primer y segundo asalto. La pelea se detuvo al final del décimo asalto por recomendación del médico del cuadrilátero y yo obtuve mi primer título profesional. Creo que la presión que me había impuesto por llevar de nuevo el nombre de mi familia al cuadrilátero del Olympic funcionó a mi favor.

La sensación de ganar un cinturón no se comparaba con la de ganar la medalla de oro. Éste fue el momento culminante de mi vida y siempre lo será. Aun así, en menos de dos años alcancé mi objetivo, al convertirme en un profesional que lograba un campeonato, y ese fue un logro impresionante, aunque no lo suficiente para hacerme sentir satisfecho. Yo quería más, deseaba peleas más importantes, mejores rivales y más títulos.

Me encantaba pelear como profesional y el dinero tampoco estaba nada mal. Recibí un millón de dólares por pelear contra Bredahl.

Muy pronto, sin embargo, dejé que el éxito, el dinero y los elogios se me subieran a la cabeza. Empecé a considerarme una celebridad. Puse todo mi empeño en tratar de proyectarme como tal y en promoverme para atraer más seguidores.

Mi primera defensa del título fue contra Giorgio Campanella en Las Vegas. Debí haberme concentrado en Campanella, quien tenía un récord de veinte victorias y ninguna derrota, con catorce nocauts. ¿Y en qué me concentré? En la música que sonaría cuando entrara al auditorio y avanzara hacia el cuadrilátero. Elegí "Hero" de Mariah Carey porque así me veía a mí mismo. Quería que mi entrada fuera grandiosa y puse todo de mi parte para lograrlo, saludando a la multitud, lanzando besos y estrechando manos. Cualquiera habría pensado que me estaba lanzando como candidato.

Estaba tan ocupado interpretando el papel de héroe que pasé por alto el hecho de que en el cuadrilátero había un rival que quería arrancarme la cabeza. Y es probable que al verme pavoneándome, sintiera más deseos de echar a perder mi pequeño acto.

Campanella captó mi atención en el primer asalto, golpeándome con un gancho izquierdo que pareció lanzar desde el jardín izquierdo. De esa manera me envió a la lona.

Afortunadamente fue por pocos segundos y me hizo replantear las cosas. Salí rabioso conmigo mismo en el segundo asalto, pero me descargué en Campanella. Lo derribé en ese asalto y en el tercero lo golpeé tan fuerte con un gancho de izquierda, que tambaleó por todo el cuadrilátero en vez de caer a la lona. Nunca había visto nada así. Temí que le hubiera causado algún daño cerebral.

Campanella fue capaz de continuar después de un conteo de protección, pero su equipo tiró la toalla antes de finalizar el asalto.

Ahora tenía un título, un récord de invictos y muchos fanáticos en mi pequeña esquina del mundo. Mi siguiente pelea sería una oportunidad para expandir mis horizontes geográficos y artísticos: me enfrentaría a Jorge Páez, El Maromero, uno de los boxeadores más populares y pintorescos de México, por el título de las 135 libras de la OMB. Aunque la pelea se realizaría en Las Vegas, sería mi combate de presentación en México. Me expondría a los exigentes fanáticos del otro lado de la frontera, y era la oportunidad de que me tomaran en serio en la tierra de mis ancestros.

Sin embargo, el recibimiento que me dieron no fue exactamente el que yo esperaba. Muchos fanáticos mexicanos me veían como a un enemigo. Páez era el boxeador consolidado, y yo era el recién llegado. Él era un auténtico boxeador mexicano, y yo un mexicano–americano.

Páez usaba ropa estrafalaria y daba volteretas en el cuadrilátero, era casi tan buen artista como boxeador. Con eso no quiero decir que no supiera boxear. Cuando lo enfrenté en julio de 1994, tenía un récord de treinta y tres victorias, cuatro derrotas y tres nocauts, y podía enfrentarse a boxeadores de élite y derrotarlos.

Me sentí preocupado. Por primera vez enfrentaba a un rival que yo pensaba que tenía la oportunidad de vencerme. Pienso que esta creencia estaba más relacionada con su personalidad que con sus habilidades como boxeador. Era el primer oponente que yo había visto y admirado cuando era adolescente. Y no solamente yo: toda mi familia adoraba a Páez. Y ahora estaba peleando contra él.

Fue difícil despojarme de la imagen heroica que tenía de él cuando yo era un adolescente. Uno crece, esa figura envejece y la realidad se impone sobre la imagen que uno tenía de esa persona. Aun así, no es tan fácil alejarla de la mente.

Sólo necesité unos cuantos golpes. Yo esperaba una guerra —al menos así se veía en el papel—, pero cuando recurrí a mi fiel "45" y golpeé a Páez en el mentón en el segundo asalto, dio una voltereta y aterrizó en la lona. No era una de sus premeditadas caídas teatrales, sino una de la que no pudo levantarse.

Así obtuve mi segundo cinturón en una categoría mayor, y me convertí en campeón de las 135 libras.

Si yo tenía dudas sobre mi próximo contrincante, el comentarista de boxeo Larry Merchant expresó las suyas sobre mi capacidad para enfrentar de manera efectiva a Carl Griffith, quien tenía un record de veintiocho victorias, tres derrotas, dos nocauts y un combate sin decisión y, de acuerdo con Merchant, podría tener todo lo necesario para quitarle el brillo al Chico de Oro.

Esto hizo que la pelea se convirtiera en algo personal para mí. Le dije a Larry: "Si Carl me asesta un golpe, UN SOLO GOLPE, regresaré caminando de Las Vegas a Los Ángeles".

Sin embargo, regresé a casa en avión.

Griffith no me golpeó ni una sola vez. Lo envié dos veces a la lona y lo inmovilicé en el tercer asalto con un gancho de izquierda contundente. Le lancé una mirada a Merchant que expresaba: "Te lo dije".

Hubo una conexión curiosa con mi próximo rival, un boxeador duro como la piedra llamado John Ávila. Su apellido me era familiar porque mi medio hermano, un hijo que mi padre tuvo antes de casarse con mi madre, se llama Joel Ávila.

"Oscar", me dijo Joel Ávila, "te vas a enfrentar a un primo segundo tuyo. John es primo hermano mío".

La sangre es sangre en el cuadrilátero, no importa si viene o no de una fuente común. Vencí a John Ávila por nocaut técnico en el noveno asalto. El árbitro, Raúl Caiz, suspendió la pelea porque Ávila tenía un golpe arriba del ojo derecho del tamaño de una pelota de tenis.

Cuando nos abrazamos, Ávila me dijo, "Buena pelea, primo".

La próxima vez que subí al cuadrilátero no hubo muchas sonrisas. Estaba a punto de ascender a otro nivel de competencia con John Molina. Después de derribarlo en el primer asalto, recurrió a tácticas sucias, intentando golpearme en la parte posterior de la cabeza y abrazándome. Tuve que esforzarme más que nunca.

De haber tenido más experiencia o un entrenador más experimentado, me habría dado cuenta de que estaba siguiéndole el juego a Molina al rebajarme a seguir sus tácticas de luchador. En vez de preocuparme por demostrar que podía estar al nivel de su fuerza —sólo por satisfacer a mi ego— y su irrespeto por las reglas, debí tomar distancia y utilizar mi golpe directo y mi repertorio para sumar puntos.

Habría sido un buen momento para poner en práctica un plan B, pero mi entrenador Robert no tenía ninguno. Fue la primera pelea en la que me di cuenta de que tenía un problema delicado en mi propia esquina. Se supone que el entrenador es el que tranquiliza al boxeador en situaciones difíciles como esa. En mi caso, fui yo quien tuve que calmar a Robert, quien estaba sudando más que yo. Creo que a medida que mis peleas eran más importantes, él se sentía más abrumado y no sabía cómo manejar la tensión.

Robert sentía tal grado de pánico que cuando me senté en el banco, esperando escuchar una nueva estrategia, empezó a balbucear de manera inteligible. No hablaba inglés ni español, sino "alcazarés".

Sobreviví y la decisión de los jueces me favoreció, pero la experiencia me hizo comprender que no podía depender de mi entrenador para subir a un nivel más alto. Todo correría por mi propia cuenta.

XIII

LOS HOMBRES EN
MI ESQUINA

Los manager te orientan, los promotores te entusiasman, los publicistas te protegen, los familiares y amigos te apoyan y los medios de comunicación te representan ante el público, para bien o para mal.

Pero no hay nadie tan importante para un boxeador como su entrenador. Es él quien está contigo en alguna carretera solitaria en medio de la nada antes de que el sol haya salido por encima de las montañas, corriendo contigo, presionándote más allá del cansancio hasta hacerte sentir eufórico. El entrenador es la persona que analiza a tus rivales y planea tu estrategia, quien dirige tus sesiones de sparring, determina el número de asaltos y los sparrings que pueden realmente probar la efectividad de tus armas. Es el entrenador quien muchas veces te pone las vendas y los guantes. Es el entrenador quien prepara tus alimentos y supervisa tu peso, mantiene tu mente concentrada y tu cuerpo afinado.

Cuando todos los miembros de tu equipo han abandonado el cuadrilátero y suena el campanazo inicial, sólo tu entrenador regresa para trabajar en la esquina, le pide ayuda al experto en heridas en caso de ser necesario. El entrenador es quien hace que tu maquinaria siga funcionando, quien te mantiene el espíritu en alto y tu plan de pelea por buen camino, recordándote que debes lanzar un corto, utilizar tus ganchos y permanecer siempre alerta. Es su voz la que escuchas al calor de la batalla, y su consejo el que sigues. Para un entrenador, todos los rivales pueden ser derrotados, todos los asaltos pueden ganarse y todos los puños del contrincante pueden esquivarse.

Cuando ganas, el primero que te abraza es tu entrenador. Y cuando pierdes, es el último en abandonarte.

He tenido entrenadores de todas las clases a lo largo de los años; viejos y jóvenes, reservados y extravagantes, de la vieja escuela y de la nueva era, y cada uno de ellos ha sido indispensable e inolvidable hasta el día de hoy.

Me alegró que Robert hubiera sido mi primer entrenador profesional después de los Juegos Olímpicos de Barcelona porque nos conectamos desde un comienzo.

Según Joe Chávez, su antiguo entrenador, Robert era el mejor boxeador del mundo con el casco puesto. Pero cuando se lo quitaba, su rendimiento no era tan bueno.

Eso no me afectó. Robert no era mi sparring. Como entrenador, era intenso, trabajaba bien con los guantes, me exigía en las esquinas y era una persona agradable, pero su especialidad era el vendaje de las manos. Hacía un gran trabajo en ese aspecto. Puede parecer algo muy simple, casi como amarrarte las zapatillas si eres un jugador de béisbol, pero créanme, es cualquier cosa menos algo simple. Un buen vendaje puede proteger tus manos contra una lesión, puede hacer que te sientas cómodo cuando te pones los guantes, darte la confianza y libertad de movimientos para lanzar golpes contundentes y precisos.

Pueden preguntarle a cualquier boxeador: todo comienza con el vendaje de las manos.

Es probable que Robert se haya integrado inmediatamente a nuestra familia porque él ya era amigo de mi padre. Fue como un hermano mayor para mí, y sentí que realmente se esforzaba por mí.

Subir al cuadrilátero como un boxeador profesional con él en mi esquina fue algo muy agradable y natural porque no hubo un gran cambio desde mis gloriosas épocas como amateur. Mi estilo natural fue adaptado al boxeo profesional, así que utilizaba ese estilo siempre que fuera posible en mis combates como amateur.

Por esta razón me quito el sombrero ante Robert. Él vio que yo tenía un estilo efectivo que se acomodaba a mí y no interfirió. Algunos entrenadores intentan moldearte en el concepto que tienen de un boxeador exitoso. Muchas veces el entrenador cree que sabe más que tú o quiere imponerte su estilo para llevarse los créditos si tienes éxito. Pero Robert no era así. Vio mi talento y comprendió que también recibiría muchos créditos si yo alcanzaba el éxito.

La desventaja era que aunque no cambió mi estilo, tampoco lo mejoró. Simplemente repetíamos lo mismo una y otra vez. Mi estado era excelente, me mantenía concentrado y sediento de triunfos, pero él no me daba otras herramientas para conseguir esas victorias. Aunque yo valoraba la forma en que él me vendaba las manos, también deseaba con todas mis fuerzas que me enseñara formas nuevas e innovadoras de utilizarlas.

Cuando firmé para pelear contra Rafael Ruelas en 1995, mi estilo ya era completamente predecible. Y cuando así sucede, los rivales inteligentes tienen todo tipo de estrategias para desarmarte.

Mi padre se dio cuenta de lo que sucedía. Es probable que Robert fuera su amigo, pero yo era el mayor motivo de preocupación de mi padre.

Sin embargo, no hablábamos de las limitaciones que los dos veíamos en él. Éramos muy leales a Robert y queríamos seguir con él por el mayor tiempo posible.

Una parte de mí me decía, "Tienes que cambiar de entrenador. Tienes que hacer algo". Pero otra parte me decía, "Voy a comportarme bien con él porque realmente me agrada. ¿Para qué cambiarlo? Sería un golpe muy duro para él. ¿Qué haría si lo despidiera?"

Sin embargo, cada vez se hizo más difícil permanecer a su lado, pues mis rivales eran cada vez más duros y yo tenía que crecer.

Bruce Trampler, el organizador de peleas de Bob Arum, fue el primero en expresar verbalmente lo que muchos a mi alrededor estaban pensando. Me dijo que debería pensar en cambiar de entrenador. Me sugirió a otro, y al día siguiente lo invitamos a mi centro de entrenamiento para que nos observara.

Los medios también hablaron del tema, cuestionaron el desarrollo de mis destrezas defensivas, y si Robert estaba a la altura de un boxeador de talla mundial, nivel que muchos pensaban que yo podía alcanzar si encontraba al hombre adecuado para dirigirme.

Robert no estaba ajeno a lo que sucedía, y desde un comienzo le preocupó que yo lo remplazara. Se cuidó la espalda desde mi primera pelea como profesional porque yo creo que él sabía que lo que podía ofrecerle a un boxeador que tenía tanto potencial por desarrollar como yo era algo limitado.

Él nunca pudo sobreponerse a esa sensación de que la gente le iba a quitar el puesto o de que su reemplazo era inminente.

La inseguridad de Robert causó fricción entre nosotros dos. Nunca hablamos con sinceridad sobre el tema porque yo creía que no nos haría bien. Sólo lo habría hecho sentirse mal, pues él no iba a reconocer que no estaba calificado para llevarme a la cumbre, así que no había ninguna razón para confrontarlo.

Mantuve el mismo orden de cosas a medida que fui obteniendo victorias y escalando posiciones. Y eso no les gustó a Arum ni a Trampler. Me insistieron en que debíamos hacer algo.

Cuando seguí resistiéndome, hablaron con mi padre y finalmente con Robert. Le sugirieron que debíamos contratar a un segundo entrenador, pero no para reemplazarlo, ni siquiera para dar la palabra final. Se trataba simplemente de otro par de ojos para analizar y sugerir.

Sin embargo, Robert no lo vio así. Habló de inmediato con mi padre y le dijo que Arum y Trampler estaban tratando de desprestigiarlo. Mi padre lo escuchó con amabilidad, pero tampoco iba a oponerse a ellos dos si eso iba en contra de mejorar mi carrera.

Después de ganarle con muchos esfuerzos a Molina en 1995, una victoria en la que Robert estuvo incoherente en la esquina, finalmente sucumbí a la presión. Yo no iba a abandonar a Robert, pero había decidido conseguir un segundo entrenador para mi próxima pelea contra Rafael Ruelas.

Entonces trajimos a Jesús Rivero.

Este mexicano de sesenta y cuatro años y especialista en defensa era conocido por haber entrenado al campeón de peso mosca Miguel Canto en los años setenta. Rivero se había retirado, pero Rafael Mendoza, un agente de boxeo que trabajaba para Bob Arum, lo convenció para que trabajara de nuevo.

Le aseguraron a Robert que él continuaría como entrenador principal y que seguiría dando las órdenes; que Rivero vendría sólo para darle una mirada a las cosas. "No sólo se beneficiará Oscar, sino tú", le dijeron.

Como un bono adicional para mantener la paz en el centro de entrenamiento, Rivero permanecería fuera de la vista de la prensa para que Robert continuara siendo la imagen pública de mi preparación, y así salvara su reputación.

Sin embargo, fue como una bofetada en su rostro, y nunca pudo olvidarla. Tres años más tarde, mucho después de que Rivero se había ido, Robert arrinconó a Mendoza en El Paso, donde yo estaba peleando contra Patrick Charpentier. Lo insultó y comenzó a estrangularlo hasta que Eric Gómez lo apartó.

Realmente fue injusto acusar a Mendoza de desprestigiar a Robert. Mendoza simplemente sugirió que Rivero podía ayudar a Robert, y no ocupar su lugar.

Rivero trabajaría de dos maneras. Iba a concentrarse en mi defensa y en mi estado mental. Le decían El Profesor, y era tanto entrenador como educador y filósofo. Él creía que si yo adquiría un mayor conocimiento del mundo exterior al boxeo, no sólo sería una persona más íntegra, sino también un mejor boxeador, y que manejaría con mayor destreza el aspecto mental de mi deporte. El Profesor quería que yo leyera a Shakespeare, estudiara religión y fuera versado en varios temas. Siempre tenía un libro en la mano y quería darme uno a mí.

Robert se enfureció. Anteriormente podía preguntar por las credenciales de cualquier posible entrenador y rechazar sus teorías sobre el boxeo. Pero, ¿qué podría decir Robert sobre Shakespeare?

Sin embargo, lo intentó. Continuamente nos hablaba mal de El Profesor a mi padre y a mí. Nos decía: "No necesitamos esto. Miren lo que está sucediendo".

No es que hablara mal de El Profesor a sus espaldas, pues ellos comenzaron a pelear desde el día en que El Profesor llegó.

A mí no me gustó eso. En vez de vibraciones positivas, Robert estaba trayendo vibraciones negativas a mi entrenamiento. Era algo desalentador y también me distraía. Por ejemplo, en una ocasión yo había tenido un buen día de entrenamiento y de sparring, y me sentía lleno de emoción. Pero Robert llegó con una cara larga y me dijo: "Hoy no estuviste bien. Te golpearon mucho en la sesión de sparring. ¿Qué estás haciendo? Tu estilo está cambiando".

Mi estilo estaba cambiando porque finalmente estaba aprendiendo cosas nuevas.

Robert estaba sumergido en la negatividad y me estaba arrastrando con él. Lo último que un boxeador necesita en el centro de entrenamiento, especialmente cuando se siente bien, es que su entrenador pretenda destruir esa sensación.

"Mira", le dije a Robert. "Él me está enseñando y probablemente también te está enseñando a ti. Sé que no quieres aceptarlo, pero así van a ser las cosas".

Por primera vez, Robert veía que no me iba a lavar el cerebro sobre El Profesor. O se acogía al programa o se iba.

Y Robert se acogió al programa.

Él no iba a sumergirse en la oscuridad, pues las luces de mi primera gran pelea ya brillaban en el horizonte. Era una pelea contra Ruelas.

Yo iba a subir a un escenario mundial por primera vez desde Barcelona. Fue algo abrumador en un comienzo, pero después llegué a sentirme tan cómodo y seguro en ese escenario como en mi propio gimnasio.

Aunque Rafael y yo habíamos seguido caminos completamente diferentes para llegar desde California del Sur al cuadrilátero del Caesars Palace de Las Vegas para nuestro monumental encuentro de 1995, los dos llegamos con credenciales lo suficientemente admirables para emocionar al mundo boxístico.

Rafael no había obtenido ninguna medalla de oro, tan sólo bolsas de dulces. Cuando eran adolescentes, él y su hermano Gabriel vendían dulces de puerta en puerta para ayudar a su familia, y una vez tocaron la puerta del rudimentario gimnasio Ten Goose en North Hollywood, construido sobre un antiguo campo de *wiffleball*.

Fascinados por lo que vieron adentro, los hermanos Ruelas soltaron sus dulces, se pusieron guantes de boxeo y bajo el patrocinio del entrenador Joe Goossen, iniciaron carreras boxísticas que los llevarían a alcanzar sendos títulos mundiales.

El despliegue publicitario para nuestra pelea fue increíble. Los periódicos comentaban ampliamente sobre ella, y lo mismo sucedía con los canales de televisión. Por todas partes había avisos y carteles, muchos medios de comunicación e inmensas multitudes trataban de acercarse a mí.

Yo estaba acostumbrado a ser el centro de atención, pero el ambiente de esta pelea era abrumador. No supe cómo actuar al encontrarme en esta situación. Las personas me sugerían lo que yo debía decir cuando estaba frente a las cámaras, algo que parecía suceder todo el tiempo. Me aconsejaban cómo vestirme: "Sé un profesional". También me daban consejos sobre mi apariencia: "Compórtate con dureza, pero siempre con una sonrisa". Pasaron tantas cosas que esa semana fue como una visión para mí.

La pelea se realizaría en donde normalmente estaba la zona de estacionamiento del Caesars Palace. En aquella época, yo siempre salía del camerino con una capucha, y cuando me la quité al caminar bajo las luces de neón, quedé paralizado.

El cuadrilátero estaba frente a mí; arriba había cámaras suspendidas de las estructuras metálicas que me rodeaban. Por todas partes veía una multitud que parecía llegar hasta el horizonte de Las Vegas, y más allá estaban las luces centelleantes de una ciudad que me hizo sentir como el dueño de esa noche.

"Guau", me dije, "esto es grandioso".

El chico que montaba en monopatín en las calles del Este de Los Ángeles había llegado al escenario más importante de todos.

El récord de Rafael era de 43-1, con treinta y cuatro nocauts. También era el campeón de pesos livianos de la FIB cuando combatimos.

Habíamos peleado en nuestros días de amateur y me había impresionado su poder, agresividad, fortaleza y determinación. Su punto más fuerte era su gancho de izquierda, y su debilidad era el equilibrio. Mi estrategia era pararme bien, mantenerme en movimiento, evitar su izquierda y acercarme ocasionalmente para atacarlo. Esto desequilibraría a Rafael, lo que generalmente hacía que bajara los brazos.

Eso fue exactamente lo que sucedió, aunque no siempre las cosas funcionan así. Algunas veces estudias a un boxeador y elaboras una estrategia basada en sus tendencias, pero él te engaña, pues no hace nada de lo que tú habías esperado. Sin embargo, Rafael combatió como estaba anunciado. Me acerqué en el segundo asalto, lo presioné, y como era de esperarse, bajó los brazos. Le lancé un uppercut y fallé por poco. Luego le di con el brazo izquierdo y Rafael cayó.

De alguna manera, Rafael logró pararse, resistió hasta el final, pero yo lo ataqué con una andanada de golpes que hizo que el árbitro Richard Steele detuviera la pelea en el segundo asalto.

Fue una experiencia casi mágica para mí. Yo estaba en magníficas condiciones y la estrategia funcionó de manera tan perfecta que sentí como si estuviera flotando en el cuadrilátero, sin tocar la lona con los pies. Y lo próximo que vi fue a Ruelas derribado en esa lona y a la inmensa multitud elevándome hacia el cielo.

Mi próxima pelea fue contra Genaro Hernández, otro boxeador de Los Ángeles. Para poder enfrentarme, Hernández tuvo que renunciar al título de las 130 libras que había defendido con éxito en siete ocasiones.

Creo que finalmente me había convertido en un rival atractivo. Cuando yo era un adolescente y Genaro ya era un profesional, tuve que perseguirlo simplemente para hacer sparring con él. Una vez me dijo que iría el sábado por la mañana al gimnasio Resurrection. Robert y yo lo esperamos mucho tiempo, pero Genaro nunca llegó; fuimos a su gimnasio y vimos que estaba haciendo sparring con otro boxeador. Le dije que se estaba escondiendo de mí, pero Genaro lo negó.

Si uno de los dos debía huir cuando nos enfrentamos en el Caesars Palace de Las Vegas, debía haber sido yo luego de sufrir espasmos en mi hombro izquierdo en el segundo asalto, lo cual me impidió lanzar mis poderosos golpes cortos. Le dije a Robert en la esquina lo que me sucedía, pero lo único que hizo fue frotarme el hombro con más fuerza.

Enfrentarme a Genaro no hubiese sido fácil en ninguna circunstancia. Tenía muy buena técnica.

La lesión de mi hombro empeoró a medida que avanzaban los asaltos. Podía lanzar ganchos de izquierda, pero sentía mucho dolor. Al comienzo del sexto asalto, decidí intentarlo antes de que mi hombro se lesionara por completo. Le di un uppercut tan fuerte en la nariz, que pude sentir los huesos en mis nudillos a través de mis guantes.

Genaro no pudo seguir, pues tenía la nariz partida en veinte puntos diferentes.

Yo había alcanzado la fama en Los Ángeles y en Las Vegas, pero me impactó descubrir las mismas multitudes y numerosos elogios al otro lado del país cuando fui a Nueva York para enfrentarme a Jesse James Leija en diciembre de 1995. Ni siquiera estaba seguro de que me reconocieran cuando llegué allí, pero estaba totalmente equivocado. Me vitorearon en las calles de Manhattan.

¡Huy, la gente me conoce!, pensé. *Y ni siquiera son mexicanos.*

Creo que mi popularidad se debía a que yo aparecía con frecuencia en HBO y mi rostro había salido en los periódicos de Nueva York y en las gigantescas carteleras que resplandecían en el asfalto de las calles.

Durante ese viaje, Bob Arum me llevó a Barneys, una famosa tienda por departamentos, y me compró ropa por valor de 30.000 dólares.

Leija y yo, dos boxeadores mexicano–americanos, agotamos las entradas al Madison Square Garden. Lo frené en el segundo asalto.

Mi conquista de Nueva York fue total: más fama, más fortuna, más mujeres, una vida llena de limosinas y de aviones privados.

¿Fue difícil adaptarme a pesar de mi origen humilde? Para mí, no fue como si hubiera alcanzado el éxito de la noche a la mañana, sino como una progresión natural. Yo había recibido un trato especial desde el momento en que gané mi primera pelea a la edad de seis años. Las monedas de 25 y de 50 centavos que mis tíos me habían dado, se habían multiplicado rápidamente en millones. Y todo lo demás pareció seguir por añadidura.

Finalmente, sería algo abrumador, aunque no en aquel entonces. No a finales de 1995. Adicionalmente, no había tiempo para aminorar el ritmo ni para reflexionar. Tampoco había motivos para presumir. La leyenda estaba por delante.

XIV

EL SOSTÉN MÁS GRANDE
QUE HE VISTO

En los viejos tiempos, muchos encuentros de boxeo tenían lugar en pequeños clubes, lejos de los escenarios luminosos, atiborrados de humo y de fanáticos que gritaban al calor de las cervezas, quienes parecían no tener ningún problema en quitarse sus camisas y saltar al cuadrilátero luego del primer insulto.

No era un ambiente propicio para las mujeres, y realmente asistían pocas.

Todo eso ha cambiado en la actualidad y me gustaría pensar que he tenido algo que ver en eso. Los promotores y ejecutivos de televisión aseguran que mi presencia atrae más mujeres que la presencia de cualquier otro boxeador en la historia. En verdad, no puedo negar el hecho de que estas admiradoras llenan los sitios en los que peleo, pagan muchas de las facturas de *pay-per-view* y acuden en masa a mis ruedas de prensa y apariciones públicas.

Si uno puede duplicar casi el número de asistentes a las peleas, obtendrá ganancias sin precedentes. Yo he tenido la suerte de lograrlo y estaré agradecido por siempre con mis admiradoras por hacer que esto sea posible.

Fue en el Caesars Palace de Las Vegas, días antes de la pelea con Ruelas, donde empecé a darme cuenta del fenómeno que estaba generando. Fue como si mi carrera hubiera alcanzado un nuevo nivel de popularidad esa semana. Fue la primera vez que empecé a recibir olas de fanáticas de todas las edades, desde abuelas y madres hasta jovencitas, quienes venían y me daban ánimo, peleándose por acercarse para tocarme o pedirme un autógrafo. Había un club de admiradoras de México que llevaba pancartas deseándome suerte. La multitud era tal que no podía caminar por el casino.

Eso no me molestaba; por el contrario, aquellas admiradoras me relajaban. Me daba nervios leer artículos de periódicos o ver programas deportivos sobre una de mis próximas peleas. Era divertido tener a todas esas mujeres rodeándome, gritando, abrazándome y agarrándome. Me sacaban una sonrisa y me liberaban de la tensión que me producía la pelea. Solía bajar al lobby del hotel simplemente para atraer a la muchedumbre.

Pese a que siempre ha sido halagador recibir toda esa atención, hubo una vez en que resultó casi embarazoso. Ocurrió durante la gira nacional que hice con Julio César Chávez para promocionar nuestro combate de 1996.

Una de las escalas de la gira fue en El Paso, Texas. Fuimos al hotel para dar una rueda de prensa en la tarde, luego de un corto trayecto en limosina desde el aeropuerto. Mientras nos acercábamos a nuestro destino, vi que había una multitud reunida. Eso era bueno, pues significaba que la gente sabía que estábamos en la ciudad y, probablemente, que también sabían de nuestra pelea.

Pero rápidamente se hizo evidente que no se trataba de la típica multitud que se reúne para una pelea. Para empezar, casi todas eran mujeres. Además, parecía que estaban esperando a una estrella de rock y no a un boxeador. Era una turba tan descontrolada que, en medio de la histeria y de los gritos, algunas de las chicas se lanzaron sobre el parabrisas de la limosina y lo hicieron pedazos.

Al parecer, las mujeres de El Paso sentían un apego especial hacia mí. Cuando en 1998 me enfrenté allí con Patrick Charpentier, la reacción del público femenino fue impresionante.

Todo comenzó desde el momento en que llegué a la ciudad y mi avión privado se detuvo en el hangar. Cuando salí, vi que había literalmente miles de admiradoras separadas únicamente por una valla de metal. Algunas llevaban pancartas diciendo que me amaban o querían un hijo mío. Luego empezaron a volar sostenes y calzones.

Un enorme objeto blanco que parecía un paracaídas voló por encima de la valla y aterrizó lentamente en el piso. Resultó ser un sostén, el más grande que he visto en mi vida.

Esa misma semana hubo una conferencia de prensa que atrajo a la multitud más grande que yo haya presenciado, básicamente conformada por mujeres. Amenazaban con pasar por encima de mis guardas de seguridad para poder acercarse a mí, y algunas me apretujaban y me agarraban al pasar.

Era muy agradable.

La noche anterior a la pelea, estaba sentado en mi suite viendo el noticiero local. Estaban transmitiendo en vivo desde el lobby de mi hotel, en donde un reportero entrevistaba a Gil Clancy, uno de mis entrenadores. Cuando le preguntaron si yo disfrutaba con la histeria desatada entre las admiradoras de la ciudad, respondió con un guiño malicioso: "¿Sabes qué es lo más curioso de todo? Lo que realmente le gusta a Oscar son las mujeres grandes".

Momentos después me llamó la recepcionista y me dijo que había una horda de mujeres en el lobby que querían saber el número de mi habitación. Todas eran un poco rollizas.

Y no solamente ocurría en las giras. Una noche, ya en casa, fui a un club con mi séquito habitual de unas treinta personas. Acababa de cumplir veintiún años. Iba con varios guardaespaldas, una persona encargada de reservar la zona VIP para nosotros, y otra con la tarea de conseguirnos chicas para beber y bailar.

Esa noche fue especialmente agitada. En el lugar había una enorme muchedumbre y todos intentaban llegar hasta mí. El club estaba tan repleto que había llegado un inspector de incendios porque el número de personas sobrepasaba la capacidad del lugar.

Decidimos irnos, pero para hacerlo teníamos que llegar desde la zona VIP hasta la puerta, ubicada a algunas yardas de distancia.

No fue tan simple como parece.

Cuatro de mis guardaespaldas tuvieron que levantarme sobre sus cabezas y llevarme hasta la salida. En el trayecto me rasgaron la camisa y me quitaron los zapatos.

Logramos salir, pero realmente fue una experiencia interesante.

Nadie sonrió cuando me topé con una admiradora muy diferente; se trataba de una acosadora.

Me enteré de su existencia de una forma muy extraña, cuando estuve entrenando en Big Bear para una pelea.

Al llegar allí, noté que había una caja en la entrada, al otro lado del portón que permanecía con seguro. La caja no tenía nombre ni la dirección del remitente. Adentro había un oso de peluche, un muñeco de un boxeador y un par de calzoncillos míos. Todo esto había estado en la cabaña.

Había también una carta que decía: *Oscar, quiero disculparme contigo. Lo siento. Vine aquí y resultó que la puerta estaba abierta.*

Eso no era cierto.

La carta continuaba: *Te estoy devolviendo estos objetos porque me sentí culpable después de cogerlos. Decidí quedarme un par de días en tu cabaña, por si llegabas. Te estuve esperando.*

Luego supe que era una mujer que había irrumpido en mi casa, se quedó un par de días y posiblemente durmió en mi cama. Fue algo sorprendente.

Reportamos el incidente a la policía, pero nunca la atraparon. Fue un poco tenebroso.

Pero no sólo las mujeres podían pasar de ser admiradoras a obsesionarse conmigo. Dos noches antes de mi pelea contra Ruelas, había terminado mi entrenamiento y decidí caminar por las tiendas del Forum, acompañado de mi séquito y varios guardaespaldas, que eran policías del Departamento de Policía de Los Ángeles que hacían este trabajo por su cuenta.

Aparte de los admiradores usuales que me deseaban suerte y de uno que otro fanático de Ruelas que me gritaba que iba a patearme en el trasero, al otro lado de la multitud vi a un tipo de apariencia extraña, que llevaba una chaqueta gruesa, aunque estábamos en mayo. Sudaba mucho, su rostro brillaba y miraba furtivamente a la izquierda y a la derecha, como si estuviera a punto de hacer algo indebido.

Alerté a uno de mis escoltas y le pedí que lo vigilara. Vi que el hombre se acercaba cada vez más mientras firmaba autógrafos y me tomaba fotografías.

De repente, estaba frente a mí, ofreciéndome su mano para que se la apretara. ¿Qué iba a hacer? Respondí estrechándole la mano. Tomó mi brazo con sus dos manos y me dio un fuerte apretón, mientras hacía una mueca a causa del esfuerzo. Intenté liberarme, pero no me lo permitió y me apretó con más fuerza.

Finalmente, los muchachos de seguridad intercedieron, lo sujetaron y me liberaron a la fuerza. Mientras lo alejaban de mí, el hombre gritó por encima de su hombro, "¡Vas a perder! ¡Eres un pésimo boxeador!"

Fue algo extraño. Tal vez quería partirme la mano antes de la pelea. Afortunadamente, nunca lo supe.

XV

CHÁVEZ: EL MITO
Y EL HOMBRE

La primera vez que vi a Julio César Chávez en acción, me sorprendí. Yo era sólo un chico, y pude entrar a un bar gracias a mi padre. Eso bastó para sorprenderme.

El motivo era una transmisión en circuito cerrado de una pelea de Chávez. Allí estaba en la pantalla, ese hombre cuyo nombre era susurrado en nuestra casa y en la de mis tíos y tías. Chávez, el más grande boxeador mexicano, era un vestigio de los días en que los boxeadores podían pelear más de cien peleas y permanecer más de dos décadas en el cuadrilátero. Chávez cumplía con esos dos requisitos; llevaba veintitrés años peleando y tenía un récord de ciento siete victorias y dos empates en sus ciento quince peleas, incluyendo el increíble número de ochenta y seis nocauts.

Chávez me pareció intocable cuando lo vi en la pantalla aquel día, como si no fuera una persona. Era como si sólo pudieras verlo en la televisión, un héroe mítico y no de carne y hueso.

Sin embargo, se convirtió en una persona de carne y hueso una noche sorprendente en que yo tenía diecisiete años. Yo estaba entrenando en el gimnasio Resurrection, y no me había dado cuenta que había llegado un desconocido hasta que escuché mi nombre.

"Oscar De La Hoya", gritó. "Estoy buscando a Oscar De La Hoya".

También estaba buscando a Shane Mosley y a Pepe Reilly.

No pude creerlo cuando supe que ese hombre trabajaba para Chávez. ¿Qué querría de nosotros?

Chávez, quien iba a pelear contra Meldrick Taylor en Las Vegas, se encontraba en Los Ángeles y estaba buscando sparrings. Buscaba algunos amateurs jóvenes y prometedores que fueran rápidos y pudieran lanzar muchos golpes. Les habían dado nuestros nombres y, por supuesto, nosotros estuvimos de acuerdo.

Fui con mi entrenador Roberto Alcázar a una dirección que resultó ser un restaurante en cuya planta superior había un cuadrilátero. El lugar estaba abarrotado, había mucho ruido y mariachis cantando en la zona del restaurante.

Pepe, Shane y yo esperamos en un cuarto hasta que nos llamaron. Podría pensarse que un adolescente se sentiría intimidado en subir al cuadrilátero con una leyenda, pero yo estaba emocionado.

Pepe fue el primero en ser llamado, y cuando regresó, Shane y yo lo abrumamos con preguntas. "¿Cómo le había ido?; ¿Cómo lo había tratado Chávez?; ¿Cómo se sentían sus golpes?"

Pepe sólo dijo que había sido divertido.

Luego llamaron a Shane y finalmente a mí.

Pepe y Shane habían usado guantes de 12 onzas. Cuando me preparé para subir, uno de los asistentes de Chávez me dijo: "No. Espera. Primero debes ponerte esto".

Eran guantes de 18 onzas, tan grandes que parecían almohadas, y estaban tan rellenos que no podían hacer ningún daño.

"Hemos oído hablar de ti", me dijo el entrenador.

Me puse los guantes, subí al segundo piso, entré al cuadrilátero, y no me contuve cuando sonó la campana: le lancé golpes duros y combinaciones rápidas; le acerté varias veces. La cosa iba en serio, por lo menos desde mi punto de vista.

Escuché que la gente murmuraba. Yo había querido causar una buena impresión, y aparentemente lo estaba haciendo.

Era obvio que había logrado llamar la atención de Chávez. De repente, me descargó un derechazo que me hizo caer en una rodilla.

Me puse de pie, dispuesto a seguir boxeando, y luego de dos asaltos, me dijeron que ya era suficiente.

Cuando Robert yo estábamos saliendo, el entrenador auxiliar se acercó y me dijo: "Julio quiere que vengas esta noche aquí. Quiere hablar contigo. Ven solo, sin los dos sparrings".

Eso era increíble: Julio César Chávez quería verme a mí, y sólo a mí.

Sin embargo, no le conté a muchas personas lo que había sucedido porque me sentía avergonzado de que me hubiera derribado. Sabía que se trataba de Julio César Chávez, pero me sentía avergonzado.

Robert y yo fuimos esa noche, hablamos con Chávez, nos dimos la mano, y él me dijo: "Me diste algunos golpes increíbles. Eres un gran boxeador".

Escuchar eso de su boca realmente aumentó mi confianza.

Sin embargo, seis años después, cuando estábamos listos para enfrentarnos de verdad, aún tenía problemas para imaginarme en el cuadrilátero con este gran personaje. Cuando posamos para las fotos cara a cara, después de nuestras respectivas peleas en el Caesars Palace en febrero de 1996, era casi como si yo tuviera simplemente la oportunidad de tomarme una foto con mi héroe, una foto que podría mostrarles a mis amigos.

La foto era espeluznante. La cara de Julio parecía un campo de batalla, como si fuera la línea de ataque de sus peleas.

Y esas eran tan solo las batallas documentadas en el cuadrilátero. Chávez, quien era un bebedor consumado y un amante de la buena vida, un camorrista en guerra con el mundo, disfrutaba de la condición de héroe popular que tenía entre sus compatriotas, quienes amaban la imagen del guerrero y se deleitaban con su estilo macho. No era un hombre que desperdiciara mucha energía estudiando a los rivales ni discutiendo estrategias. Simplemente se limitaba a atacar desde el campanazo inicial, a asimilar los mejores golpes que pudieran asestarle sus contendientes, y luego procedía a acabar con la voluntad y el cuerpo de su rival, asestándole sus famosos golpes en las costillas y los riñones. Sus golpes podían hacerle temblar las piernas al adversario, y socavarle su determinación.

Para muchos amantes del boxeo mexicanos y mexicano–americanos, esa era la esencia del deporte.

Quería pelear con él porque era mi trabajo, y porque sentía que era mi destino. Pero había una parte dentro de mí que se preguntaba cómo podría combatir con mi héroe, y que se cuestionaba si yo tenía los méritos suficientes. Después de todo, este era el boxeador al que todos los mexicanos y mexicano–americanos admiraban.

Mis dudas no eran nada comparadas con la incertidumbre y burlas que recibí de los aficionados hispanos antes de la pelea.

"Chávez es el verdadero campeón", me decían. "Parece todo un boxeador. Mírate: no tienes una sola cortada. Mira tu nariz: es perfecta. Mira tu sonrisa y tus dientes perfectos: eres el Chico de Oro".

No estaban nada impresionados con mi técnica, con mis habilidades boxísticas, con mis manos rápidas y mis pies veloces, ni con mi capacidad para infligir daño mientras evitaba los inevitables golpes del contraataque. No apreciaban el hecho de que para mí la ciencia del refinamiento era realmente una ciencia.

Ni siquiera les importaba que yo no hubiera recibido una sola derrota.

Querían sangre y agallas. Querían un héroe que tuviera el aspecto de haber estado en una pelea, y que hubiera perdido incluso algunas.

Querían a Chávez.

Y cuando firmé para pelear, Chávez, quien ciertamente no era el favorito de los corredores de apuestas, se convirtió en el favorito sentimental.

Esto a pesar de que Chávez —quien tenía treinta y tres años— estaba viviendo de su reputación, y la vida agitada que había llevado en sus muchas peleas le había restado mucha vitalidad. Parecía como si tuviera más de cien peleas encima.

Por otra parte, yo tenía veintitrés años, había perfeccionado mi estilo, y estaba en la cúspide; llevaba veintiuna peleas profesionales sin recibir una derrota.

El apodo Pollo De La Hoya no contribuyó a mi buena imagen. Me lo puso Michael Katz, un escritor neoyorquino, y era injusto. ¿Han oído hablar de Tunney Hunsaker, Herb Soler, Tony Sperti o de Jimmy Robinson? Probablemente no, a menos que seas un fanático de la vida de Muhammad Alí. Esos fueron sus primeros cuatro rivales, con los que combatió para avanzar en el escalafón profesional.

Los boxeadores amateur necesitan un verdadero entrenamiento como profesionales, sin importar la gloria ni las medallas que alcancen antes de recibir su primer cheque como profesionales, y a pesar de todo el tiempo que pasen en el gimnasio o de la cantidad de asaltos que hagan de sparring.

Eso le sucedió a Alí, y a mí también.

Cuando me enfrenté a Chávez, me sentí preparado, pero sus seguidores se negaron a enfrentar la dura realidad. Habían imaginado un desenlace memorable, el curtido veterano apelando a las reservas de su pasado legendario para contener a una atracción emergente y derrotar a este campeón de las nuevas épocas que se atrevía a desafiar a una leyenda.

A fin de promover este evento, se lanzó una gira nacional por veintitrés ciudades en doce días.

Para mí, esta gira tuvo un comienzo decepcionante en el Olympic Auditorium. Los seguidores, la mayoría de ellos mexicano-americanos, me silbaron y aclamaron a Chávez.

Chávez sonrió y dijo que nunca había sido abucheado en su ciudad natal.

Yo sólo podía cerrar la boca, con la confianza de que a medida que avanzaba la pelea, los silbidos se extinguirían al igual que Chávez.

En una escala de la gira, Chávez se extinguió por completo, pues desapareció en una limosina después de una conferencia de prensa mientras el resto de nosotros nos dirigimos al aeropuerto para abordar nuestros aviones privados rumbo a nuestro próximo destino.

No podíamos despegar sin él, así que esperamos en la pista casi desierta hasta que finalmente vimos que se formaba una nube de polvo en la distancia, y avanzando a través de ella, venía una limosina a gran velocidad.

El auto se detuvo, y Chávez salió del asiento trasero, rodeado de jovencitas que había recogido en el camino.

A lo largo de la gira, aparecía en su abrigo de piel, rodeado por un grupo de seguidores que parecían más bien sirvientes del emperador Julio César. Uno de ellos tenía un trabajo que parecía ser peinarle el cabello a Chávez, y otro le amarraba los zapatos.

Para mí fue decepcionante ver quién era realmente Chávez y cómo se comportaba.

Sin embargo, desde un punto de vista boxístico, fue revelador, pues vi a un emperador listo para ser derrocado, y cualquier duda que yo tuviera en ese sentido se habría dispersado luego de una escena elocuente que sucedió en San Antonio durante la gira.

Estaba amaneciendo, y los primeros rayos del sol iluminaban las aguas plácidas del Riverwalk. Yo estaba saliendo del hotel para correr con el suéter puesto, y lanzando golpes mientras cruzaba el vestíbulo en dirección a la calle.

Me encontré cara a cara con una figura que se tambaleaba luego de bajarse de una limosina.

Era Julio César Chávez, regresando de una noche de fiesta. Sonreí.

A pesar de la luz escasa, pude ver el resultado futuro.

Lo mismo le sucedió a muchos seguidores de Chávez, a quienes no les gustó lo que vieron, razón por la cual intentaron manipular el resultado. Cuando yo estaba en mi centro de entrenamiento de Big Bear, comencé a recibir amenazas. Los seguidores de Chávez me advirtieron por correo y por teléfono sobre las consecuencias que sufriría si derrotaba al orgullo de México.

"No puedes derrotar a nuestro campeón", me decían. "Y si lo haces, lo lamentarás".

Contraté tres escoltas adicionales luego de estas amenazas, mucho más siniestras y voluminosas que las recibidas en el pasado. Sentí que la amenaza por parte de las autoridades mexicanas para demandarme si yo incluía su bandera en mis shorts era parte de un esfuerzo concertado para distraerme, y para asegurarse de que yo subiera desconcentrado al cuadrilátero.

¿Por qué digo esto? Porque después de la pelea, el gobierno mexicano nunca rechazó mi derecho a exhibir su bandera. Sólo lo hizo en esa pelea. Es extraño, ¿verdad?

Aunque Chávez declaró públicamente que yo era un pretendiente a su trono con pocas credenciales, me concentré en estudiar al hombre detrás del mito. Creí que no podría noquearlo. Tenía una cabeza muy fuerte y una quijada tan dura como una roca. Sin embargo, creía que podía derrotarlo utilizando la ventaja ofrecida por mi juventud y mi velocidad.

Sentí un progreso inmediato en mis habilidades bajo El Profesor, pero creo que su mejor trabajo fue prepararme contra Chávez, un boxeador que sólo conocía un estilo: acercarse, ser agresivo y no tener miedo. Le encantaba el peligro.

¿Qué haría yo para detenerlo y neutralizar su poderío? El Profesor me enseñó a hacer justamente eso.

Descubrimos la estrategia perfecta mientras me preparaba en el centro de entrenamiento. Yo estaba lanzando mis combinaciones, siempre moviéndome, parado en mis talones, revoloteando alrededor del cuadrilátero. Me sentía como un torero, mientras que mis sparrings parecían bueyes lentos y pesados. Yo era el amo de mi territorio.

Fue entonces cuando todos en el centro de entrenamiento reconocieron la labor de Rivero. "Mira lo que ha hecho por ti", me decían, pero no tenían que hacerlo porque yo mismo podía verlo. Hacía todo lo que me decía, realmente era El Profesor.

En la semana de la pelea, había alejado las visiones de Chávez como una leyenda y me había preparado para pelear con el hombre. Ese era mi estado mental, salvo por un instante fugaz cuando subí al cuadrilátero. Cuando miré a la otra esquina y lo vi, sentía que tenía diez años de nuevo y pensé: *Ese es el gran Julio César Chávez. No puede ser real.*

Sin embargo, me controlé, me concentré de nuevo, y cuando sonó el campanazo inicial, estaba listo para pelear.

Combatí bien en los primeros asaltos, esquivando las embestidas del viejo toro como si estuviera sosteniendo una capa roja. No sentí la fuerza de sus golpes, pero él sintió la de mis cortos, con los cuales le abrí una cortada en su ojo derecho en el primer asalto. La pelea se detuvo en el cuarto asalto, pues Chávez tenía el rostro cubierto de sangre.

El orgullo fue lo último a lo que renunció este guerrero, quien posteriormente declaró que había subido al cuadrilátero con la cortada, la cual se la había producido su hijo al echar la cabeza atrás y golpearlo en la cara mientras estaba sentado en sus rodillas.

He escuchado varias excusas por parte de muchos boxeadores, pero creo que ésta es la más floja de todas.

A manera de premio adicional gané el cetro de las 140 libras que ostentaba Chávez en el CMB, obteniendo así títulos en tres pesos distintos.

Aunque el cielo era azul para mí, para el mundo del boxeo mexicano sólo había una nube de tristeza, y se desquitaron conmigo, sin importar que yo les hubiera demostrado mi valor.

Cuando llegué a casa, la gente de mi generación estaba de fiesta, pero los mayores tuvieron dificultades para aceptar la derrota de Chávez.

"¿Quién eres tú para derrotar a nuestro campeón?", me dijeron. "Ese no era el verdadero Chávez. Tú tampoco lo derrotaste, lo hizo su hijo".

Realmente creían eso.

Yo pensaba que los seguidores mexicanos me aceptarían finalmente, pero me estaba engañando. Todo empeoró después de la pelea.

Varios meses después, yo fui mariscal del desfile anual en el Este de Los Ángeles. Me silbaron mientras iba en un auto con mi padre. La gente me lanzó frutas y me gritó que yo realmente no había derrotado a su campeón. La policía tuvo que rodear mi auto. Mi padre les gritó que se callaran.

Yo no entendía por qué actuaban de esa manera, y sólo quería decirles: *Soy uno de ustedes*.

Me vi enfrascado en una discusión tras otra con personas mayores de mi vecindario, y siempre me vi obligado a defenderme.

"¿Dónde nacieron sus hijos?", les preguntaba yo.

"Aquí, en el Este de Los Ángeles", reconocían.

"¿Y cuál es el problema?", les preguntaba yo. "Yo también nací aquí. Mis padres son mexicanos como ustedes".

"No me digas que eres mexicano", me respondían. "Eres un pocho, un gringo".

"Soy americano", les decía levantando la voz. "¿Qué hay de malo en eso? Soy igual que sus hijos".

"Es diferente", insistían ellos.

Era una discusión absurda, pero de la que no podía escapar. Creo que mi padre nunca entendió realmente el problema. Él simplemente nació en México, pero ¿qué era yo? ¿Era americano? ¿Era mexicano?

Sentía mucha rabia, tanto así que quería derrotar de nuevo a su héroe, y demostrarles que yo también tenía sangre mexicana.

Mi oportunidad se presentó dos años después cuando Chávez y yo combatimos por segunda vez. "Olvídate de boxear y de moverte, de los movimientos de pies y de los golpes veloces", me dije mientras me preparaba para la segunda pelea. Esa vez iba a pararme frente a Chávez, cara a cara, y les demostraría a sus seguidores mexicanos que yo podía pelear con su estilo. Yo podía ser tan macho como Chávez.

Eso fue lo que sucedió. Me paré frente a él y nos pusimos a prueba. Él recibió algunos golpes que hubieran derribado a otro boxeador. Recuerdo que le descargué cuatro o cinco veces mi golpe "45" en el mentón. Este veterano todavía tenía la mandíbula de roca, y una pegada fuerte y sólida. Me dio un derechazo que me hizo ver las estrellas. Me sentí mareado, pero afortunadamente, no pudo rematarme. Finalmente, Chávez perdió, pues no salió para el noveno asalto.

Él no había reconocido mi triunfo en la primera pelea, pues estaba demasiado ocupado buscando una excusa, la cual encontró en su hijo. Y en la segunda conferencia de prensa antes de la segunda pelea, Chávez se comportó como si la primera pelea nunca se hubiera realizado. Pero después de la segunda vez, me dijo: "Me derrotaste, eres un gran boxeador".

Finalmente, me había pasado la antorcha.

XVI

INDECISO EN LA FRONTERA

La rabia y la amargura que sentí luego de la primera pelea contra Julio César Chávez eran de esperarse. Durante muchos años tuve una crisis de identidad. Algunas personas no me aceptaban como americano, y tampoco me sentía aceptado como mexicano por otras. Sentía como si no perteneciera a ningún lugar.

Quizá fue por esto que, como un deportista de alto perfil, me esforcé por satisfacer a todos. Me parecía muy importante demostrar que me sentía orgulloso de haber nacido en este país, pero también de tener raíces mexicanas.

Todo comenzó en los Juegos Olímpicos, cuando subí al cuadrilátero con la bandera mexicana y la americana para disputar la medalla de oro. Eso forjó una imagen mía que la gente todavía recuerda. En ese momento, cuando hice mi primera aparición pública en un escenario mundial, yo era alguien que se debatía entre dos culturas.

Sin embargo, era difícil mantener esa imagen con orgullo cuando siempre te critican por ella. Por ejemplo, después de los Juegos Olímpicos de Barcelona, muchos mexicanos exclamaron disgustados: "¿Qué se cree ese tipo, si nació en los Estados Unidos?".

La primera vez que peleé contra Chávez, pensé en llevar unos shorts con las banderas de México y Estados Unidos entrelazadas.

Las autoridades mexicanas escribieron una carta en la que me informaban que pretendían demandarme, y dijeron que yo no podía llevar esos shorts porque no había nacido en México. Eso fue totalmente inconcebible para mí. Todas las personas podían llevar ese tipo de shorts, pero si lo hacía yo, recibía una amenaza de demanda; realmente no pude entenderlo.

Esta situación se presentó de nuevo cuando peleé contra Fernando Vargas en 2002. Este boxeador proyectaba una imagen de gángster, y decía que su fuerte personalidad lo convertía en un mexicano más auténtico que yo, aunque también había nacido en Estados Unidos. Eso me dio mucho coraje. ¿Quién era él para decir qué tan mexicano era yo? Creí que su imagen tendía a ser un reflejo muy negativo de los hispanos que trabajan duro y que pagan impuestos.

En mi pelea de 2006 contra Ricardo Mayorga, yo llevaba una propuesta para las próximas elecciones en mis shorts, solidarizándome con los trabajadores indocumentados, razón por la cual recibí llamadas telefónicas y correos electrónicos en las que me atacaron con dureza. "¿Qué diablos estás haciendo?", me preguntaron. "Deberías morirte. Habíamos creído que eras norteamericano. Naciste en este país".

Sin embargo, ya no dejo que estos ataques me molesten. Todos estos sentimientos encontrados sobre mi herencia son cosa del pasado. Yo perseveré, y creí que la gente me aceptaría algún día.

Ahora me dicen: "Gracias por representarnos. Gracias por haber creído siempre en nosotros. Gracias por no habernos olvidado nunca. Gracias por sentirte orgulloso".

Sin embargo, esta aceptación no me libra de mis responsabilidades como alguien que está atrapado en medio del tema más candente del país: la inmigración. Los mexicanos, incluso algunos familiares míos que aún viven en México, me piden que haga gestiones ante las autoridades norteamericanas para que utilicen su poder y relajen las leyes migratorias. Pero aquí, la gente me dice justamente lo contrario.

Sería mucho más fácil si no me involucrara en esto. Yo podría encargarme exclusivamente de mis propios asuntos. Tengo más que suficiente con el boxeo, la promoción y con mis diversas inversiones financieras, pero tampoco puedo darle la espalda a un problema que afecta a tanta gente cuyas raíces son iguales a las mías. Tengo mis opiniones sobre posibles soluciones a este difícil problema y continuaré expresándolas y contribuyendo al debate público.

Sin embargo, quiero concentrarme en las sugerencias positivas, pues no necesitamos más señalamientos. Si las dos partes son honestas, deberían aceptar una parte de la culpa. Creo que podemos estar de acuerdo en lo siguiente: el sistema actual no está funcionando y hay mucho caos en la frontera.

No estoy diciendo que abramos las puertas y permitamos que lleguen todas las personas que quieran, pero tampoco estoy de acuerdo con que las cerremos de manera permanente. Muchas de las personas que intentan cruzar la frontera sólo quieren trabajar y tener un mejor futuro para ellos y sus familias.

Es cierto que hay algunas manzanas podridas que se encargan de darles una imagen negativa a los inmigrantes, y en ese caso deberían castigarlas con severidad. Lo más adecuado sería deportarlas.

Pero propongo una estrategia más diplomática para los demás. Los mexicanos ven a las patrullas fronterizas como al enemigo, y a la frontera misma como un obstáculo que están decididos a vencer, bien sea a través de un túnel o por encima del mismo. Tenemos que encontrar la forma de que sea un sitio más amigable, y educar a todos los que están a ambos lados sobre el proceso que deben seguir para que así sea. Debemos concientizarlos sobre los beneficios de cumplir con los procedimientos.

Si quieren venir a trabajar, deberíamos darles documentos para que lo hagan por seis meses, y luego podrían permanecer otros seis meses más. Si después de un año se han comportado como buenos ciudadanos, han pagado sus impuestos y contribuído a la economía, podrían comenzar a solicitar la ciudadanía. Todas las personas deberían tener derecho a esta posibilidad.

Quiero aclarar que debería ser un proceso largo y exigente. Nadie debería obtener la ciudadanía de la noche a la mañana. No se trata de un regalo listo para ser abierto, ni de decirle: "Felicitaciones. Has cruzado la frontera, te haremos ciudadano norteamericano". No, en la vida no hay nada fácil.

Tampoco estoy eximiendo de responsabilidad al gobierno mexicano en este asunto. Las autoridades mexicanas tienen que tomar medidas y hacer cumplir las leyes, pues nada funcionará si todo el esfuerzo se hace sólo de este lado de la frontera.

En cuanto a los inmigrantes ilegales que ya están aquí, creo que no deberíamos deportarlos. No estoy diciendo que debamos sellar sus pasaportes y olvidarnos de su pasado, sino de encontrar la forma de legalizarlos, de darles la oportunidad para que se incorporen al sistema, reciban la ciudadanía y puedan seguir viviendo el sueño americano, sin que tengan que hacerlo escondidos en el anonimato. Hay personas que llevan diez o quince años escondidas, y aun más. Han trabajado duro, criado a sus familias y cumplido con las leyes de este gran país.

Deberían existir requisitos claros para obtener la ciudadanía según el tiempo que lleve el inmigrante en los Estados Unidos. Los que la soliciten por primera vez para venir a Estados Unidos deberían comenzar desde abajo y cumplir con todos los requisitos. También deberían esperar su turno.

Sacar a los inmigrantes de su escondite sería un logro valioso para todos los americanos, pues eso traería seguridad para los inmigrantes indocumentados y para todo el país, si los inmigrantes tuvieran un historial en el que se diga quiénes son, y si tienen o no documentos, visa de residencia o pasaporte. Creo que la gente de este país se beneficiaría. Creo que la economía también se beneficiaría, así como los diversos organismos encargados del cumplimiento de las leyes, la salud y la educación.

Se debe hacer algo porque tal como están las cosas en la actualidad, la inmigración ilegal nunca va a terminar. Esa es la realidad.

También creo firmemente que las personas que llegan a este país deberían aprender inglés sin importar su procedencia. Estamos en Estados Unidos y el primer idioma es el inglés. Si vas a Japón, tienes que hablar japonés. Si vas a Colombia, debes hablar español.

No entiendo por qué las personas se quejan de que este país no hace lo suficiente por ellas. Deberían agradecer. Si eres inmigrante, has llegado a un país que te está dando la oportunidad de tener una vida mejor y eso hay que respetarlo. Eso es lo que yo hago, lo que ha hecho mi familia y lo que hicieron mis antepasados.

Nunca olvidaré mis raíces ni el lugar de donde vengo, pero tengo mucho que agradecerle a los Estados Unidos de Norteamérica. Éste fue el país donde nací, el país que me dio la oportunidad de participar en los Juegos Olímpicos y que me ha permitido prosperar desde entonces.

Nosotros los latinos debemos reconocer todo lo maravilloso que hemos vivido en este país. Somos americanos.

He intentado cumplir con mi parte y retribuir en algo a nuestro gran país a través de la Fundación Oscar De La Hoya. Creo que es un privilegio hacerlo.

Comencé a esforzarme después de ganar mi primer campeonato mundial. Me encantaba sentir el cinturón en mi cuerpo, pero también sentí el peso de la responsabilidad en mis hombros. Vi que todos los jóvenes me consideraban un modelo a seguir, y recordé que cuando yo tenía su misma edad también buscaba modelos mientras pasaba de un gimnasio a otro.

¿Por qué no darles a estos chicos un gimnasio al que pudieran considerar como su hogar? Fue por eso que compré el Resurrection Gym, lo restauré y equipé con entrenadores que le dieran a la próxima generación de boxeadores un lugar donde perseguir sus sueños.

Ese fue el comienzo de la Fundación. A pesar de todos los títulos que he ganado a través de los años, de lo que más orgulloso me siento es del impacto positivo que he podido tener en otras personas, principalmente a través de mi Fundación, la cual ha crecido en influencia y se ha expandido en los últimos doce años. Miles de chicos han llegado de las calles, y en vez de perder el tiempo, asisten a mi gimnasio y a mi centro de aprendizaje.

José Navarro es uno de ellos, y siguió mis pasos hacia los Juegos Olímpicos, compitiendo en los del año 2000.

Mi deseo de utilizar mi buena suerte para el beneficio de los demás no se ha limitado al cuadrilátero. Cuando mi madre murió de cáncer de seno, quise establecer un instituto para el cáncer en su honor. Cumplí esa meta en el año 2000, inaugurando un edificio con la última tecnología en mi antiguo vecindario del Este de Los Ángeles. El Cecilia González De La Hoya Cancer Center localizado en el Centro Médico White Memorial ofrece opciones de diagnóstico y tratamiento para pacientes con cualquier tipo de cáncer. Miles de personas se han beneficiado de este centro médico y han podido luchar contra esta enfermedad letal.

También inauguré una unidad de cuidados intensivos para neonatos en 2003 y un centro de partos en el White Memorial.

Tuve el honor de hacer esto para mi comunidad, y espero que mis obras de caridad se expandan por todo el país.

En cierto modo, alcancé un punto culminante en 2004, año en el que conjuntamente con las Escuelas Públicas Green Dots, inauguré la Oscar De La Hoya Amino Charter High School, la primera escuela de secundaria pública que abría sus puertas en más de setenta años en el Este de Los Ángeles.

El hacinamiento en las aulas escolares es un problema en todo el país. Aliviar en algo esta situación y darles a los estudiantes la oportunidad de tener una mejor educación es algo muy satisfactorio para mí.

Estoy seguro de que mi madre se sentiría muy orgullosa.

XVII

DE LA ANGUSTIA
A LA RABIA

Corazones valerosos y almas vacilantes.

Guerreros y aspirantes.

Los que están dispuestos a morir en el cuadrilátero y los que mueren mil muertes antes de siquiera pisarlo.

En sus casi cuatro décadas en el boxeo, el entrenador Emanuel Steward los ha visto a todos. Pero me aseguró que nunca había visto un boxeador como yo.

Era un elogio.

Mi cara sin marcas siempre sonriente, mi voz suave y mi carácter sereno reflejan una vida lejos del brutal mundo del boxeo. Y la verdad es que, como cantante y artista aficionado, me siento muy a gusto en el mundo del espectáculo.

Creo que lo que más me atrae es usar las manos para pintar y dibujar.

Cuando una vez me pidieron a última hora que regalara una ilustración para una subasta de caridad utilizando los materiales más simples —crayolas y papel para bocetos—, hice un dibujo de un campo de golf con varios niveles en dos horas.

Cualquiera que sea el talento y la creatividad que pueda tener como artista, lo heredé de mi madre.

Pero también está la faceta de mi padre. Él fue boxeador en su juventud y eso también lo heredé.

"Nunca he visto a un boxeador que sufra tal transformación cuando pisa el cuadrilátero", me dijo alguna vez Steward.

Mi preparación comienza mucho antes de ver el cuadrilátero. Cuando estoy en el camerino me gusta aislarme para concentrarme mejor en lo que tengo que hacer. La verdad es que me gusta estar solo en ese momento. Me siento ansioso, con los nervios de punta, sudo mucho y no puedo controlar las palpitaciones en el estómago. ¿Han oído hablar de las mariposas? Siento docenas en la boca del estómago, aleteando y moviéndose rápidamente de un lado para otro. Tiemblo, y los estremecimientos recorren mi cuerpo, que se siente tan frío como la muerte.

Tal vez el peor caso de temblores que haya tenido fue antes de mi pelea contra Fernando Vargas en el 2002. No es que estuviera asustado. Estaba seguro de la victoria y no eran más que nervios.

Lo primero que hago siempre que subo al cuadrilátero es buscar a mi padre entre la multitud.

Nuestros ojos se encuentran y nuestras cabezas se inclinan en señal de aprobación.

La gente dice que aprieto los labios y los ojos se me vuelven pequeños mientras me concentro en mi oponente. Dicen que por un instante, pareciera como si yo fuera a llorar. Y luego, esa angustia se convierte en rabia.

El artista ha desaparecido.

Al comienzo de mi carrera, cuando enfrentaba a tipos a los que podía derrotar, esa rabia me daba una gran ventaja. Simplemente podía entrar al cuadrilátero sin pensar en ello y dejar que mi fuerza se encargara de todo. Si recibía un golpe, no había problema, pues sabía que yo era mucho más rápido y fuerte que los rivales que iba a noquear. Tal era la diferencia en los niveles de habilidad.

Cuando comencé a enfrentar a pugilistas que estaban a mi mismo nivel, empecé a preocuparme por lo que ellos podían hacerme y no sólo por lo que yo podía hacerles a ellos. Fue ahí cuando se hizo invaluable la guía de El Profesor.

La clave de su estilo defensivo era la posición de las manos. Yo siempre había sabido cómo saltar en varias direcciones, estar alerta y alejado de mi rival. Pero al mantener mis manos muy arriba, estaba perdiendo medio segundo o incluso uno, mientras intentaba neutralizar sus golpes, lo cual es mucho tiempo cuando te lanzan un golpe desde una distancia tan corta. Si te enfrentas a un boxeador rápido que puede lanzar combinaciones de golpes, la lentitud para contener el primero puede ser fatal.

El Profesor me enseñó a mantener las manos un poco al frente y a coordinarlas con mis movimientos de piernas. Si yo movía los pies adelante o atrás, también tenía que mover mis manos.

El Profesor solía decir, "Tú eres el auto y tus manos son el volante. Si giras para un lado o para el otro, tus manos deben llevar la delantera".

Estaba muy a gusto con ese estilo, y me sentía invencible.

Robert nunca se sintió bien con El Profesor ni con su estilo. Incluso después de derrotar a Chávez luego de una gran presentación, Robert no fue capaz de felicitar al Profesor, ni de admitir que sus dudas eran infundadas y estaban más basadas en su pérdida de influencia que en lo que era lo mejor para mí. Cada vez que ganaba bajo la guía del Profesor, Robert parecía sentirse más inseguro.

Le decía a mi padre, "Los quiero, muchachos. Y sé que la madre de Oscar quisiera que yo estuviera aquí".

Robert tenía razón en una cosa. Había un inconveniente con El Profesor, pero no tenía que ver con el boxeo. Era su plan de adoctrinarme en lo que se había convertido en una diatriba incesante contra la religión. Él predicaba el ateísmo.

Es algo irónico que un hombre llamado Jesús fuera ateo.

Rivero comenzó a decir que mi hermano le había puesto el apodo de El Profesor porque mi hermano también es ateo, así que ambos se llevaban bien.

Cuando estábamos en el centro de entrenamiento, pasábamos dos o tres horas diarias en el gimnasio, y en muchas ocasiones, todos teníamos que sentarnos a su alrededor y oírle decir que Dios no existía.

"No hay nada más allá del hombre. No importa lo que crean. Pueden creer en ese libro", decía, señalando un objeto que reposaba en la mesa.

El Profesor era un hombre muy terco, que se rehusaba a escuchar la opinión de cualquier otra persona. Era un hombre instruido —todos respetábamos eso— pero era aburrido cuando empezaba con sus teorías sobre la religión.

Veníamos de hacer ejercicios, comíamos algo, nos sentábamos, y con toda seguridad, él comenzaba con lo suyo. Pensábamos, *Oh, no, aquí va otra vez. Es una persona mayor; escuchémoslo.*

¿Qué alternativa teníamos? Estábamos en el centro de entrenamiento. No podíamos irnos y eso era ideal para él: tenía una audiencia segura.

El Profesor era un orador conVicente, tanto que por lo menos nos hacía pensar en lo que estaba diciendo. Yo fui criado en la religión católica y no iba a renunciar a mis creencias, pero de veras nos hacía considerar su punto de vista, al menos mientras estábamos bajo su hechizo. Era de los que podía señalar un pedazo de cuerda y convencerte de que podía deslizarse sola por el salón.

Otra de sus teorías era que yo sería mejor boxeador si bebía un vaso de vino todos los días, incluso cuando tuviera una pelea.

"Es bueno para la sangre", aseguraba. "Te hace fuerte. Te sentirás un poco mareado, pero está bien. No sentirás los golpes".

Él era distinto y extraño.

Sin embargo, no podía ignorarlo del todo porque lo que me es-

Su madre, Cecilia, a los diecisiete años, como dama de honor en la boda de una amiga. *(Foto cortesía del autor)*

Boda de los padres de Oscar, Joel y Cecilia, en 1968. Su madre Cecilia posa aquí con Miguel Salas, uno de los tíos de Joel. *(Foto cortesía del autor)*

En casa con la familia. De derecha a izquierda: Oscar, el Tío, Joel, Cecilia y su hermanita Ceci. *(Foto cortesía del autor)*

Cecilia, la madre de Oscar, y su hermano Joel Jr. *(Foto cortesía del autor)*

Oscar, asiduo miembro del gimnasio, a la derecha. *(Foto cortesía del autor)*

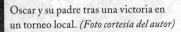

Oscar y su padre tras una victoria en un torneo local. *(Foto cortesía del autor)*

Oscar, a los ocho años, momentos antes de un torneo. *(Foto cortesía del autor)*

Cecilia, Oscar y la prima Irma en Durango, México. *(Foto cortesía del autor)*

Oscar y sus compañeros en el East Side Boxing Gym. *(Foto cortesía del autor)*

Primera Comunión de Oscar. De derecha a izquierda: Joel, Cecilia, y los padrinos Hermila y Francisco Gonzalez. Oscar está en el medio con su hermanita Ceci delante. *(Foto cortesía del autor)*

Oscar, a la derecha, conectando su famoso gancho de izquierda en el Gimnasio Azteca. *(Foto cortesía del autor)*

Oscar con dos de los más de doscientos trofeos que ganó como amateur. *(Foto cortesía del autor)*

El Chico Prodigio. *(Foto cortesía del autor)*

Oscar le hace "orejitas" a su mamá en un viaje familiar a Disneylandia. *(Foto cortesía del autor)*

Los padres de Oscar en un momento feliz en Nochebuena en la casa de un pariente. *(Foto cortesía del autor)*

La mamá de Oscar, Cecilia, y su hermanita Ceci, en Washington. Habían viajado para ver a Oscar en los Goodwill Games de 1990. Fue una de las últimas veces que su madre lo vio pelear. Falleció algunos meses más tarde. *(Foto cortesía del autor)*

Tres generaciones de luchadores De La Hoya: Oscar con su abuelo Vicente y su padre Joel. *(Foto cortesía del autor)*

Oscar posa luego de entrenar en el Resurrection Gym de East Los Angeles. Más tarde compraría el gimnasio y lo convertiría en el Oscar De La Hoya Youth Center. *(Foto cortesía del autor)*

Oscar, centro, es honrado como ganador de su división en el Campeonato Preolímpico. *(Foto cortesía del autor)*

Un momento dorado, Oscar posa con su medalla de oro en los Juegos Olímpicos de Barcelona de 1992. *(Foto cortesía del autor)*

Una de las fotos de la primera sesión fotográfica de Oscar como ganador de la Medalla de Oro de los Juegos Olímpicos. *(Foto cortesía del autor)*

Oscar posa con uno de sus tíos quien lo vio convertirse en campeón olímpico, Vicente De La Hoya. *(Foto cortesía del autor)*

Oscar posa con dos Joeles De La Hoya, Sr. y Jr. *(Foto cortesía del autor)*

27 de mayo, 1994: el campeón Oscar De La Hoya le aplica sus toques finales a su contendiente, Giorgio Campanella. *(© Holly Stein/Allsport)*

6 de mayo, 1995: Oscar De La Hoya, a la izquierda, descarga la izquierda decisiva sobre Rafael Ruelas, derribándolo por segunda vez en el segundo asalto. *(© Getty Images)*

Las Vegas: Oscar De La Hoya, izquierda, conecta una izquierda sobre el Campeón Super Ligero del CMB, Julio César Chavez, derecha, en el tercer asalto. De La Hoya venció a Chavez adjudicándose el título con un nocaut técnico en el cuarto asalto. *(© John Gurzinski/AFP/Getty Images)*

El Campeón Welter del CMB, Oscar De La Hoya, celebra su triunfo por decisión unánime tras un combate de doce asaltos con Hector Camacho el 13 de septiembre de 1997, en el Thomas and Mack Arena en Las Vegas. *(© John Gurzinski/AFP/Getty Images)*

De La Hoya celebra su victoria sobre Wilfredo Rivera de Puerto Rico. (© Tom Mihalek/AFP/Getty Images)

Oscar De La Hoya de los Estados Unidos, cae en el sexto asalto durante la pelea ante su contendiente Ike Quartey de Ghana, derecha, en Las Vegas. De La Hoya obtuvo la victoria tras una decisión dividida, reteniendo así su corona welter del Consejo Mundial de Boxeo. (© Hector Mata/AFP/Getty Images)

Los boxeadores Oscar De La Hoya, derecha, y Felix Trinidad, luchan en el Mandalay Hotel, el 18 de septiembre de 1999, por el Título Welter del CMB/FIB en Las Vegas, Nevada. Trinidad obtuvo la victoria por puntos en el duodécimo asalto. (© Gary M. Williams/Liaison)

Sugar Shane Mosley conecta un *uppercut* sobre De La Hoya durante la Pelea Mundial Welter en el Staples Center el 17 de junio de 2000. Mosley obtuvo la victoria por puntos en el duodécimo asalto. (© Al Bello/Getty Images)

De La Hoya muestra su nuevo
CD titulado *Oscar De La Hoya*,
el 14 de octubre de 2000, durante
una firma de autógrafos en Tower
Records en West Hollywood.
(© Frederick M. Brown/Newsmakers)

Oscar entretiene a dos de sus jóvenes
fans durante una firma de autógrafos
para su CD. *(Foto cortesía del autor)*

De La Hoya sonríe frente a un telón de fondo
con el logo de *GQ*, en la Quinta Ceremonia
Anual de Premios *GQ* a los Hombres del Año,
que se celebró en el Beacon Theater, ciudad de
Nueva York. *(© Scout Harrison/Hulton Archive/
Getty Images)*

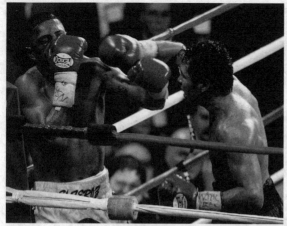

De La Hoya, derecha, lanza una ráfaga de golpes a su compatriota Fernando Vargas durante el undécimo asalto en el Mandalay Events Center en Las Vegas, 14 de septiembre, 2002. De La Hoya retuvo su Título del Consejo Mundial de Boxeo de las 154 libras con un nocaut técnico en el undécimo asalto. (© Mike Nelson/AFP/ Getty Images)

Oscar De La Hoya conecta un golpe al mentón de Sugar Shane Mosley el 13 de septiembre de 2003, en el MGM Grand en Las Vegas. Mosley venció a De La Hoya por decisión unánime. (© Al Bello/ Getty Images)

De La Hoya, derecha, golpea a Felix Sturm de Alemania durante el Campeonato Mediano de la OMB en el MGM Grand, el 5 de junio de 2004 en Las Vegas. (© Jed Jacobsohn/ Getty Images)

De La Hoya permanece caído en la lona luego del nocaut al hígado de Bernard Hopkins en el MGM Grand el 18 de septiembre de 2004 en Las Vegas. Hopkins obtuvo el título mundial mediano en el noveno asalto.
(© Doug Benc/ Getty Images)

Millie habla con Oscar luego de que este cayera por nocaut ante Bernard Hopkins por el título mundial mediano en el MGM Grand, el 18 de septiembre de 2004, en Las Vegas.
(© Jed Jacobsohn/Getty Images)

De La Hoya, izquierda, pelea con Ricardo Mayorga, derecha, durante la lucha por el título súper welter del CMB en el MGM Grand, el 6 de mayo de 2006, en Las Vegas. Oscar venció a Ricardo Mayorga por nocaut técnico en el sexto asalto.
(© Donald Miralle/Getty Images)

De La Hoya presenta un pesaje de 154 libras en el MGM Grand en Las Vegas, antes de su pelea con Mayweather. *(© Al Bello/Getty Images)*

De La Hoya conecta una derecha a la cara de Mayweather durante la pelea por el campeonato súper welter del CMB, el 5 de mayo de 2007. Mayweather venció a De La Hoya con decisión dividida. *(© Al Bello/Getty Images)*

Oscar el humanitario habla en la cena de su fundación. *(Foto cortesía del autor)*

El CEO de Golden Boy, Richard Schaefer, Oscar y Raul Jaimes, vicepresidente de Golden Boy Promotions, en una cena de la fundación. *(Foto cortesía del autor)*

Oscar, el cantante, firma su CD.
(Foto cortesía del autor)

Oscar se prepara para salir al escenario en la cena de su fundación.
(Foto cortesía del autor)

Su hermana Ceci y su hermano Joel Jr. posan con el novio en la boda de Oscar y Millie en 2001. *(Foto cortesía del autor)*

De La Hoya y Millie asisten a su Gala de Premios "Noche de Campeones" en el Hotel Regent Beverly Wilshire, el 3 de octubre de 2002, en Beverly Hills, California. *(© Robert Mora/Getty Images)*

Oscar, su hermana Ceci y su hermano Joel Jr. en la inauguración del *Cecilia Gonzalez De La Hoya Cancer Center* en 2000. *(Foto cortesía del autor)*

Oscar y Millie en los Latin
Billboard Awards 2003 en el
Miami Arena en Miami, Florida.
(© Tom Grizzle/Wireimage)

Oscar y Millie asisten
a la Gala de *25 Most
Beautiful Celebrities* de
People en Español en el
Roseland Ballroom,
el 14 de mayo de
2003 en la ciudad de
Nueva York. *(© Myrna
Suarez/Getty Images)*

taba enseñando funcionaba. Así que mientras por un lado sentía que estaba lleno de tonterías y que casi siempre hablaba más de la cuenta, también lo escuchaba y seguía religiosamente sus instrucciones en lo que se refería al boxeo.

Después de mi primera victoria sobre Chávez, me enfrenté a Miguel Angel González, que tenía un récord de 41–0 con treinta y un nocauts. Me concentré. Yo acababa de derrotar al rey de reyes y las cosas no iban a ser más fáciles. Entré a esa pelea con un esguince en el pulgar derecho y debilitado por la gripa, pero afortunadamente, mi *jab* funcionaba bien y pude golpear a González como me dio la gana.

Gané por decisión unánime, y lo único negativo del combate fue un gran moretón debajo del ojo izquierdo por cortesía de su derecha. Eso hizo que la gente murmurara que yo era débil por la derecha. Hasta el día en que perdí, la gente siempre trataba de descubrir mis supuestas debilidades.

El siguiente en mi tarjeta de baile era Pernell Whitaker, un maestro de la defensa. Medía 5-6 y era casi cinco pulgadas más bajito que yo, y se encogía aun más enrollándose como una bola. Eso me hizo balancearme hacia abajo en un ángulo inadecuado, y darle muchos golpes detrás de la cabeza. Whitaker era escurridizo, mañoso, difícil de enfrentar. No me ayudó haberme caído en el noveno asalto, no por un golpe, sino porque se me enredaron las piernas; pensé que se había considerado injustamente como una caída. Sin embargo, gané por una decisión reñida pero unánime, así como el título mundial de las 147 libras que ostentaba Whitaker en la CMB, lo que me dio un cinturón en una cuarta división de peso.

¿Había encontrado finalmente al entrenador que pudiera completar mi crecimiento como boxeador?

No exactamente, según Arum y Trampler. Las cosas funcionaron durante unos cuantos combates, pero mi grupo de asesores elite no tardó en susurrarme de nuevo al oído que necesitaba un cambio.

¿Qué era lo que no les gustaba de El Profesor? Trampler me dijo que aunque el gran énfasis de El Profesor había sido toda una ventaja para mí, también tenía un punto muy negativo. Yo me preocupaba tanto en evitar los golpes, que ya no estaba lanzando los míos con la misma autoridad. Mi nuevo estilo me había restado algo de fuerza, pensaba Trampler.

Sin embargo, fui yo quien tomé la decisión de decirle al Profesor que se fuera. La principal razón para hacer esto no fue por su visión del boxeo, sino por sus arengas religiosas, pues eran muy negativas para nuestro entrenamiento y se sumaba a la fricción que había entre Robert y El Profesor. Había una falta de unidad. No éramos un equipo, y me cansé de eso.

Sentí que ya había aprendido lo que El Profesor podía enseñarme. Era el momento de pasar al siguiente entrenador y aprender aun más de él. Asumí este proceso con mi asesor de negocios, Mike Hernández, y le conté el motivo de mi preocupación. Sabía que él se lo comentaría a Arum, quien lo discutiría con Trampler, y pronto tendría un nuevo entrenador que trabajara conjuntamente con Robert.

La última pelea de El Profesor fue mi encuentro contra Pernell Whitaker en 1997.

Cuando le dije al Profesor que no seguiría con él, se mostró más desafiante que decepcionado. "Ustedes no saben lo que están haciendo", dijo, repitiéndome que yo lo necesitaba más de lo que él me necesitaba a mí.

¿A quién quería en mi esquina? Quería que el próximo entrenador que acompañara a Robert fuera todo lo contrario. En vez de un renombrado especialista en la defensa o un maestro retirado con unos pocos boxeadores en su hoja de vida, quería a un entrenador de celebridades, activo, con experiencia, que apreciara el acercamiento agresivo. Nada mejor que Emanuel Steward, una figura legendaria que ha entrenado a boxeadores que van desde Thomas Hearns hasta Lennox Lewis.

Las dos cosas que Manny me dio fueron confianza y utilizar más mi mano derecha. Me hizo sentir bien conmigo mismo. "Debes ir directo hacia esos tipos", me dijo.

Mi primera pelea bajo la dirección de Manny fue contra David Kamau en 1997. Si hubiera seguido con El Profesor, la estrategia habría sido mantenerme alejado, usar mi *jab*, responder a los golpes y tal vez ganar por decisión o por nocaut en los últimos asaltos.

Cuando se le planteó eso a Manny, dijo enfáticamente, "No, sólo tienes que ir hacia él, atacarlo y noquearlo. Puedes hacerlo".

Eso sí que era un gran cambio respecto a El Profesor, que siempre me estaba sermoneando sobre el peligro de los golpes. La actitud de Manny era que no debería preocuparme si recibía muchos golpes, pues yo era muy buen pegador.

Manny no estaba satisfecho sólo con despertar al agresor que había dentro de mí, sino que también estaba decidido a convertirme en un agresor con dos manos. Durante mucho tiempo, yo había confiado principalmente en mi izquierda. Tenía un fuerte gancho de izquierda y un *jab* efectivo, pero, ¿podía duplicar mi efectividad si usaba mi derecha con más frecuencia? Manny estaba decidido a descubrirlo. Según señaló, la sola posibilidad de una derecha efectiva perturbaría la defensa de un oponente, dejando más zonas al descubierto para golpearlo con mi izquierda.

Era difícil modificar un mensaje que ya tenía grabado en mi cabeza. En el primer asalto contra Kamau, seguí la estrategia moderada a la que me había acostumbrado con El Profesor, y Kamau seguía en pie cuando la campana sonó tres minutos después.

Cuando pasó por entre las cuerdas para confrontarme mientras yo estaba sentado en mi banco, Manny estaba furioso.

"¿Qué haces?", preguntó. "Anda y derríbalo".

Salí en el segundo asalto con una actitud nueva y feroz, lancé mis combinaciones y, tal como lo había predicho Manny, derribé a Kamau. Cuando lo golpeé, sus piernas estaban tan debilitadas que parecía estar bailando la lambada en el cuadrilátero.

No me habría sorprendido ver a mi siguiente contendor, Héctor

"Macho" Camacho, bailar lambada en el cuadrilátero. Este ex campeón estaba algo chiflado; era de los que se quitaban la camisa en el podio para exhibir sus músculos durante las conferencias de prensa.

Me divertí con él. Apostamos a que él recibiría 200.000 dólares adicionales si ganaba. Y si lo hacía yo, le cortaría ese mechón de cabello tan particular que le colgaba en la frente. Y podría hacerlo en el mismo cuadrilátero, frente a todo el mundo.

Después de derrotar a Camacho por decisión unánime, fui a mi esquina, tomé unas tijeras y lo confronté diciéndole: "Oye, una apuesta es una apuesta".

"Vamos, hombre. Por favor", replicó, rogándome que le dejara conservar su preciado bucle. "Esto es lo que yo soy; igual que Sansón. Si me lo cortas, pierdo mi fuerza".

Camacho no sonaba muy macho en ese momento. Me compadecí de él y le dejé conservar sus mechones.

Ésa fue mi última pelea con Manny.

El problema no fue lo que hizo en la esquina durante mis dos peleas, sino lo que dejó de hacer durante la preparación para esos combates. Manny insistió mucho en que soltara mis brazos. Parecía que todo lo que hacíamos era jugar baloncesto. Si no era eso, entonces era ping-pong.

Me agrada Manny. Tiene buen corazón, pero eso no satisfacía a mi padre, quien no estaba de acuerdo con su estrategia despreocupada. No fueron sólo las horas jugando baloncesto, sino el hecho de que me entrenara sólo cuatro días a la semana. Tenía libres los miércoles, sábados y domingos. Esa era una gran diferencia con la disciplina a la que yo estaba acostumbrado. Acostumbraba a tener seis días de entrenamiento a la semana con otros entrenadores, con una rutina suave los domingos, que consistía en ver videos y hacer largas caminatas. Pero siempre estábamos activos.

Si me sentía cansado, Manny me decía que me tomara un día libre. Me decía que el descanso era lo mejor para mí. Esa era también su teoría con respecto a las sesiones de sparring, pues decía que unas pocas eran suficientes para el cuerpo. Con Manny, yo no sentía que estuviera en un centro de entrenamiento real.

Nada de esto le cayó bien a mi padre, quien era de la vieja escuela. Quería verme hacer sparring, correr y sudar mucho. Si yo no estaba haciendo nada, me hacía correr un poco más.

Hasta la forma en que Manny manejaba las manoplas nos molestaba a mi padre y a mí. Las sostenía en lo alto y las agitaba en mi dirección. Eso no funcionaba conmigo.

Pero siempre tendré a Manny en gran estima por devolverme la agresividad, que había perdido bajo la guía del Profesor, y la práctica con la derecha.

Después de vencer a Wilfredo Rivera y Patrick Charpentier con bastante facilidad y de ganar la revancha contra Chávez, ambas en 1998, tuve un enfrentamiento clásico contra Ike Quartey, de Ghana, en febrero de 1999. No me preocupé mucho, aunque tenía un récord invicto de 34–0, un empate y veintinueve nocauts. No me preocupé hasta que estuve del lado en que aterrizaban sus puños. Sentí como si tuviera ladrillos en los guantes. Cada impacto era un aguijón. Quartey me derribó en el sexto asalto, con un gancho izquierdo.

Comprendí que no podía preocuparme por el daño que pudiera hacerme. No podía preocuparme de que me rompiera la nariz o me desfigurara la cara. Tenía que vencerlo. Me levanté y en el mismo asalto puse a Quartey en su lugar.

Seguía siendo un combate reñido al entrar al decimosegundo y último asalto. Me sacudí el agotamiento y busqué en lo más profundo de mí la fuerza para la embestida final. Dicen que ha sido uno de los mejores asaltos de mi vida. Sin duda fue uno de los más satisfactorios. La multitud rugía y mi ritmo fluía, y me sentí renovado. Era como si todo estuviera pasando en cámara lenta. Podía ver cómo descargaba cada golpe, el sudor cubriendo la cabeza de Quartey y su cara retorcida.

Parecía como si el asalto hubiera durado diez minutos. Esperé que decretaran el final. Quartey finalmente cayó, pero se levantó y terminó sobre sus pies. Gané por decisión dividida.

Pero obtuve más de una victoria esa noche. También obtuve la confianza, por primera vez en mi carrera, de saber que podía ser tan efectivo en el último asalto como en el primero, y que tenía la energía para pelear treinta y seis minutos seguidos si era necesario.

Necesitaba toda la confianza que pudiera reunir porque estaba pasando por una época muy tumultuosa de mi vida. Pronto enfrentaría a Félix Trinidad, considerado por muchos como el mejor boxeador libra por libra del mundo, en el encuentro boxístico más emocionante de la historia de los pesos no pesados. También enfrentaría el hecho de que, a pesar de todos mis triunfos en el cuadrilátero, todavía me faltaban las dos cosas que había deseado desde el comienzo de mi carrera: una familia y seguridad financiera.

Era hora de madurar.

XVIII

EN BUSCA DEL AMOR

Había cambiado mi patineta por un jet privado; mis amigos del vecindario por una comitiva; mis salarios exiguos por montones de dinero; mis pocas relaciones sentimentales estables por innumerables *groupies,* mi ropa de apariencia lamentable por un guardarropa digno de ser retratado por una revista masculina.

¿Qué más podía desear? Yo era como un niño en una confitería. Pero, súbitamente, me sentí encerrado en esa confitería, como si me hubiera atragantado de dulces hasta enfermarme.

Todo esto me sacudió una noche en Las Vegas; fue un golpe emocional que estremeció todos mis sentidos.

La noche no había empezado bien. Supuestamente sería un viaje de descanso. Después de todo, no había ido a pelear, sino a relajarme y disfrutar. Estaba hospedado en una enorme suite de dos plantas del tamaño de una pista de baile y con una vista increíble en el último piso del Rio Hotel. Iba a ser el centro de las fiestas.

Pero antes quería estar un rato en el casino y, tal como salieron las cosas, dejar algo de dinero en las mesas de apuestas. Perdí 350.000 dólares jugando a los dados.

Sin embargo, no tuve mucho tiempo para pensar en eso, pues cuando regresé a la suite, la fiesta estaba en pleno furor. Había unas cien personas, muchas de las cuales ni siquiera conocía. Bebían, reían y bailaban al ritmo de la música estruendosa. La fiesta era más grande y animada que cualquiera de las que había en los clubes de abajo.

Nada de eso captó mi interés. Me sentía como un zombi mientras caminaba por esa habitación llena de extraños.

Me dirigí a una enorme ventana y contemplé las miles de luces titilantes de ese lugar al que llaman la ciudad del pecado.

Miré alrededor y todos parecían moverse en cámara lenta como si estuvieran en una pantalla de cine y yo fuera parte de la audiencia, como un espectador que no participa de la acción.

Algo me azotó y las lágrimas empezaron a rodar por mis mejillas. Sentí que no pertenecía a ese lugar. ¿Quién diablos soy? ¿Qué estoy haciendo? Todos se están divirtiendo, pero yo no soy feliz. ¿Qué clase de vida estoy llevando? ¿En qué me he convertido? Esto no es lo que yo quiero. No es lo mío, ni lo que mis padres me enseñaron. Soy un muchacho que creció en un hogar donde me enseñaron valores sólidos, que era más feliz cuando no tenía y vivía en el Este de Los Ángeles que ahora. La fama, el dinero y las mujeres me habían convertido en una persona diferente.

Acababa de perder 350.000 dólares y allí estaba, llorando, mientras la fiesta continuaba a mi alrededor.

A nadie pareció importarle mi angustia, salvo a Raúl, quien siempre ha estado a mi lado.

Empezó a desocupar la habitación cuando me vio. Los invitados querían saber qué estaba ocurriendo, pero yo no les debía ninguna explicación.

De nada sirvió cancelar la fiesta, pues lloré hasta quedarme dormido. A la mañana siguiente, Raúl y yo nos marchamos del hotel y nos dirigimos a casa, pese a que habíamos planeado quedarnos unos días más.

Algunas veces no quería ser el Chico de Oro. Sé que nadie va a sentir lástima de mí. Nadie va a derramar una lágrima por una celebridad cuya vida consiste en asistir a fiestas, salir con muchas mujeres y apostar grandes sumas de dinero.

Si le preguntaran a cualquier ciudadano si quisiera tomar mi lugar, seguramente diría: "Por supuesto, ¿dónde firmo?".

Sin embargo, después de un tiempo te das cuenta de que esa vida no tiene sustancia. Hay demasiadas personas a tu alrededor a quienes solamente le importas por lo que tienes y no por lo que realmente eres.

Me sentía solo en medio de toda esa gente; tanto que a veces iba a los clubes de *strip-tease* para hablar con las mujeres. El sexo siempre estaba disponible para mí, pero la comunicación no.

Estaba alcanzando la cima de mi carrera: peleaba contra boxeadores importantes; multitudes de espectadores me veían por el sistema *pay-per-view;* ganaba mucho dinero y disfrutaba de una fanaticada en constante crecimiento. Pero nada de eso era suficiente para satisfacer mi alma.

Cuando mi novia de la secundaria, Verónica Ramírez, terminó conmigo, llegó otra Verónica a mi vida: Verónica Peralta. Estuvimos juntos durante casi cuatro años hasta que ella me sorprendió con otra mujer. Ambas se agarraron a golpes antes de poder separarlas. Y volví a quedarme solo.

No es que me hubieran faltado las mujeres después de eso. Todo lo contrario, la pasaba bien y me divertía.

Creo que fue necesaria esa noche en Las Vegas para motivarme a buscar algo más cercano a una vida normal de hogar. Quería echar raíces y tener hijos. Estaba ansioso por encontrar la mujer adecuada para hacer realidad ese deseo.

Mi motivación obedecía en parte al anhelo de demostrar que yo podía ser distinto con mis hijos de lo que mis padres fueron conmigo. Lo ansiaba con toda mi alma. Quería demostrarle a mi padre que podía lograrlo, que podía ser esa persona amorosa y expresiva que él nunca fue conmigo. Deseaba un bebé —no importaba si era niño o niña— para amarlo y hacerle sentir todo mi amor.

En esa época tenía una novia llamada Toni Alvarado. Estuvimos juntos un par de años y tuvimos una relación maravillosa. Sin embargo, decidimos terminar después de un tiempo porque las cosas no estaban funcionando.

Toni era madre soltera de un niño de dos años. Era una madre maravillosa, muy responsable; siempre estaba ahí para el bebé, quien era su prioridad.

Cuando hablamos de nuevo, comencé a pensar: ¿por qué no llegar a un acuerdo con Toni? Le dije que quería que tuviera un hijo mío y que yo por supuesto la ayudaría financieramente, pero que no habría ningún compromiso entre los dos. Le aclaré que no quería una relación, sino tener un hijo. Y así lo acordamos.

Tuvimos un niño. Ella había aceptado tener un hijo conmigo, así que era justo dejarla escoger el nombre.

Me sentí impactado cuando Jacob nació en 1998. Me sentía feliz pero a la vez inseguro. Sabía que había llegado a un punto decisivo en mi vida. Ver a ese hermoso niño puso todo en perspectiva. Tenía que elegir qué tipo de vida quería, si el de una celebridad con un estilo de vida suntuoso o el de un hombre de familia.

Pensé que tal vez podíamos vivir juntos como una familia, y quizá casarnos en un futuro. O tal vez yo siguiera viviendo en mi casa y ella en la suya, pero yo seguiría cuidando a mi pequeño.

Terminamos viviendo separados, pero yo estaba presente todo el tiempo, diciéndole a Jacob que lo amaba, algo que nunca oí de niño, e incluso cambiándole los pañales.

Me sentía muy bien. Fue un gran alivio, lo había logrado. Tenía un hijo y había establecido una relación amorosa con él desde el principio. Casi todos los días veía a Jacob cuando no estaba de viaje. Y si estaba entrenando en Big Bear, Toni lo llevaba algunas veces para que estuviera conmigo.

Compré una casa para Toni y los niños en Glendale y les di ayuda económica; Toni se sentía satisfecha.

Hubo un período de unos nueve meses en que no vi a Jacob. Volví a salir con otras mujeres y regresé a mi antiguo estilo de vida, el cual extrañaba. Tengo que admitir que mi ausencia fue un acto irresponsable.

Extrañaba mucho a Jacob, pero me repetía a mí mismo que estaría bien. Tenía una madre excelente y él sabía que yo era su padre. Toni me apoyaba mucho y nunca le hablaba mal de mí. Siempre que yo peleaba, hacía que Jacob me viera en televisión. Él sabía quién era yo y le gustaba ser la sensación del vecindario, el hijo de un boxeador famoso.

Aparte de ese único periodo de ausencia reprochable, hasta el día de hoy mi hijo y yo hemos tenido una relación excelente. Me siento muy unido a Jacob. Y también muy orgulloso de él, es un buen estudiante y juega fútbol y béisbol.

Una vez le preguntó a su madre si podía ser boxeador como su padre. Ella lo llevó al gimnasio, pero en cuanto lo golpearon, perdió el entusiasmo y se decidió por el béisbol.

Si alguno de mis hijos quisiera boxear, obviamente lo apoyaría, pero su decisión me consumiría por dentro. Si lo quieren hacer, lo harán, y yo iría a verlos aunque no lo disfrutara.

Después de Toni, conocí a Shanna Moakler, una actriz ganadora del concurso nacional de belleza de Estados Unidos, increíblemente hermosa, de cabello rubio y ojos verdes.

Empezamos a salir y tuvimos una hija.

Posteriormente nuestra relación se deterioró, pero eso no tuvo nada que ver con el bebé que estaba por nacer. A pesar de que el embarazo no había sido planeado tan cuidadosamente como el de Jacob, yo quería que todo funcionara por el bien del bebé y no descartaba un posible matrimonio.

En 1999 nació una niña a quien llamamos Atiana. Estuve en el hospital durante el nacimiento, pero no en la sala de partos. Aunque la familia de Shanna era amable conmigo, siempre me sentí un extraño.

Hice un gran esfuerzo cuando llegaron del hospital a la casa. Mudé a Atiana y a su madre del condominio en que vivía a un lujoso *penthouse* en Wilshire Boulevard. Quería que mi hija disfrutara de la buena vida y muchas veces dormí allá para estar con ella. Durante varios meses intenté que las cosas funcionaran, pero había demasiada tensión y fricción entre nosotros.

La relación se deterioró tanto que Shanna y yo dejamos de hablarnos.

Para ese entonces, Shanna y la bebé vivían en mi casa de Bel-Air.

"Esta es mi casa", aseguraba. "No voy a irme de aquí. Mi hija merece lo mejor".

Tendría que contratar a un abogado o llamar a la policía para sacarla de allí.

Nunca acordamos una suma para la manutención de la niña, así que Shanna propuso una. Me sorprendió con una demanda de paternidad por 62,5 millones de dólares.

Nunca fui a mi casa mientras ella vivió allí. Finalmente, después de casi un mes, el asunto se resolvió y llegaron los camiones de mudanza. Llegamos a un acuerdo sobre una mensualidad basada en lo que yo ganaba.

Shanna ya no necesitaba mi casa. Recibió dinero más que suficiente para comprarse una linda casa.

Durante todo el tiempo que duró la disputa, pude mantener una buena relación con Atiana, que era lo que más me preocupaba. La vi con frecuencia durante los primeros años de su vida y siempre tuve tiempo para ella. Luego, hubo un periodo en el que no la vi con mucha frecuencia, lo cual fue muy doloroso para mí.

No creo que Shanna haya expuesto a Atiana a los problemas que tuvimos, pues siempre ocultó sus sentimientos cuando estábamos juntos. Tampoco puedo decir que le hablara mal de mí a Atiana. Hasta el día de hoy, siempre que veo a mi hija, ella corre hacia mí, me da un abrazo y me dice que me quiere. Shanna y yo tenemos una custodia compartida y nunca hay ningún problema cuando quiero ver a mi hija. La madre de Atiana y yo pasamos por un período muy desagradable cuando éramos jóvenes, pero ambos aprendimos de él.

Posteriormente tuve un tercer hijo, Devon, también por fuera del matrimonio.

Aunque estoy muy orgulloso de todos mis hijos, no me enorgullece haber tenido tres niños con tres mujeres diferentes, ninguna de las cuales era mi esposa. Pero siempre fui un padre responsable, veía a los niños con tanta frecuencia como me era posible y estaba atento a sus necesidades económicas.

Hubo otras mujeres que aseguraron que yo era el padre de sus hijos. Actué de manera responsable y accedí a hacerme pruebas de sangre que revelaron que no había ningún vínculo biológico entre nosotros.

A pesar de mis tres hijos, yo no había logrado la familia que quería. ¿Qué clase de existencia era esa? Había cavado un agujero aun más profundo, y yo era el único responsable. Sí, quería tener hijos que pudiera amar y que me amaran, establecer un vínculo con ellos, pero las cosas no sucedieron como lo había planeado. Mi vida seguía fuera de control.

Las personas esperan que seas perfecto, pero nadie es perfecto. Cometí muchos errores en el intento por equilibrar mis dos mundos, el que había conocido con mi familia en el Este de Los Ángeles, y el mundo en el que me encontraba a medida que obtenía fama mundial.

Era una espada de doble filo; algunas veces quería que me dejaran en paz con mi familia y poder llevar una vida normal. Pero si hacía eso por mucho tiempo, empezaba a extrañar la atención, añoraba firmar autógrafos y ser el centro de atención. Uno debe aprender a equilibrar los dos mundos, y yo tardé varios años en hacerlo.

Yo me había rodeado de la gente equivocada. No había escuchado a mi padre, a mi hermano, ni a mis amigos más cercanos de la infancia. Sólo escuchaba a tipos cuyo único interés era beber y asistir a los clubes, quienes todo el tiempo me recordaban que yo era Oscar De La Hoya y que el mundo era mío. Muchas veces salía con quince o veinte amigos a apostar dinero o a clubes de nudistas. Éramos jóvenes y estúpidos.

Supe que era hora de sentar cabeza. Me di cuenta de que no podía buscar a esa persona especial con quien compartir el resto de mi vida si seguía como iba. Comprendí que es algo que no se puede forzar, y que las cosas no funcionaban así. Estaba seguro de que si tenía paciencia, la persona adecuada llegaría a mi vida. Tenía que abandonar por completo mi estilo de vida tan frenético y dejar que las cosas se dieran.

Y entonces, como si fuera la respuesta a una plegaria, Millie llegó a mi vida.

XIX

TITO

Les resultará difícil entender lo famoso que era Félix Trinidad, a menos que hayan vivido en Puerto Rico.

Carmen Carattini, una de sus maestras de escuela, y quien había perdido a su hijo Hugo en un accidente de motocicleta, dijo con respecto a Trinidad, "Dios me lo dio. He perdido un hijo, pero tengo al hijo de Puerto Rico".

Se enfrentaban dos culturas, la mexicana y la puertorriqueña, dos boxeadores invictos, los dos principales promotores del boxeo, Bob Arum y Don King, y todo esto tendría lugar en Las Vegas, la capital boxística del mundo, donde se llevaría a cabo una contienda de pesos livianos que recordaba las peleas que sostuvo Ray Leonard contra Thomas Hearns, Roberto Durán y Marvin Hagler.

Me moría de ganas porque llegase el momento.

Antes de poder pensar en el hombre de la esquina contraria, tenía que ocuparme de mi propia esquina. Manny y El Profesor se habían ido hacía mucho tiempo, y yo necesitaba un nuevo entrenador que colaborara con Robert.

Bob Arum sugirió a Gil Clancy, un gran hombre que no se alejaría de los métodos ortodoxos de entrenamiento.

Gil, que formaba parte del Salón de la Fama, había entrenado a otros boxeadores muy famosos como Emile Griffith; de hecho, había trabajado con todo el mundo, desde Muhammad Ali hasta Joe Frazier y George Foreman, y había sido también representante de boxeo, organizador de combates y comentarista de televisión.

Contratarlo fue algo estupendo para Robert, pues Gil, con setenta y cinco años y veinte de retiro con excepción de una pelea, dejó en claro que no tenía interés en convertirse en mi entrenador principal. No tenía intenciones de mudarse de su casa en la costa Este ni tener que trabajar incansablemente en esa época de su vida. Evaluaría mi estado en el centro de entrenamiento bien fuera por teléfono o durante visitas ocasionales, y estaría en mi esquina para las peleas. Fue la única ocasión en la que Robert no se sintió amenazado por otro entrenador, lo que contribuyó a crear un ambiente menos tenso en el entrenamiento: Robert seguía siendo el jefe.

En mi primera pelea con Clancy como entrenador, cuatro meses antes de mi pelea contra Trinidad en septiembre de 1999, enfrenté a Oba Carr. Me volví a lastimar la mano izquierda cuando lancé el primer *jab*, pero aguanté y gané por nocaut técnico en el onceavo asalto.

Mi mano se curó a tiempo para el gran encuentro, y eso me llenó de confianza. Sabía que Félix Trinidad era un pegador fuerte y peligroso, pero no me parecía que pudiera ser más duro que Quartey. El tipo que me molestó en esa pelea fue Don King. Era el promotor rival del combate, el primero en el que tuve que relacionarme con él y, debo reconocer que me intimidó. Me puso nervioso.

Trinidad no me fastidió. Él y su padre, Don Félix, dijeron cosas desagradables en las conferencias de prensa. Mi respuesta fue rehusarme a mirar a Trinidad a los ojos. Nunca lo hice, lo cual fue demasiado para él. Era mi forma de decirle que no lo respetaba sin decirle nada en absoluto. Él me gritaba, "Mírame a los ojos", y yo no lo hacía.

Pensé que Trinidad era muy parecido a Rafael Ruelas, un golpeador fuerte con un equilibrio precario. El truco era quitarle a Trinidad su mejor arma, el gancho izquierdo, moviéndome de un lado a otro. Eso lo neutralizaría. Creí que sería una pelea fácil si podía lograr hacer eso.

Honestamente creo que yo habría noqueado a Trinidad si Gil Clancy no hubiera estado esa noche en mi esquina.

Entrené tres meses para esa pelea y lo único que Gil me dijo fue, "Boxea, boxea, boxea". Si yo trataba de permanecer cerca de mis compañeros de sparring e intercambiar golpes, Gil paraba todo y me gritaba, "Maldita sea, tienes que boxear con él. Tienes que estar alerta".

Nunca logré entender realmente por qué no podía cambiar de estrategia si veía un flanco abierto. Sí, iba a enfrentar a Félix Trinidad. ¿Y qué?

Inicialmente, Robert no estuvo de acuerdo con esa estrategia. "No. Enfrentemos a este tipo", decía. "Vamos, podemos hacerlo".

"No, diablos", insistía Gil. "Oscar tiene que boxear".

Las palabras de Gil resonaban en mi cabeza, y eso fue lo que hice la noche del combate: mantenerme alerta y boxear.

Parecía muy fácil. Yo esperaba mucho más de Trinidad, y quería hacer mucho más, como por ejemplo, avanzar y acabar con él. Pero, ¿qué escuchaba al llegar a mi esquina, después de las contadas ocasiones en que traté de confundirlo y de lanzarle combinaciones? Gil y Robert —que finalmente aceptó la estrategia de Gil—, me preguntaban: "¿Qué estás haciendo?".

Cuando me senté en mi banco después del noveno asalto, Gil estaba repasando su mantra de boxeo, y Robert seguía de acuerdo con él.

"¿Quieres esta pelea? Limítate a boxear", me dijeron ambos. "No te quedes frente a él. No dejes que te pegue. Tienes la pelea ganada".

Cuando faltaban todavía tres asaltos, un buen tiempo para seguir bailando, salí como un robot y seguí la estrategia que me habían machacado en la cabeza durante tres meses. Me habían programado para boxear y nada más. No era que estuviera herido o me hubiera quedado sin combustible y físicamente no pudiera hacer nada más, pues me sentía en excelente forma.

Limitarse exclusivamente a boxear tampoco era necesariamente la estrategia más inteligente. Mientras más me mantenía frente a Trinidad, apartándome de las instrucciones que recibía de la esquina, tanto mejor para mí porque podía manejarlo. Podía mantenerlo a raya y lanzar mis combinaciones, que estaban demostrando ser bastante efectivas.

Pero cuando comencé a retroceder —tal como me lo habían ordenado—, Trinidad encontró la oportunidad que había estado buscando durante toda la pelea.

Esos últimos tres asaltos sucedieron tan rápido que todo fue muy confuso para mí. En el transcurso de esos tres asaltos, no sentí que estuviera luchando de una manera distinta a como lo había hecho en la primera parte del encuentro. Pero debo admitirlo; cuando vi la grabación, me di cuenta de que no había sido igual de agresivo, ni había lanzado tantos golpes. Pero Trinidad tampoco hizo mucho. Todo lo que hacía era ir hacia delante. Obviamente no me estaba infligiendo ningún daño.

Cuando sonó la campana final, lo primero que pensé es que debí haberlo noqueado. Estaba enojado conmigo mismo, pero no dudaba de haber ganado la pelea. Estaba tan contento como podía estarlo. En el peor de los casos, había ganado siete asaltos contra cinco. Si no le hubiera hecho caso a mi esquina, si en lugar de eso hubiera utilizado mi antiguo estilo, habría sido un paseo. Pero aun así, ¿qué iban a darle a Trinidad? ¿Cuatro asaltos? ¿Cinco?

Él lo sabía. Se me acercó mientras esperábamos la decisión de los jueces y dijo, "Buena pelea. Ganaste".

Cuando leyeron los marcadores, anunciando que Trinidad había ganado por mayoría—los jueces Jerry Roth (115–113) y Bob Logist (115–114) votaron a favor de Trinidad, mientras que Glen Hamada (114–114) declaró un empate—, quedé atónito, hecho añicos. Era el primer combate que perdía en la categoría profesional. No podía creerlo. Estaba conmocionado.

Cuando llegué a mi camerino, perdí el control y golpeé los casilleros. Gil también estaba devastado. Recuerdo que tenía lágrimas en los ojos y la cabeza entre las manos.

Sin embargo, debo reconocer que no me sentí tan mal como cuando perdí frente a Marco Rudolph ocho años antes en los campeonatos mundiales, pues en esa ocasión no me encerré dos semanas en mi cuarto.

La diferencia era que yo había perdido honestamente contra Rudolph y eso dolía. Pero esta vez no creía que hubiera sido derrotado de manera justa e imparcial. Pensaba que Don King había tenido algo que ver con los jueces. Sin embargo, ahora que me he convertido en promotor, me doy cuenta de lo difícil que sería influir en la decisión del jurado.

No me estoy eximiendo de culpa en la pelea con Trinidad. Le di más ventaja de la necesaria; debí noquearlo. Me fallé a mí mismo y mi esquina me falló esa noche. Mi error estuvo en escucharlos, en convencerme de que ellos tenían la razón y que yo estaba equivocado. Es difícil luchar contra tu oponente y contra tu esquina al mismo tiempo.

Hubo un momento de alegría después del encuentro, un momento que había esperado toda mi vida.

Cuando la algarabía terminó, mi padre me llevó a un lado y me dijo, "Estoy orgulloso de ti. Estoy orgulloso de lo que has logrado".

Esa fue la primera vez que lo escuché decir eso, y fue después de mi primera derrota como profesional.

Nada me sacaría la espina de esa derrota, pero sus palabras fueron sin duda un bálsamo en mis heridas emocionales.

Tuve el consuelo de saber que la pelea fue un tremendo éxito de taquilla. Logró 1,4 millones de suscripciones en *pay-per-view*, la mayor suma para un combate de pesos livianos en la historia del boxeo.

En cierto sentido, la idea de perder una pelea en algún momento se me había metido en la cabeza mucho antes de enfrentar a Trinidad. *Prepárate. No vas a renunciar cuando eso pase,* me había dicho para mis adentros. *Todo el mundo pierde. La cuestión es, ¿cómo vas a regresar?*

Di por hecho que podría volver a pelear contra Trinidad en una revancha, pero eso no se materializó. En ese tiempo yo no tenía nada que ver con las negociaciones para mis combates. Los únicos que podían arreglar una revancha eran Bob Arum, Don King y Don Félix; yo estaba fuera de eso. Después de una pelea, me iba a celebrar y suponía que mi promotor me daría un buen porcentaje.

Si alguien se me hubiera acercado y me hubiera dicho: "Te propongo tantos millones para una revancha con Trinidad; éste es el límite de peso, ¿qué opinas?". Le habría dicho, "Peleemos".

Aunque las negociaciones se fueron a pique, siempre creí que nos enfrentaríamos de nuevo cuando Trinidad ascendiera a otra categoría.

Inicialmente esperé que Trinidad noqueara a Bernard Hopkins cuando pelearon en 2001. Eso le daría un poco de valor a mi derrota, pues Trinidad no me había tocado.

Pero cuando Bernard puso al descubierto la debilidad de Trinidad y lo derrotó, me di cuenta de que él había visto mi pelea y había aprendido de ella. Eso me hizo sentir orgulloso.

No he perdido el sueño por no haber peleado de nuevo contra Trinidad. Estoy convencido de que lo habría vencido y me siento satisfecho con eso.

XX

JUGÁNDOMELA TODA

Salieron de las sombras el día que me colgué la medalla de oro al cuello y nunca me abandonaron.

Además de las sanguijuelas, los falsos promotores, los managers y los entrenadores que he descrito anteriormente, estaban los parásitos financieros, quienes también querían una parte de Oscar De La Hoya.

Mientras que mis fanáticos se conformaban con ver o tocar la preciada medalla de oro que había ganado en los Juegos Olímpicos, los parásitos querían adueñarse del Chico de Oro.

Me prometían a mí y a mi familia riquezas que, en comparación, hacían parecer deslucida la medalla de oro. Así como la gente del mundo del boxeo quería dirigir mi carrera en el cuadrilátero, había abogados, agentes, contadores y encantadores de serpientes que querían llevarme a la cima del mundo financiero. Ellos me mostraban fajos de dinero, ofrecían contratos, autos y un sinnúmero de garantías si firmaba con ellos.

Los buitres habían estado merodeando desde mucho antes de mi participación en Barcelona, pero había podido espantarlos con la ayuda de mi familia, diciéndoles que ya habría tiempo para sacar partido de mis logros cuando regresara triunfante de los Juegos Olímpicos.

Y ese momento había llegado. El momento de hacerme profesional, de invertir mi fe y mi fortuna potencial en alguien que pudiera guiarme por ese camino traicionero del boxeo y me ayudara a enfrentar a las aves de rapiña y a los farsantes; alguien motivado por algo más que la codicia, que se preocupara genuinamente por mis intereses.

Recibí llamadas de muchos interesados y algunos tocaron a mi puerta. La frase típica era "¿No tienes agente? Yo soy el indicado. Déjame contarte lo que puedo hacer por ti".

Una vez hasta llegó un tipo a mi casa que quería vender camisetas estampadas con mi rostro.

Todo eso era muy confuso para una humilde familia del Este de Los Ángeles como la nuestra. ¿A quién debíamos elegir? ¿En quién debíamos confiar?

Conocía todas las historias terroríficas: había leído sobre Joe Louis, uno de los más grandes boxeadores de todos los tiempos, quien terminó como portero en el Caesars Palace. Sabía que la mayoría de los boxeadores despilfarraban el dinero, invertían en los negocios equivocados, escuchaban a los asesores equivocados, salían con la gente equivocada o se casaban con las mujeres equivocadas.

Yo estaba decidido a ser diferente.

Y me equivoqué. Elegí a Mike Hernández, dueño de una agencia de autos, como mi asesor financiero.

Mucha gente desaprobó mi decisión. Desafortunadamente, sus reservas no me preocuparon. Yo tenía diecinueve años y era demasiado ingenuo e ignorante en cuanto a las finanzas como para prestarles atención a quienes cuestionaron mi elección.

Conocí a Hernández poco después de ganar la medalla olímpica, pues las ofertas me llovían. Me hicieron una propuesta muy buena que inmediatamente atrajo mi atención: Chevrolet quería darme un Corvette púrpura.

¡Magnífico! ¿En dónde firmo?, pensé.

Me dieron el nombre de Mike Hernández.

Fui a su concesionario, Camino Real Chevrolet, en Monterey Park, y además del auto también me dio un sermón sobre todo lo que podía hacer por mí, la imagen financiera tan prometedora que yo tenía, y como él podía hacerla más grande y deslumbrante que la de cualquier otra persona.

Hernández era inteligente. Cuando clavó sus garras en mí, su próxima movida fue aferrarse con fuerza, sin importar ninguna otra persona que tratara de tentarme con otra oferta.

Y, ¿quién era la persona más cercana a Oscar? Obviamente, mi padre. ¿Les suena familiar? Esa fue la misma estrategia que emplearon mis managers anteriores, Mittleman y Nelson.

Hernández se le presentó a mi padre y se hicieron amigos. Estaba decidido a acercársele, pues pensaba que así también estaría cerca de mí.

No puedo culpar a mi padre. Hernández y yo también éramos amigos y durante mucho tiempo tuvimos una buena relación.

Cuando comencé a ganar dinero, me dijo: "Mira, tienes que empezar a cuidar tu dinero, debes invertirlo. Yo te voy a crear una corporación".

Para darles una idea de cuán poco sabía yo sobre finanzas, lo que pensé en ese momento fue, *Vaya, este es mi salvador. Mira el magnífico negocio que tiene, vende autos. Es increíble, este es mi pasaporte a la fortuna. Va a cuidar de mí y voy a vivir feliz por siempre.*

Esa fue mi manera de pensar durante varios años.

Y, ¿qué hacía él con mi dinero? Lo guardaba en el banco, en donde ganaba un interés del cuatro por ciento. Habría sido igual guardarlo debajo de la almohada.

No puedo decir que Hernández haya incumplido alguna promesa sobre la expansión de mis ingresos porque nunca me prometió nada en concreto.

Yo no estaba preocupado. Me estaba divirtiendo, hacía lo mío y disfrutaba de la buena vida. Me conformaba con entrenar y pelear, y confiaba en que Hernández cuidaría de mis intereses.

Ni siquiera pregunté cuánto dinero tenía, ni en qué lo invertían, y tampoco lo hacía ninguno de los que me rodeaban, a excepción de Hernández y de mi promotor Bob Arum.

Cuando me preguntaban en qué había invertido mi dinero, señalaba mi casa, exhibía mis joyas, aceleraba el motor de mi convertible Corvette púrpura o mencionaba mi membresía en el Whittier country club.

¿Era miope? Sin duda alguna.

¿Era uno más entre los boxeadores? Por supuesto.

Cuando una pelea terminaba y me entregaban el cheque, Hernández lo tomaba.

Yo ni siquiera me enteraba en qué banco lo depositaba.

¿Qué pasaba cuando necesitaba efectivo? Supongamos que quería ir a Cabo San Lucas a pasar el fin de semana y llevar 10.000 dólares. Se lo decía a Hernández y él me esperaba en la agencia con el dinero, usualmente en efectivo. Cuando yo llegaba, abrían la caja registradora, sacaban 10.000 dólares y me los entregaban, algunas veces dentro de un sobre, otras no.

Si deseaba regresar la próxima semana, seguía exactamente el mismo procedimiento: iba a Camino Real Chevrolet y recogía mi dinero.

Una vez le dije a Hernández que quería comprar un Bentley, y resultó ser uno de los más costosos que se hayan fabricado. Me dijo que lo había comprado por intermedio de su compañía, pero yo terminé pagando más de lo que habría pagado si lo hubiera comprado en una exhibición de autos.

Fue allí cuando empecé a sentir que algo no andaba bien.

Un ejemplo más: le compré un condominio en Cabo San Lucas a un buen amigo de Hernández, y cuando decidí venderlo, resultó que valía mucho menos de lo que yo había pagado por él.

Hernández me consiguió una sola inversión: su agencia de autos. Me aseguró que el negocio de los repuestos producía mucho dinero, que debía invertir 2.2 millones de dólares y que iba a hacer una fortuna.

Cuando firmé un cheque por esa cantidad, me dijo con una gran sonrisa en el rostro, "Magnífica inversión. Magnífica inversión".

Otra cosa que no me olió nada bien fue un comentario que Hernández me hizo después de una de mis peleas: "Ahora vales lo mismo que yo".

Había acabado de ganar varios millones de dólares, estaba llenando estadios, vendía muchísimas suscripciones por televisión y ¿valía lo mismo que el dueño de una agencia de autos? Algo no andaba bien.

Además, estaba lo de mi oficina en la agencia de Hernández, por la que debía pagar una renta. Posteriormente supe que me estaban cobrando miles de dólares más de los que yo cobro por una oficina en el edificio que tengo en un sector exclusivo del centro de Los Ángeles.

Hernández parecía poco hábil cuando intentaba generarme ingresos por fuera de su mundo. Yo había promocionado un aviso de Budweiser en mis shorts desde la primera vez que subí al cuadrilátero como profesional. Budweiser quiso renovar el contrato y me ofrecieron 250.000 dólares al año por hacer algunas apariciones públicas y llevar su aviso en mis shorts. Como parte del acuerdo, Budweiser seguiría promocionando mi imagen en los anuncios del Super Bowl, la mejor publicidad posible para un atleta.

El acuerdo se cayó por la insistencia de Hernández de que eso valía un millón de dólares y no sería posible llegar a un acuerdo por menos.

Todos estos incidentes se fueron acumulando, pero supongo que en cuestiones de dinero soy un poco lento.

Entendí que tampoco podía confiar en que Hernández me representara mejor en mi carrera boxística de lo que podía hacerlo con mis finanzas. Hernández no pertenecía al mundo del boxeo. Arum iba a verlo y le decía "Esto es lo que voy a pagarle a Oscar". Hernández, que no tenía la experiencia ni el conocimiento necesario para objetar esa oferta, se limitaba a decirme, "Sí, tómalo".

Un ejemplo patético de esto fue mi pelea contra Tito Trinidad en 1999. Dejé de ganar toneladas de dinero por, en mi opinión, no tener una buena representación. Esa pelea fue vista en 1,4 millones de hogares, y aunque no era un experto en el negocio del *pay-per-view*, empecé a hacer cuentas. Sé que Arum dice que se arriesgó y fue recompensado por ello, pero una pelea como esa tenía muy pocos riesgos.

Arum y Hernández eran muy cercanos. Nunca parecían tener problemas, pero yo me sentía marginado. Hernández controlaba a mi padre y ambos creían que él me controlaba a mí.

Lo único que Arum me decía sobre Hernández era, "Es un gran tipo. Tienes un respaldo maravilloso en él".

No estoy insinuando que Arum me haya robado, simplemente que no había nadie con la experiencia y el conocimiento necesarios para que yo tuviera mejores negocios.

No discutí sobre esta situación con mi padre ni con mi hermano. Nadie sabía de mi preocupación, todo lo mantuve en secreto.

Además, mi padre no tenía de qué quejarse. Le iba muy bien. Obtenía el diez por ciento de mis ganancias, recibía su cheque y podía hacer lo que quisiera con él. Tenía gente que le administraba su dinero.

¿Qué ganaba Hernández por representarme? Me aseguraba que sólo quería un dólar al año y nada más.

De nuevo, no lo cuestioné. Creía que era un tipo genuinamente bueno y un poderoso hombre de negocios. Lo veía de esa manera porque tenía un enorme lote lleno de autos.

Pero finalmente, el incidente con el Bentley, el condominio y la renta escandalosa llenaron la copa. Por fin adquirí un poco de madurez y sabiduría. Un día desperté y me di cuenta de que esa no era la dirección en la cual quería ir.

Comprendí que noquear rivales no me daría una seguridad financiera a largo plazo. ¿Por qué mi fortuna no crecía en la misma proporción que lo hacían las ganancias de mis peleas? Sé que era un muchacho del Este de Los Ángeles con una educación escasa, pero eso no significaba que fuera a permitir que siempre se aprovecharan de mí.

Necesitaba a alguien que pudiera responder honestamente las preguntas que tenía sobre mi futuro financiero y sentía que Hernández ya no era esa persona.

Estaba sentado en mi apartamento de Whittier cuando tomé una decisión definitiva. Llamé a Raúl Jaimes, mi mano derecha y uno de mis mejores amigos, y le pedí que viniera. Era el momento de actuar.

Cuando llegó, vio la determinación dibujada en mi rostro.

Le dije "Ya ha sido suficiente, Raúl. Vamos a Camino Real Chevrolet y deshagámonos de Mike Hernández y de todos los demás. No puedo desarrollar todo mi potencial al lado de un vendedor de autos. Estoy ganando mucho dinero y Mike no sabe qué hacer con él. No voy a crecer así".

Raúl estaba nervioso y asustado.

"¿Qué te pasa?" dijo. "No puedes hacer eso".

Yo no cedí.

"No", le respondí, "lo haré. Esto es lo que debo hacer".

Antes de decirle a Mike que iba a cortar el cordón umbilical, quería comunicárselo a las personas más cercanas a mí. Así que esa noche organicé una reunión en un restaurante que en esa época era propiedad de mi entrenador Robert Alcázar. Obviamente Robert estaba allí junto con mi padre, mi hermano y Raúl.

Bebimos algunas copas para ablandar a mi padre.

Luego se lo dije: "No trabajaré más con Mike Hernández".

"¡¿Qué?!" exclamó mi padre sin poder creerlo. "No puedes hacer eso, vas a arruinar tu vida. Mira lo que está haciendo por ti. Mira lo que está haciendo por nosotros. Es un buen hombre. Es el hombre más inteligente que existe".

La calma que le había producido el licor se disipó por completo.

Miré a mi hermano, se veía preocupado.

"¿A quién vas a conseguir?" preguntó. "¿Qué va a pasar ahora?"

"Ya pensaré en algo", respondí, animado por una confianza que recién había descubierto en mí. "No lo quiero más a mi lado. No estoy satisfecho con él. Sé que puede irme mucho mejor".

Mi hermano y Robert empezaron a lloriquear.

Después de un rato, todos se dieron cuenta de que yo estaba realmente decidido a hacerlo. Se quedaron petrificados, especialmente mi padre.

"Miren", les dije, "Me la voy a jugar toda. O se unen a mí o se quedan en el camino y me ven volar".

Nadie dijo nada.

Terminamos la reunión y acordamos que todos hablaríamos juntos con Hernández al día siguiente.

Esa mañana, Raúl y yo nos preparamos para ir a la agencia de autos. Raúl llamó a mi padre, a mi hermano y a Robert. Nadie contestó el teléfono. Estábamos solos en esto.

Cuando llegamos a la agencia, subimos a la oficina del segundo piso.

Hernández vio a Raúl y le dijo, "Sal de aquí, no te quiero en mi oficina. Necesito hablar a solas con Oscar".

Asentí y le dije a Raúl, "Espérame abajo, estaré bien".

Me dejé de sutilezas con Hernández, "Voy a hacer las cosas a mi manera".

Creo que al principio no entendió.

Se limitó a decir, "Está bien; lo discutiremos".

"No" le dije, "estoy hablando en serio. Esto se terminó".

Luego comprendió. Durante una hora intentó hacerme cambiar de parecer.

"Tenemos grandes planes", me aseguró. "Estás cometiendo un grave error. Tienes toda una carrera por delante. Bob Arum va a explotarte. Soy yo quien te está cuidando".

No logró convencerme; quería que saliera de mi vida.

No quiero que me malinterpreten: yo tenía dinero cuando dejé de trabajar con Hernández en 1999, aunque mucho menos de lo que pensaba.

Mike terminó demandándome y yo le hice una contrademanda. Volvimos a estar juntos en la misma habitación, esta vez para rendir testimonio, al lado de Raúl, la novia de Hernández y los abogados.

Luego de una larga sesión en la mañana, hubo un receso a la hora del almuerzo. Fui a un bar que había en la esquina para tomarme un café. Raúl permaneció en la mesa y Hernández lo confrontó.

"¿Qué diablos estás haciendo con la vida de Oscar?" le preguntó.

Yo los miré y noté que Raúl estaba asustado, pues siempre se había sentido amenazado por Hernández, quien no sabía que yo había escuchado la conversación hasta que me paré frente a él.

"¿De qué estás hablando?" le pregunté. "Mi vida es perfecta".

"Oscar, ¿realmente eres feliz? Mira el lío en el que estás metido, la forma en que va tu carrera", dijo, refiriéndose a mi polémica derrota con Félix Trinidad. "Todo eso está sucediendo porque estás tomando las decisiones equivocadas".

"Soy feliz", repliqué. "Dejar de trabajar contigo fue quizás la mejor decisión que he tomado en mi vida".

La frustración era palpable en su rostro, había cambiado de color. Al ver que no iba a llegar a ningún lado conmigo, enfocó su furia en Raúl.

Me paré entre los dos y le dije a Hernández que dejara el pleito a un lado.

Me sentí bien al oponer resistencia después de todos esos años en los cuales acepté con resignación todo lo que Hernández proponía.

Mike retrocedió de inmediato, incapaz de mirarme siquiera a los ojos. No estaba habituado a verme actuar así. Probablemente creyó que podría recuperarme esa mañana en la audiencia, pero creo que en ese momento supo que me había perdido para siempre.

"No hagas esto" dijo con voz suave. "No tenemos que terminar así".

"Voy a defenderme por mí mismo", respondí. "Ya no soy un niño".

Y ahí terminó todo. Llegamos a un acuerdo y Mike Hernández salió definitivamente de mi vida.

XXI

ENTRA RICHARD SCHAEFER

Me sentí muy bien cuando Raúl y yo escuchamos el veredicto. Nos subimos a mi Bentley y tomamos Sunset Boulevard para ir a mi casa. Sentí que me había quitado un gran peso de encima, como si estuviera avanzando sin tocar el piso con las ruedas de mi auto.

Sin embargo, estaba muy equivocado.

Escuché una explosión, sentí una sacudida y mi auto comenzó a estremecerse. Me detuve a un lado de la avenida, frente a la UCLA. Tenía un neumático pinchado.

"¿Quieres que llamemos a una grúa?", me preguntó Raúl.

"No", respondí. "Nosotros cambiaremos la rueda".

Me pareció muy significativo: el mismo día que me había quitado de encima al hombre que había dirigido mi carrera, me remangué los puños de mi camisa para encargarme de este pequeño inconveniente. Era el primer paso para asumir el control de mi vida.

¿Qué tenía delante de mí ahora que Hernández había quedado atrás?

Raúl sabía lo que yo quería, y se le ocurrió una estrategia. Yo estaba pensando en contratar buenos abogados y revisar mis finanzas como debí hacerlo varios años atrás. Raúl me sugirió que hablara primero con Richard Schaefer, un banquero que era el esposo de su tía Lilia.

El nombre de este banquero no me era ajeno del todo; nos habíamos conocido dos o tres años antes. Y cuando Raúl mencionó su nombre, mi cara se iluminó con una gran sonrisa.

Este hombre me había llevado a un extremo y me había dejado completamente empapado, algo que te hace perder la confianza en el género humano.

Lo digo literalmente: él no me condujo a una mala inversión, sino al fondo de un lago.

Yo había ido con Raúl y otros amigos a jugar golf en Palm Desert. Richard, quien tenía una casa en ese sector, era un fanático del boxeo, y Raúl nos presentó. Compartimos un carro de golf, pero fue una mala idea.

El juego fue amistoso. No hablamos de negocios, sino de boxeo. Raúl no me había dicho cuál era la profesión de Richard ni en dónde trabajaba.

Richard iba conduciendo el carro de golf cuando llegamos a un pequeño montículo que debíamos subir para llegar al *green* de nuestro próximo hoyo. Richard avanzaba con velocidad por el césped que aún estaba húmedo por el rocío. Mi hermano y Raúl también iban rápido, y parecía que íbamos a chocar.

Richard giró bruscamente para evitarlos, y caímos a un lago. Nuestros palos de golf se mojaron y quedamos con el agua a la altura de los tobillos, tratando de empujar el carro hacia el césped.

Fue algo muy cómico.

Así que puedo decir que Richard me produjo una impresión luego de nuestro primer encuentro.

Posteriormente hablamos sobre algunas inversiones. Tenía una mente brillante para las finanzas, y le pedí que asesorara a Mike Hernández, que aún era mi asesor financiero en aquella época, sobre algunos de los programas que ofrecía el banco de Richard. Pensé que tal vez podríamos hacer algunos negocios juntos; Richard estuvo de acuerdo; trabajaba en la banca privada, y ¿qué mejor cliente podía encontrar que un joven millonario con ingresos crecientes como yo?

Richard fue a visitar a Hernández a su agencia de autos, pero inmediatamente comprendió que no era un hombre receptivo.

"¿Qué quieres?", le preguntó Hernández.

"Me gustaría explicarte lo que hace nuestro banco", dijo Richard, "algunos de los servicios que ofrecemos".

"¿Puedes garantizarle una devolución del 10 por ciento?"

"No", respondió Richard. "Si quieres una garantía, puedes abrir un certificado de depósito. Actualmente, las tasas son del 5 por ciento. Si quieres un mayor porcentaje, eso depende del tipo de riesgo que quieras correr. Puedes obtener el mismo porcentaje si inviertes en bonos, pero recibirás mucho más si inviertes en valores de renta variables. Tienes que decirme cuál es el perfil de riesgo de Oscar, cómo tiene distribuido su patrimonio y en qué invierte su dinero. Él paga mucho dinero por concepto de impuestos. Podríamos contemplar la posibilidad de adquirir bonos municipales y algunas acciones nacionales e internacionales. También podríamos armarle un portafolio de inversiones para asegurarnos que invierta en distintos negocios".

"Estás desperdiciando tu tiempo si no puedes garantizarle el 10 por ciento", le dijo Hernández.

"¿Por qué?", le preguntó Richard.

"Porque yo le puedo garantizar el 10 por ciento", dijo Hernández.

"¿Cómo?", preguntó Richard.

"Porque él está invirtiendo en mi negocio de autos", le dijo Hernández.

"Está bien. Buena suerte", exclamó Richard, quien se levantó de inmediato, tomó su maletín y se marchó.

Richard me dijo que era inútil hablar con Hernández porque era una persona incoherente.

Tres años después volví a hablar con Richard.

Cuando le dije adiós a Hernández, Raúl volvió a decirme que Richard era el hombre ideal para ayudarme a conformar un equipo de asesores y abogados financieros.

No le pedimos a Richard que se encargara de mis asuntos financieros, pues yo no quería eso. Simplemente estaba cansado de depender de una sola persona que me asesorara financieramente y no quería caer de nuevo en una trampa similar. Yo quería conformar un equipo.

"Richard te ayudará", me dijo Raúl. "Es una buena persona y te encaminará bien". Me tomé unos días para pensarlo.

Mientras más pensaba en la idea, más me gustaba. Después de contratar los servicios de Bert Fields, probablemente el abogado más prestigioso de Los Ángeles, Raúl y yo fuimos a visitar a Richard a su oficina del Swiss Bank Corporation, en el piso 64 del Library Tower.

Era mucho más impresionante que un estacionamiento para autos.

Recordamos nuestro incidente en el lago, hablamos un poco de boxeo y luego pasamos a las finanzas. Fue una conversación agradable y Richard me causó una buena impresión.

Le dije: "Necesito ayuda. No sé qué hacer con mi dinero. Acabo de terminar mi relación con Mike Hernández y quisiera tener más control sobre mis negocios. Espero que puedas ayudarme".

Richard estuvo de acuerdo.

"Te ayudaré", me dijo. "Soy un fanático del boxeo. Me agradas; eres amigo de Raúl y él es parte de mi familia".

Le pedimos a Richard que nos diera su opinión, y Raúl y yo comenzamos a investigar extensivamente para conformar mi equipo financiero con las personas adecuadas. Trabajábamos en esto de siete de la mañana a siete de la noche, y entrevistamos a managers financieros, agentes y abogados. Eran las personas más destacadas en sus respectivos campos.

Yo ya había conseguido un par de agentes muy confiables. Se trataba de Bruce Binkow y de Leonard Armato, de Management Plus, quienes han trabajado conmigo desde 1998.

Hablé con Jerry Perenchio, el mayor accionista de Univisión, quien promovió la primera pelea entre Muhammad Ali y Joe Frazier. Éramos buenos amigos y yo valoraba sus consejos. Firmé un contrato con una firma de contabilidad muy prestigiosa. Pero ante todo, Raúl y yo hablábamos constantemente con Richard.

Le pregunté a Raúl, "¿Cuánto tendré que pagarle? ¿Cuál es el negocio aquí?"

Raúl me respondió que no me preocupara.

Sin embargo, mi preocupación era comprensible. También me habían dicho que no debería preocuparme por nada cuando estaba con Mike Hernández.

La visita a Richard se prolongó durante horas, días y luego semanas. Dedicaba una gran parte de su tiempo a organizar mis finanzas y a descubrir cuánto dinero tenía yo y en dónde.

Le dije: "Quiero retirarme de todos los negocios que hice con Mike Hernández".

Richard trabajó en eso y nunca me pidió que le pagara. Más importante aun, yo veía que era honesto, lo cual significaba mucho para mí. Es curioso: te sientes invulnerable en el cuadrilátero, pero completamente vulnerable fuera de él, especialmente en asuntos de dinero.

Recuerdo que Richard dibujó un círculo y lo dividió en cuatro. Dijo que yo debería invertir una parte en esto y otra en aquello, pues las altas tasas de interés que recibían los propietarios de cuentas de ahorro eran cosa del pasado.

Era acertado pensar que Richard Schaefer no guardaba su dinero debajo de la almohada, y comprendí que era el hombre que había estado buscando desde que gané la medalla de oro en los Juegos Olímpicos.

Yo tenía serios problemas fuera del cuadrilátero. Una mujer me había demandado legalmente bajo la falsa acusación de haberla violado. También tenía una demanda pendiente por concepto de paternidad, y pronto tendría que ir a la corte para el litigio con Hernández.

El Chico de Oro había perdido su brillo.

Schaefer provenía de una familia de banqueros suizos. Luego de estudiar finanzas en una universidad de Berna, Richard trabajó con el prestigioso banco Swiss Volksbank, y posteriormente en las oficinas norteamericanas de la Swiss Bank Corporation durante doce años. En aquella época, esta corporación se fusionó con USB, otra compañía de banca suiza, y Richard fue nombrado jefe de operaciones en los Estados Unidos al oeste del Mississippi. Cuando fui a visitarlo para pedirle ayuda financiera, veinte de las cuarenta personas más ricas del oeste del país eran clientes de Schaefer, quien también era director y presidente ejecutivo de las operaciones bancarias privadas de la compañía en todo el país. Era un hombre tan exitoso, que la sucursal de la costa Oeste, la cual había comenzado a funcionar en 1987, era más grande que la sucursal de la costa Este, que había sido fundada en los años treinta.

Las cosas llegaron a un punto en que yo quise ser su cliente exclusivo.

"Es demasiado para mí", le dije a Richard. "No puedo encargarme de mi carrera boxística y de mis negocios. Necesito un presidente ejecutivo para mis asuntos financieros, un mariscal de campo que se encargue de todo".

"¿Por qué no hablas con otras personas y luego conversamos de nuevo? Te ayudaré a encontrar al hombre que quieres", me respondió.

Sin embargo, no había necesidad de eso.

"No quiero hablar con nadie más", le dije. "Ya he identificado a esa persona: eres tú. No sé cómo decírtelo y creo que seguramente me vas a decir que no, pero quisiera contratarte".

"¡Guau!", exclamó Richard.

Varios meses después de comenzar trabajar con él elaborando una estrategia financiera para mis futuros asuntos de negocio, me sentía totalmente identificado con ese hombre que aparentemente no tenía nada en común conmigo. Era casi quince años mayor que yo, había nacido en Suiza, y provenía de una familia dedicada a las finanzas. Había estudiado en universidades prestigiosas, y había alcanzado gran prestigio en las mejores instituciones financieras. Y sin embargo, era un luchador como yo, con el mismo ímpetu, igual de competitivo y decidido a conseguir el oro. La única diferencia era que su oro estaba guardado en bóvedas.

Richard recobró la calma y me dijo que estaba "sorprendido pero honrado por la oferta. Sé que a muchísimas personas les encantaría tener este tipo de oportunidad. Y así lo considero yo: como una oportunidad".

Richard habló con su familia y pronto llegamos a un acuerdo. Él estaba dándole un giro a su carrera profesional que nunca habría imaginado aquel día lejano que pasamos juntos en el campo de golf.

Su padre, quien también era un banquero, no podía creerlo. Se sorprendió cuando Richard lo llamó para decirle que había decidido renunciar al banco para ser el asesor financiero de un boxeador.

"Deberías regresar a Suiza", le dijo. "Has pasado mucho tiempo en América. ¿Vas a pasar de la banca al boxeo? Creo que primero deberías venir y hablar conmigo".

Pero Richard no iba a cambiar de opinión. Tenía treinta y ocho años cuando tomó una decisión que le cambió la vida: le daría un poco de brillo al Chico de Oro.

Yo nunca dudé que él tuviera éxito. Mi pelea de 1999 contra Félix Trinidad le ofreció un panorama muy contundente del mundo despiadado al que estaba entrando. Le di boletos para ese gran evento. Sin embargo, lo que Richard vio fue una decisión equivocada del jurado —según lo dijeron casi todos los escritores de boxeo— y una conferencia de prensa llena de agravios. Don King, quien era el promotor de Trinidad, anunció a los medios de comunicación con su cotorreo tradicional: "Las luces se van a apagar en Arumville". Continúo hablando pestes como sólo puede hacerlo él, y mi publicista Debbie Caplan tuvo que desconectarle el micrófono, lo cual lo enfureció aun más.

Richard, quien estaba sentado entre el público, debió pensar lo extraño que era el mundo del boxeo, especialmente comparado con las oficinas en las que había trabajado.

Sin embargo, no lo pensó dos veces cuando se le presentó la oportunidad de entrar a formar parte de ese universo. Muy pronto me di cuenta que él podía ser un combatiente tan duro en su campo como yo en el mío.

Cuando Richard les comunicó a sus superiores el motivo de su retiro, quedaron tan sorprendidos como su padre e hicieron todo lo posible para retenerlo.

Le dijeron que si estaba interesado en los deportes, lo pondrían a dirigir un grupo deportivo y de entretenimiento; que si le gustaba viajar, lo nombrarían director del banco que la compañía tenía en Mónaco.

Sin embargo, esto no lo convenció, ni tampoco su padre: Richard iba a trabajar conmigo.

¿Por cuánto dinero? Yo no era ningún experto financiero, pero sabía que los ejecutivos bancarios no cobraban poco. Especialmente uno como Richard, que era el banquero privado mejor pagado por su compañía en todo el mundo.

Yo lo tenía en muy buen concepto. Richard sacó una hoja y escribió unos números; lo hizo con mucho profesionalismo. Me dijo que la industria bancaria le pagaba un salario muy lucrativo y que no estaba dispuesto a sacrificar eso. Además, tampoco le gustaría cobrar más de lo que podía ganar un administrador de negocios, así que trabajaría para generar ingresos que nos dejaran satisfechos a ambos.

¿Quién podía discutir eso?

"Sé que estás pensando en retirarte", me dijo Richard (hay que recordar que esto fue en el año 2000). "Sería muy tonto de mi parte renunciar al increíble trabajo que tengo para trabajar con un hombre que está pensando en retirarse. ¿Por qué lo hago? No por ser parte de tu carrera boxística, sino para involucrarme en la oportunidad tan maravillosa que tienes de ser un verdadero ícono mexicano-americano y captar el creciente mercado hispano de este país como nadie más puede hacerlo".

Richard, quien se había casado con Lilia Jaimes, una mexicana que había inmigrado a este país cuando era niña, entendía la cultura hispana. Era consciente del creciente poder adquisitivo hispano en los Estados Unidos, y pensaba que yo tenía un doble atractivo para los consumidores anglosajones e hispanos por ser mexicano-americano. Me dijo que no sólo pertenecía a dos culturas, sino que yo también atraía a hombres y mujeres, a aficionados del deporte y de la cultura popular.

Richard quería saber cuáles eran mis metas en el mundo de los negocios, y le dije que no eran modestas. Yo quería hacer más dinero fuera del cuadrilátero que lo que había ganado dentro de él. Quería construir un imperio financiero, y como lo que mejor sabía hacer era boxear, me parecía lógico comenzar como promotor y luego pasar a otros negocios.

Los dos teníamos las mismas metas y trazamos un camino hacia el éxito basado en mi futuro en los negocios, y no en mi pasado en el cuadrilátero.

A continuación, Richard me habló de mis demandas legales.

"Quítate ese peso de tus espaldas, esas vendas de tus manos, y respira de nuevo", me dijo. "Libérate. Esas demandas te tienen acorralado. Las evitas como si fueran a desaparecer, pero eso no sucederá. Tienes que encargarte de ellas y hacer que las retiren. Debes enfrentarlas así como enfrentas a tus rivales en el cuadrilátero. Necesitamos avanzar. ¿Por qué quieres que esas personas sigan aferradas a tu vida? No vale la pena. Esa debe ser tu primera decisión para que puedas concentrarte en tus peleas cuando vayas al centro de entrenamiento. Tendrás una base financiera cuando termines con todo eso. Y sin importar cuánto sea, comenzarás a fortalecerla de nuevo. A partir de esa base vas a construir tu propio negocio".

De Richard aprendí a enfrentar mis problemas y a lidiar con ellos. Fue algo incómodo, pero cuando lo hice y enfrenté la última demanda, sentí una gran sensación de alivio.

Finalmente estaba el asunto de mi padre y de mi hermano. Ambos habían recibido un porcentaje de mis ingresos con Hernández, y yo no quería deshacerme de ellos.

"¿Cuánto quieres pagarles?" me preguntó Richard. "Eso depende de ti".

Propuse una cifra y todos quedamos satisfechos.

Todo fue muy novedoso con Richard. Obtuve mi primera tarjeta de crédito. ¿Pueden creerlo? Llevaba ocho años como un boxeador profesional sumamente exitoso y nunca había tenido una tarjeta de crédito. Los días en que yo recibía dinero en un sobre en la agencia de autos de Hernández como si estuviera haciendo negocios de droga, habían quedado atrás.

La diferencia entre Richard y Mike Hernández se ilustra de mejor manera por la forma en que me consideraban a mí, que era quien suministraba los ingresos. Richard me ve como a un semejante, como alguien que está involucrado en cada paso de cada transacción comercial.

Hernández demostró su opinión de mí en una conversación que tuve una vez con mis agentes Binkow y Armato. "La mejor forma de evitarle problemas a Oscar", les dijo Hernández, "es comprarle un club de bailarinas".

Yo seguí el consejo de Richard en muchos aspectos, y él nunca me aconsejó comprar un club de bailarinas. Sin embargo, el mundo financiero me abrió sus puertas bajo su orientación.

Casi no tenía nada cuando emprendí ese viaje. Me habían quedado unos pocos millones después de las demandas.

"Ahora tendremos que recuperarnos", le dije a Richard, a pesar del poco dinero.

Él tenía dos objetivos principales: negocios en los que nos involucráramos activamente dirigiendo las operaciones cotidianas en calidad de accionistas principales, y negocios en los que sólo invirtiéramos.

Richard es un firme partidario de la diversificación del patrimonio líquido y de destinar fondos a inversiones con ingresos fijos como bonos municipales, valores comerciales, privados, mercancías y activos alternativos.

Richard me dijo que esa sería mi red de seguridad financiera, mi garantía de que siempre tendría suficiente dinero para llevar una vida confortable.

Agregó que luego podíamos arriesgarnos a invertir dinero en bienes raíces y en activos corporativos. Sin embargo, esto no es un riesgo con Richard porque su gran experiencia en el campo financiero le ha permitido identificar a las personas con sentido común en asuntos de dinero, y hacer que sean nuestros socios en diversos negocios.

Richard cree que si tienes inversiones, puedes ganar dinero de la siguiente manera: cuando nadie quiere un activo, lo compras. Cuando todos lo quieren, lo vendes.

Nos hemos concentrado en cinco campos de inversión, con un énfasis especial en el creciente mercado hispano:

- **Bienes inmuebles**: hemos conformado la compañía Golden Boy Partners para proyectos en desarrollo y la Golden Boy Real Estate para aquellos proyectos que ya cuentan con estructuras.

Son muchos los barrios hispanos de Los Ángeles y de todos los Estados Unidos que están completamente descuidados. Necesitan con urgencia el tipo de remodelación, que Magic Johnson ha hecho con muchos barrios de la comunidad afroamericana. Richard es mi gurú, y Magic es mi modelo de conducta.

Nos hemos asociado con John Long, un promotor inmobiliario sumamente exitoso, a través de su compañía Highridge Partners. Hemos unido fuerzas para formar Golden Boy Partners. Gabriel Brener, un adinerado hombre de negocios mexicano, también se ha unido a nosotros en esta empresa, así como lo ha hecho en muchas otras.

Actualmente tenemos ocho proyectos en diversas etapas de desarrollo, los cuales consisten en comunidades donde la gente pueda vivir, trabajar y divertirse. Queremos que sean un destino para las personas, quienes encontrarán tiendas, salas de cine, viviendas económicas, restaurantes y centros de entretenimiento. Hay algo para todos los gustos. Esta es una oportunidad que se me ha presentado para retribuir en algo a la comunidad.

Con Gabriel, adquirimos un edificio en Madison Avenue, en el downtown de Manhattan. Compramos el complejo de condominios y oficinas en 2003, y lo vendimos en 2006 en la cúspide del mercado de bienes raíces. Fue una de las mayores ventas por pie cuadrado registradas en Nueva York.

En 2005 compramos un edificio en Wishire Boulevard, en el downtown de Los Ángeles, donde están localizadas nuestras oficinas, y al cual bautizamos con el nombre de Golden Boy Building. A través de Chris Rising, otro socio de Richard, supimos que ese edificio de catorce pisos estaba en venta muy por debajo del precio habitual porque sólo estaba ocupado en un 40 por ciento y le faltaba un ascensor.

Cuando nos reunimos para cerrar el negocio, Richard le informó al vendedor que su obligación era reemplazar el ascensor, algo que costaría medio millón de dólares.

El hombre se negó.

"Olvídalo entonces", le dijo Richard. "No vamos a comprar un edificio al que le falta un ascensor. Eso no está bien, pues sería como comprar un auto sin ruedas".

Los vendedores pensaban que Richard estaba loco, y nos amenazaron con retirarse del negocio por causa del ascensor. Richard sólo estaba fingiendo, pero eso le funcionó, pues el vendedor terminó pagando la reparación del ascensor.

Debido a que muchos edificios del downtown de Los Ángeles fueron convertidos en apartamentos y a la gran cantidad de construcciones en la zona, la disponibilidad de espacios para oficinas ha disminuido desde que hicimos nuestra compra. Actualmente, nuestro edificio está ocupado el cien por ciento, todas las oficinas han sido alquiladas y dan utilidades por varios millones de dólares anuales.

Un par de años después de esa compra, Richard refinanció el edificio y utilizó el dinero adicional para comprar *The Ring*, la revista más prestigiosa de boxeo, así como otras publicaciones. Lo cierto es que esta adquisición no nos costó nada, pues actualmente el edificio vale varias veces más de lo que pagamos por él.

Queremos mantenerlo por ahora, pero más adelante lo venderemos, porque como dice Richard, "Nunca te enamores de tus activos. Sólo debes enamorarte de tu esposa y de tus hijos. Todo lo demás está a la venta".

♦ **Deportes y entretenimiento**. En esta categoría se encuentran Golden Boy Promotions, Golden Boy Mixed Martial Arts, los Dynamos de Houston, equipo que ha ganado dos veces consecutivas el campeonato de la Major League Soccer; Frontera Productions, una empresa cinematográfica orientada a realizar películas para el público hispanohablante, así como una pequeña inversión en Univisión, la mayor cadena televisiva de habla hispana.

- **Medios de prensa**: hemos entrado al negocio de los periódicos hispanos como inversionistas de ImpreMedia, la principal fuente de información para los hispanos de este país. Esta empresa es propietaria de *El Diario La Prensa* de Nueva York. Fundado alrededor de 1913, es el periódico hispano más antiguo de los Estados Unidos. En el emporio de las publicaciones de ImpreMedia también se encuentran los periódicos *Hoy Nueva*, de Nueva York, *La Opinión* de Los Ángeles, *La Raza* de Chicago, *El Mensajero* de San Francisco, *La Prensa* de Orlando y Tampa y la cadena de periódicos *Rumbo* de Texas. En esta categoría también está la revista *The Ring* y otras publicaciones deportivas.

- **Alimentos y bebidas**: tenemos una propiedad equitativa en Equal, un edulcorante artificial. Es un producto con un gran potencial, no sólo en los Estados Unidos sino en todo el mundo, donde se conoce con la marca Candarel. También estamos invirtiendo en una marca de tequila de alta calidad y en agua embotellada.

- **Hoteles y entretenimiento**: tendremos acciones en la futura cadena de hoteles Fontainbleau y tenemos planeado crear el Golden Boy Sports Lounge. El primero de los varios que tenemos planeados se construirá en Las Vegas. También tenemos planes para abrir un banco y varios productos de seguros dirigidos a los hispanos. Tal vez el mayor elogio que hemos recibido es que la AEG, la compañía inmensamente exitosa dirigida por el multimillonario Philip Anschutz, está adquiriendo un interés de participación en Golden Boy. AEG se dedica a comprar compañías y no a adquirir intereses, pero

Anschutz tiene una buena opinión de nosotros e hizo una excepción.

La mayoría de estas inversiones están dirigidas al mercado
hispano, ya que es la forma de retribuir a mi comunidad, al mismo
tiempo que dedico fondos a la educación y capacitación de los
hispanos. Así que el padre de Richard no tenía por qué preocuparse:
a su hijo le está yendo bien.

Siempre he tenido sueños grandes, pero los llevé a otro nivel
cuando contraté a Richard. No habría podido estar donde estoy actualmente si no fuera por él.

También se ha convertido en uno de mis mejores amigos. Fue el
padrino de mi boda y es el padrino de mi hijo Oscar Gabriel. Hemos
llegado a un punto en que ni siquiera necesitamos sentarnos y hablar
extensamente sobre una propuesta de negocios porque él sabe lo que
pienso; yo sé lo que piensa él, y generalmente es lo mismo. Lo que
yo puedo ofrecer no lo tiene Richard, y lo que él puede ofrecer no lo
tengo yo. Es por eso que hacemos un equipo perfecto.

Confío plenamente en él. Es decir, casi, pues no le confiaría que
me llevara en un carrito de golf.

XXII

PERDIENDO EL ORO

Cuando pasé de Mike Hernández a Richard Schaefer, me sentí como un ciego que hubiera recuperado la vista milagrosamente. El futuro me pareció muy brillante, el paisaje financiero muy atractivo, y mi camino hacia el éxito fuera del boxeo sumamente claro.

Había dado un paso hacia mi independencia financiera, pero comencé a preguntarme si debería lanzar un segundo golpe noqueador. ¿Debía deshacerme de mi promotor Bob Arum? Después de todo, él y Hernández habían actuado juntos. Se encerraban en una habitación, murmuraban, y cuando salían, me entregaban un contrato para mi próxima pelea. ¿Cómo podía separarlos yo? Si Hernández había sido perjudicial para mi bienestar económico, ¿acaso Arum era mejor?

Yo sabía que Bruce Trampler —su organizador de peleas— había hecho un trabajo excelente a comienzos de mi carrera, pues había escogido los rivales adecuados para curtirme, sin que fueran una amenaza para mí. A medida que aumentaron mis habilidades, también aumentó la calidad de mis oponentes. Cuando alcancé la cumbre, llegaron las peleas exitosas.

La gente me decía que yo era la obra maestra de un hombre que había hecho un arte de la promoción boxística. Pero, ¿a qué precio?

La pregunta retumbó en mi mente después de mi pelea contra Trinidad.

Cuando empecé a encargarme de mis asuntos, Richard me manifestaba con claridad lo que desconocía. A él le das un portafolio financiero, le pides un plan de inversiones o una idea de negocios innovadora y ya. Enseguida las ruedas comienzan a girar, los números aparecen en su cabeza con la velocidad de una calculadora y en cuestión de minutos te ofrece varias opciones. Pero cuando se trataba de boxeo, todo era nuevo para él. Richard era como el típico aficionado al boxeo: sabía el dinero que ganaban los boxeadores en el cuadrilátero, pero nada más.

Eso cambió rápidamente cuando asumió su papel como mi representante. Richard procesaba información de una manera apasionada, y siempre tenía un centenar de preguntas en la cabeza. Quería saber sobre todas las modalidades de ingresos boxísticos, desde los boletos de entrada hasta la transmisión televisiva por el sistema *pay-per-view*, de la transmisión por circuito cerrado a los derechos internacionales. Quería saber cuánto recibe cada persona que participa en una pelea y cómo se determina eso.

La participación de Richard comenzó después de mi pelea con Trinidad. Habíamos establecido un récord mundial para un combate de pesos livianos, pues vendimos 1,4 millones de suscripciones por *pay-per-view*. Y mi ganancia había sido de 23 millones de dólares.

"¿Cómo sabes si es una buena cantidad?", me preguntó Richard.

"Es una buena ganancia", le dije.

"¿Comparada con qué?", me respondió él. "Vendiste 1,4 millones de suscripciones por *pay-per-view* a 55 dólares por hogar, lo cual suma 77 millones. Los asistentes pagaron algo así como 14 millones. Eso suma un total de 91 millones. Si el propietario de un bar deportivo compra la pelea y le cobra la entrada al público, ¿tendrán que pagar un precio adicional por ello?"

Yo no tenía respuestas para todas las preguntas de Richard, ni tampoco mi padre. Sus preguntas me despertaban curiosidad.

Trinidad había ganado 10,5 millones por la pelea, y Bob probablemente había recibido lo mismo o más. Éramos Trinidad y yo quienes habíamos trabajado durante muchas horas promocionando la pelea en varias ciudades, los que habíamos entrenado, sudado y padecido los rigores del entrenamiento. Él y yo habíamos atraído a este número récord de asistentes. Trinidad y yo habíamos recibido los golpes y las contusiones en el cuadrilátero. ¿Por qué entonces el promotor iba a ganar más que uno de los boxeadores y más de la mitad de la ganancia del otro? Mientras más pensaba en esto, menos lógico me parecía.

Después de saber lo que había hecho Bob, recordé una conversación que había tenido con mis agentes Bruce Binkow y Leonard Armato antes de la pelea. Me habían aconsejado arriesgarme en vez de aceptar una suma fija. No aceptes una suma fija porque esta pelea va a ser muy grande.

Recuerdo haber escuchado que Bob había golpeado la mesa de la oficina de Mike Hernández y había dicho: "Es imposible que esta pelea venda más de 800.000 suscripciones".

Sin embargo, Binkow y Armato no estaban de acuerdo. Pensaban conseguir nuevos patrocinadores que le dieran un mayor despliegue a la pelea en los medios de comunicación para así crear más expectativas. Así lo hicieron, y Bob terminó beneficiándose cuando el número de suscriptores por *pay-per-view* superó en más de 600.000 la cifra que él había calculado.

Yo tenía dinero invertido en Bob y no iba a cambiar los términos de mi relación con él hasta que Richard no me diera una opinión sensata. Richard habló con Bob, quien lo ayudó bastante y le enseñó sobre las finanzas del boxeo.

Es probable que haya sido instructivo para Richard ver las cifras escuetas, pero fue aun más revelador ver a los hombres de carne y hueso que mueven los hilos, además de vivir toda la emoción. Richard tuvo la oportunidad de experimentarlo en una reunión breve y explosiva en las oficinas de HBO en Nueva York, para ver si yo podía volver a pelear con Trinidad, quien asistiría con su promotor Don King, con don Félix, su padre y manager, y por supuesto, con Bob y los ejecutivos de HBO. Richard aún trabajaba en el banco y se encontraba en Nueva York en un viaje de negocios. Le pedí que me representara.

Richard me dijo que la reunión comenzó con la discusión sobre el problema del peso para la pelea, pues los hombres de Trinidad dijeron que ya no podía bajar a 147 libras como lo había hecho para nuestra primera pelea. Trinidad propuso subir a las 154 libras, y Bob se mantuvo firme en 147. Trinidad cedió unas pocas libras y Bob aumentó otras pocas hasta que estuvieron en desacuerdo por un par de libras. Sin embargo, los dos se mantuvieron inamovibles.

La discusión duró cinco minutos, y terminó cuando Bob dijo, "Olvídenlo entonces. No habrá una segunda pelea".

Y sin más, todos se pusieron de pie para abandonar la oficina. Richard estaba atónito.

"Discúlpenme", dijo él. "Soy nuevo en esto. La mayoría de ustedes han venido desde muy lejos, de Puerto Rico y Las Vegas, y están terminando la reunión después de sólo cinco minutos. Se trata de una reunión para una pelea que según tengo entendido, puede ser una de las que reporte más ganancias en la historia del deporte, y ¿ustedes están negando esa posibilidad por tan sólo dos libras de diferencia?"

"¿Quién es ese tipo?", preguntó King cuando todos habían salido. Muy pronto lo sabría.

Las conversaciones para una segunda pelea estaban en un punto muerto en la primavera de 2000, y ya habían comenzado las negociaciones para que yo peleara contra Shane Mosley en el Staples Center.

Sin embargo, primero tenía que decidir qué iba a hacer con Bob. Mis abogados habían concluido que yo podía romper legalmente mi contrato con él, así que no era un inconveniente.

Sin embargo, Richard insistió en que lo mantuviéramos. Había concluido que el promotor nunca me había estafado.

"Arum hizo muy buenos negocios para él y para Top Rank", dijo Richard. "Pero eso no es ilegal. Si un promotor llega a un acuerdo en el que termina ganando varios millones, eso es muy bueno para él y malo para ti. Pero eso no lo convierte en un sinvergüenza. El problema fue que no contabas con alguien que hiciera una mejor negociación.

"Ya has cambiado a tus asesores financieros, y tal vez deberías preservar tu estabilidad conservando al mismo promotor. Me parece que Arum ha hecho una labor muy buena en orientar tu carrera. Creo que deberías seguir con él, pero sólo luego de replantear la relación. Sin embargo, no lo despidas".

Esto me parecía justo, siempre y cuando yo tuviera a Richard para que me cuidara la espalda. Sentí que ya sabía lo suficiente para representarme en mis negociaciones con Bob.

Luego de ver la propuesta de Bob para la pelea con Mosley, Richard sugirió replantear mi relación con el promotor. Richard me dio el mismo consejo que me dieron Binkow y Armato antes de la pelea con Trinidad: rechazar una suma fija y pedir un porcentaje de los ingresos totales. Yo siempre me había sentido más seguro con una suma fija, pues sabía que era un dinero mío a pesar de lo bien o mal que se vendiera la pelea, y me conformaba con que Bob obtuviera un porcentaje de las ganancias. Creía que era él quien corría el riesgo.

"Me parece que Arum corre un riesgo relativamente mínimo", me dijo Richard. "Aceptas una suma alta pero fija que no resulta siendo mucho si la pelea sale como se había proyectado. La mayor parte del dinero está en el porcentaje, que es lo que recibe Arum. Y tú deberías obtener la mayor parte. Tú eres la estrella importante que está produciendo el dinero".

Le pedí a Richard que hablara de nuevo con Bob y le expusiera los nuevos términos. Mi promotor aceptó y Richard me trajo una oferta tentadora. Lo miré, tomé un bolígrafo y escribí en la solicitud de oferta: *Más un Ferrari*.

"¿Qué es eso?", me preguntó Richard.

"Quiero que él me compre un auto", respondí.

Richard no estaba muy seguro de eso. "Negocié duro", dijo, "y realmente lo exprimí. Es un negocio mucho mejor, ¿y ahora quieres que vaya y le pida un Ferrari?"

Yo no cedí.

Richard llamó a Bob, le dijo que el negocio estaba hecho, pero yo quería que él me diera un Ferrari.

"¿Qué?", gritó Bob.

"Y Bob", añadió Richard. "Tiene que ser un Maranello".

"¿Un qué?"

"Un Maranello", repitió Richard. "Es un modelo de la Ferrari".

"¿Cuánto vale?", preguntó Bob.

"Unos 220.000 dólares".

"Es absurdo, completamente absurdo", dijo Bob.

Sin embargo, aceptó a regañadientes, y fui por mi auto a una agencia de la Ferrari. El modelo que yo quería viene con un baúl muy pequeño, pero se le puede hacer un espacio para equipaje a un costo de 18.000 a 20.000 dólares, y también pedí eso.

Cuando Bob recibió la cuenta, llamó a Richard y le dijo gritando: "¿Qué pasó con ese baúl? ¿Cómo así que vale 18.000 dólares? Yo no acepté pagar por ningún baúl".

No lo hizo, pero pagó mi Ferrari.

Después de perder con Mosley en el 2000, decidí que era hora de terminar con Bob.

Mientras iba a su oficina, Richard lo llamó desde su auto para darle las desagradables noticias a mi promotor.

Cuando llegó a su escritorio, Richard recibió una llamada de Seth Abraham, que era el presidente de HBO Sports. Abraham le dijo:

"Es un grave error; un grave error. ¿Qué están haciendo? Lo van a arruinar todo. No pueden hacer eso. Bob Arum es muy poderoso. Es lo más estúpido que he visto".

Richard le respondió sin alterarse: "Oscar está decidido a hacerlo. Siente que después de todos estos años tiene derecho a ser libre y a mirar otras opciones. Ya hemos puesto la demanda legal".

Una vez más, Abraham repitió: "Es un grave error", y colgó.

Yo había cometido un gran error, pero no había sido terminar mi relación con Bob. Supuestamente la había afianzado con él cuatro años atrás, con un gesto generoso que le hice cuando cumplió sesenta y cinco años. Le regalé mi medalla de oro, ese valioso trofeo que ha sido el vínculo más fuerte con mi madre.

Cuando rompí con Bob, creí que me la devolvería, pero durante varios años se negó a hacerlo.

Cuando desapareció la euforia de haber ganado la medalla de oro en los Juegos Olímpicos de Barcelona, me pregunté qué podría hacer con el símbolo del mayor logro de mi carrera. Poco después, mientras buscaba casa en Montebello, estaba subiendo al segundo piso de una casa cuando me detuve en las escaleras. Frente a mí había un pequeño nicho que parecía haber sido diseñado para una pequeña estatua.

Se me ocurrió una idea mejor. Ese sería el lugar para mi medalla de oro, un lugar para exhibirla y revivir el recuerdo de mi momento más triunfal.

No necesitaba mirar más. Compré esa casa, colgué una foto de mi madre en el nicho, la medalla de oro y el cinturón Olímpico.

Creo que debí preocuparme de que alguien pudiera entrar y llevarse la medalla cuando se supiera que era mi casa. No era difícil saber dónde yo vivía, pues la puerta de la entrada tenía un letrero que decía De La Hoya.

Un coleccionista de objetos de interés habría obtenido una fortuna por esa medalla. Creo que yo era demasiado ingenuo para pensar que eso pudiera suceder. Yo no creía que alguien pudiera hacerme daño, pues todos los que estaban conmigo me cuidaban. Tampoco podía imaginar el hecho de regalar esa medalla, hasta que Mike Hernández me metió esa idea en la cabeza. En aquella época, estaba hablando con Bob sobre un negocio de tres peleas en las que yo recibiría más de 20 millones de dólares.

"Hazlo", me dijo Hernández. "No te pongas a negociar; sólo di que sí".

Hernández creía que yo debía darle un buen regalo de cumpleaños a Bob para demostrarle nuestro agradecimiento.

"¿Qué puedes darle a un hombre que lo tiene todo?", me dijo Hernández. "Dale tu medalla".

"No puedo hacer eso", le dije.

"La va a valorar mucho", comentó Hernández. "Y nos hará mucho bien en el futuro".

Me convenció para que lo hiciera. La expresión que puso Bob cuando le entregué la medalla en el salón de Reno donde estaba celebrando su cumpleaños, indicó que la consideraba como algo inestimable, lo cual fue muy gratificante para mí.

Sin embargo, pocos días después me arrepentí de mi generosidad. ¿En qué había estado pensando? ¿Por qué le había hecho caso a Hernández?

Yo no iba a pedirle a Bob que me devolviera mi medalla, pero creí que algún día lo haría. Y en efecto, esperé que lo hiciera después de nuestra separación tan áspera. Bob anunció que conservaría la medalla hasta que yo me retirara.

¿Cómo podía hacer algo así? ¿Por qué se negaba a devolverme mi medalla de oro, especialmente si estaba enemistado conmigo? ¿Cómo podía conservar algo que era tan valioso para mí? No pude entenderlo.

Finalmente, luego de once años, Bob aceptó devolverme la medalla en 2007. Lo hizo en una ceremonia pública celebrada en el

White Memorial Medical Center del Este de Los Ángeles, donde estaría exhibida temporalmente en el Centro para el Cáncer Cecilia González De La Hoya, nombrado en honor a mi madre.

Ese fue un momento muy emotivo para mí. Los recuerdos me abrumaron de nuevo al ver la medalla por primera vez en varios años; los esfuerzos que realicé para ganar esa medalla, la presentación de la misma y mi visita al cementerio para mostrársela a mi madre. No pude contener el llanto mientras todo esto se agolpaba en mi mente.

Yo había recobrado mi precioso vínculo con mi madre.

XXIII

QUEMADO

Él era conocido como Sugar Shane Mosley, pero sería más apropiado llamarlo Speedy Shane Mosley.

Su estilo estaba basado en la velocidad desde que lo conocí. Y hay muchas cosas que recuerdo de él, pues nos movíamos en los mismos círculos desde que éramos niños. Peleamos en los mismos torneos, pues éramos dos grandes promesas del Sur de California, yo del Este de Los Ángeles y él de Pomona.

Mosley era conocido por su gran disciplina y dedicación en el gimnasio, así como por ser uno de los tipos más agradables que había en el deporte, un oponente al que no podrías encontrarle ninguna razón para odiarlo.

Shane era un par de años mayor y estaba dos categorías de peso más arriba que yo. Hicimos sparring en Colorado Springs cuando yo tenía alrededor de diecisiete años. Fue una sesión increíble, tanto así que recuerdo haber pensado; "Será difícil pelear contra él en la categoría profesional porque es muy rápido".

Nos encontramos en el año 2000, pero mi primer rival ese año fue Derrell Coley, en el Madison Square Garden de Nueva York.

No me podía imaginar una derrota ante Coley, pero pude haberla sufrido porque la mayor parte de esa semana pensé en eso.

Mi problema comenzó de una manera tonta el día miércoles. Era el mes de febrero y en Nueva York hacía un frío terrible, que no es mi clima preferido. Me encanta el sol y broncearme, pues nací en el Sur de California.

Compré una pequeña máquina bronceadora y dije que la llevaran a mi habitación. Hay unos lentes protectores para los ojos, pero cometí la estupidez de no utilizarlos. Se supone que no debes exponerte por más de 10 minutos a los rayos de la máquina. De nuevo, cometí otra estupidez. Permanecí 20 minutos en ella y a una distancia más cercana que la indicada para lograr el máximo efecto, pensando que tenía que lucir bien para las chicas.

Pero cuando desperté el jueves por la mañana, comprendí el error que había cometido. Tenía los ojos hinchados y cerrados. Tuve que utilizar lentes oscuros para la conferencia de prensa de ese día y cancelar mi sesión de entrenamiento, pues aunque lograba abrir los ojos, todo lo veía borroso. Pasé en cama la mayor parte del viernes, y sólo me levanté para el pesaje. Finalmente, gracias al descanso y a las grandes cantidades de hielo, mi visión se normalizó a tiempo para la pelea del sábado.

Salí como un toro y detuve a Coley en el séptimo asalto con un golpe en el cuerpo.

Shane y yo nos íbamos a enfrentar en junio en el Staples Center. Yo estaba muy preocupado, pues era el primer boxeador con el que pelearía que era tan rápido como yo.

Me había esforzado en llegar a las 147 libras, y cuando lo logré, quise celebrar. Fui con mi equipo a un restaurante de mariscos en el Este de Los Ángeles y pedí dos docenas de ostras, lo cual no es saludable la noche anterior a un combate.

Regresé a la habitación del Beverly Hills Hotel, me dormí alrededor de las nueve de la noche y desperté unos 90 minutos después con un dolor insoportable en el estómago. Temblaba y sentía escalofríos, y los dolores estomacales eran cada vez más fuertes. Me había intoxicado con las ostras.

No sentí ninguna mejoría al día siguiente. Me pregunté cómo podría pelear así, especialmente contra Shane Mosley.

Siempre subo de peso cuando como luego del pesaje. Si estoy en peso wélter, puedo subir a 153 libras. Pero esa vez perdí peso. Cuando me subí a la báscula en la mañana, pesaba 145 y me sentía débil.

Algunos amigos míos llegaron a mi camerino del Staples Center para decirme que habían apostado mucho dinero a mi favor. Su expresión de alegría se vio reemplazada rápidamente por la preocupación cuando les dije que me sentía tan mal que estaba pensando en cancelar la pelea. Sentía dolor sólo con tocarme el estómago. ¿Qué pasaría si Shane me golpeaba justo ahí?

No pude cancelar la pelea. Era un rival importante, una pelea muy anunciada, y se realizaría en mi ciudad, donde debutaría en el Staples Center.

Fue una pelea muy disputada; y aunque estaba físicamente agotado, fue una gran contienda hasta el último asalto.

Él ganó por decisión dividida, y a diferencia de la pelea con Trinidad, estuve de acuerdo con la decisión.

Pero esta derrota, sumada a la que había tenido por decisión de los jueces contra Trinidad hacía menos de un año, me sumió en una ola de autocompasión cuando di la conferencia de prensa después de la pelea. Sentí que muchas personas habían ido a fastidiarme, pues querían que yo perdiera. Yo culpaba al mundo, quería renunciar y dejar el boxeo para siempre.

Descontrolado emocionalmente al calor de la derrota, me dije que los promotores, managers y entrenadores me habían ahogado. Y si yo iba a renunciar, era hora de que el mundo escuchara finalmente al verdadero Oscar De La Hoya. Lo que los medios de comunicación escucharon en esa amarga conferencia de prensa fueron mis divagaciones sobre las supuestas injusticias contra mí.

"Voy a replantearme mi carrera", dije, "incluyendo el retiro. Voy a replantearme todos los planes que tengo en la vida. Todavía soy un boxeador muy ambicioso, pero en estos momentos el boxeo me aburre. No siento que pueda continuar con lo que está sucediendo actualmente en el boxeo".

¿Qué quería decir con esto? Yo había comenzado a sospechar de Bob Arum después de la pelea con Trinidad, pensando que tal vez no me estaba dando el porcentaje de los ingresos que me correspondía. Esa fue una de las razones por las cuales Richard Schaefer se estaba encargando de mis asuntos. Me pareció que Bob había presentido lo que iba suceder, es decir, que yo estaba planeando prescindir de sus servicios. Probablemente eso lo había motivado a persuadir a los jueces y me había hecho perder. Tal vez lo había hecho para organizar otro combate, lo cual representaría más dinero para él.

Comencé a pensar en todo tipo de ideas descabelladas.

Sin embargo, ya no pienso eso de Bob. Me he convertido en promotor y me he dado cuenta de que es imposible que algún promotor pueda decirle a un juez cómo marcar su tarjeta de puntaje. Las cosas no funcionan así.

Posteriormente me calmé y comprendí que había reaccionado muy mal ante la derrota. Me sentía herido y rabioso.

Estos sentimientos desaparecieron, pero seguí determinado a cambiar mi equipo después de dos derrotas en mis tres peleas anteriores. Ya había salido de Bob y de Robert Alcázar. Si yo iba a encargarme de mis asuntos, lo mejor sería organizarlo todo al mismo tiempo.

Había perdido mi último vestigio de confianza en Robert cuando él se alió con Clancy en la pelea contra Trinidad.

Entonces me dije, *Robert tiene que irse. Ya no es mi padre, Bob Arum, Bruce Trampler ni Mike Hernández quien lo dice. Ahora soy yo. Se acabaron las disculpas. Robert ya no será el director en el centro de en-*

trenamiento. Los entrenadores dejarán de opinar a escondidas de Robert.
Ya es hora de que venga otro. Punto.

Ya no podía engañarme más diciendo que era invencible bajo la tutela de Robert. Era simplemente la realidad; yo había perdido, y eso es lo que puede suceder con un entrenador que tiene limitaciones.

Sin embargo, cuando llegó la hora de mostrarle la puerta a Robert, lo aplacé una y otra vez. Casi sin darme cuenta, había firmado para pelear contra Shane, otra pelea que me parecía difícil. No creía que fuera el momento adecuado para realizar un cambio drástico como el de reemplazar a un entrenador que llevaba tanto tiempo conmigo y que me conocía tan bien.

Así que permití que Robert se quedara para una pelea más.

Luego, y en presencia de mi padre, me senté con Robert y le informé que ya no era mi entrenador. No fue una conversación agradable, pues Robert era como de la familia.

"Ya es hora de un cambio", le dije, esforzándome para que las palabras me salieran.

"No", respondió Robert. "Puedo cambiar mi estilo, puedo aprender nuevos métodos".

"Lo siento, Robert", le dije, "pero vamos a tomar otra dirección. Podemos seguir siendo amigos".

Robert me deseó suerte, pero de un modo que sugería que realmente no era lo que deseaba. Creo que él quería que yo perdiera otra vez. No es que me deseara nada malo, pero creo que quería que yo sufriera lo suficiente para comprender que realmente lo necesitaba en mi esquina; que después de todo, él era el entrenador ideal. Yo comprendí sus sentimientos.

Me sentí mal por él cuando prescindí de sus servicios, pero sabía que era lo mejor para mí.

No lo he visto desde ese día. Mi padre lo ha llamado algunas veces y mi hermano sigue en contacto con él, pero Robert y yo no hemos vuelto a tener contacto directo.

Es una lástima porque tuvimos una buena relación y nos ayudamos mutuamente. Él me apoyó durante mucho tiempo y yo hice lo mismo por él.

He tenido entrenadores que se enfocan en el ataque, y otros que lo hacen en la defensa. Tuve entrenadores que me hicieron trabajar duro, y otros que casi no me hacían trabajar. Tuve un entrenador que había estado conmigo desde mi época de amateur, y entrenadores que nunca me conocieron realmente.

¿Qué quería yo después de liberar a Robert Alcázar? Lo mejor de lo que había tenido antes. Quería un entrenador estricto y exigente que me lanzara agua fría a la cara a las 5:30 de la mañana si yo estaba durmiendo, y que me ordenara levantarme para salir a correr. Quería a alguien que conociera los dos aspectos del boxeo, el ataque y la defensa. Quería alguien que hubiera combatido en el cuadrilátero y pudiera entender las exigencias físicas y emocionales que siente quien va a la batalla.

Finalmente, concluí que quería a Floyd Mayweather, Sr. Había sido boxeador durante dieciséis años, enseñaba un estilo defensivo intrigante y era un apasionado de la disciplina.

También había vivido mucho: había pagado una condena de cinco años en la cárcel por asuntos de droga y tenía una enemistad declarada con su hijo, Floyd Mayweather, Jr., a quien había entrenado.

Cuando contraté a Floyd, Sr., en octubre de 2000, todos los aspectos negativos quedaron atrás. Floyd me impuso de inmediato su voluntad en el centro de entrenamiento. No podía jugar baloncesto ni ping-pong. No podía tomarme días libres, pues eso no era posible con él. Yo me sentía literalmente asustado de pedirle incluso un descanso. Entrenaba aunque no me sintiera bien porque sabía que él se molestaría si yo le decía que no. Solía decirme: "Si no me dejas hacer mi trabajo, entonces hasta luego".

Floyd no sólo me hacía correr, sino que tenía que hacerlo con pesas en las botas. No sólo tenía que aporrear a mis rivales en las sesiones de sparring, sino que también me hacía cortar leña.

Las sesiones de sparring eran como peleas de verdad. Floyd quería que yo le arrancara la cabeza a mi oponente. Si me daban un buen golpe, Floyd comenzaba a gritarme: "Oye, este debilucho te está golpeando. Podría volverte pedazos a pesar de mi edad".

Una persona ajena podría pensar que yo me sentía muy mal luego de trabajar tan duro, pero no fue así. Entrenar me pareció divertido de nuevo. Eso era lo que me estaba haciendo falta. Floyd me puso en muy buena forma, y eso me gustaba mucho de él.

A Floyd le encantaba mi celebridad. Cuando vio todo el despliegue mediático que había alrededor de mis peleas, se subió al centro del escenario. Al igual que Muhammad Ali, Floyd recitaba poesías y enfurecía a mis rivales de turno. Siempre estaba componiendo su próximo poema. En el centro de entrenamiento, nos leía treinta veces al día las diversas versiones del poema que estaba componiendo para la próxima conferencia de prensa.

Cuando iba a pelear con Fernando Vargas, quien había sido condenado por asalto, Floyd le dijo durante una conferencia de prensa antes de la pelea: "Viniste a vacacionar, pero te irás en libertad condicional". Tenía un comentario para todos.

Aunque podía ser divertido y le agradaba a los medios de comunicación, lo hubiera podido hacer sin tanto espectáculo. Sin embargo, yo hacía de tripas corazón y le permitía exhibir todo su histrionismo para llamar la atención, pues le agradecía todo lo que me estaba enseñando. Sin embargo, tengo que reconocer que también me hacía reír un millón de veces al día. Floyd era todo un personaje.

Decía que iba a enseñarme todos los trucos que había aprendido en su carrera y que haría de mí el primer boxeador "negricano", una combinación de los estilos tradicionales empleados por los boxeadores negros y mexicanos.

En términos defensivos, Floyd me enseñó a mover los hombros

para evitar los golpes, en lugar de emplear todas las técnicas con los pies que me había enseñado El Profesor. Gracias al método de Floyd, yo podía pararme frente a mi rival sin que éste pudiera golpearme, y estar en una posición muy ventajosa para contraatacarlo.

Finalmente me enfrenté de nuevo a Shane en 2003, después de derrotar ese mismo año a Yory Boy Campas por nocaut técnico en el séptimo asalto.

La pelea contra Campas estuvo protagonizada por la misteriosa poción mágica desarrollada por Bob Arum, que supuestamente le daría a este boxeador la oportunidad de derrotarme. Fue una estrategia de mercadeo a la que recurrió Arum para darle un poco de sustancia a una pelea que no parecía ser competitiva.

Sin embargo, ese tipo de cosas nunca se saben. Todos los rivales que enfrenté aumentaban su nivel con la pelea porque si me derrotaban se sentirían como King Kong.

Yo quería pelear de nuevo contra Shane porque esta vez Mayweather estaría en mi esquina.

Shane tenía un aspecto diferente cuando lo vi en el pesaje. Siempre estaba en forma y tenía los músculos muy definidos. Sin embargo, esta vez se veía más fornido, y sus músculos parecían diferentes. Sé que es un buen deportista y escuché que estaba levantando pesas. Tal vez su aspecto se debía a eso.

Posteriormente supe que estaba involucrado con el escándalo de esteroides de BALCO, aunque sé que dijo que nunca tomó ninguna sustancia ilegal y nunca ha sido acusado formalmente.

No pude creerlo cuando estalló el escándalo de BALCO. El Shane que yo conozco y con el que crecí, es una persona honesta, y la más buena en el mundo del boxeo. Hasta el día de hoy sostengo que él no tomó nada. Shane no es un tramposo.

Shane parecía estar más fuerte en la pelea. Traté de boxear un poco más que en la primera y controlar sus golpes para acabar con su velocidad.

Me pareció una pelea cerrada, pero no me pareció haber perdido. Quién sabe, tal vez sí, pero creo que hice lo suficiente para ganar. No de un modo contundente como en la pelea contra Trinidad, pero creo que gané. Me sentí frustrado de nuevo. Creí que los jueces de Las Vegas tenían algo contra mí y comencé a exasperarme. Mis últimas peleas habían sido muy cerradas. ¿Por qué no habían decretado ninguna a mi favor?

Shane y yo nunca hablamos sobre las acusaciones de BALCO, pero estoy seguro de que algún día lo haremos.

XXIV

EL CHICO DE ORO VA POR LOS PECES GORDOS

Yo era como un caballo desbocado saliendo del establo. Un nuevo horizonte lleno de posibilidades se abría ante mí, con espacio suficiente para sentirme a mis anchas. Atrás dejaba, sin embargo, la familiaridad del establo, un lugar restringido pero cómodo que me protegía de los elementos amenazantes del exterior, dotado de lo necesario para satisfacer mis necesidades y orientado por un guía.

Aunque Bob Arum ya no dirigía mi carrera, no me sentía muy seguro galopando por mi cuenta. Aún necesitaba a alguien que llevara las riendas —con un poco menos de firmeza que antes— para sentirme seguro, alguien que me señalara la dirección correcta. Requería un promotor experto.

Al final, Richard se convirtió en esa persona cuando terminé con Bob Richard, pero en aquel momento apenas se estaba adaptando al intrincado laberinto que hay entre un boxeador y el éxito financiero.

Fue en ese momento que Dan Goossen nos visitó. El creador del gimnasio Ten Goose propuso ser mi promotor por medio de una compañía a la que llamaría Golden Goose Promotions. No era exactamente lo que buscábamos.

En ese momento tenía un contrato de promoción con Univisión y con Jerry Perenchio, su accionista principal. Pensábamos que lograríamos una magnífica sociedad si podíamos convencer a Perenchio para que fuera mi promotor y unir fuerzas con Univisión, la cadena de televisión en español más grande de Estados Unidos.

Pero lo que teníamos entre manos era algo más que entretenimiento. No se trataba de elegir a un ejecutivo de televisión sin ningún conocimiento sobre boxeo para que dirigiera mi carrera. Perenchio había promovido una de las peleas más exitosas del siglo XX, el primer combate de Alí-Frazier en el Madison Square Garden. Yo sentía mucha admiración por este multimillonario y lo creía capaz de concertar peleas verdaderamente importantes.

Era muy apasionado por el boxeo cuando lo conocí, tan apasionado que accedió a ser mi promotor.

El estilo de Perenchio para los negocios era diferente al de Arum. En realidad era diferente al de casi todos los promotores. Estaba en el negocio del entretenimiento y yo no veía ninguna razón para dudar de que su perspectiva no funcionara también en mi deporte.

Mi primera pelea bajo la dirección de Perenchio fue contra Arturo Gatti en el MGM Grand Garden de Las Vegas, nueve meses después de mi primera pelea con Mosley. Howard Rose, uno de los promotores musicales más exitosos y hombre clave de Perenchio en asuntos de boxeo, diseñó unos afiches utilizando tan sólo mi imagen para publicitar la pelea. Ni rastro de Gatti.

Rose, quien estaba acostumbrado a promocionar eventos musicales, pensó que podía hacer lo mismo con un evento boxístico. En el afiche parecía que yo estuviera anunciando un concierto en el MGM Grand.

¿Me había convertido en el nuevo Wayne Newton o Elton John? Rose se refería a mí como a un "artista" y decía que quienes criticaban la campaña promocional estaban "celosos".

No estoy muy seguro de que Rose entendiera muy bien que el atractivo del boxeo radica en la lucha entre dos boxeadores. No era una actuación magistral de Oscar De La Hoya lo que se pretendía vender, sino la posibilidad de que yo perdiera, sin importar que mi rival fuera de pocos quilates.

A algunas personas les gusta apostar por el que tiene todos los pronósticos en contra, para esperar un resultado inesperado, o simplemente para ser testigos de la derrota de un campeón. Más que nada, los aficionados quieren ver un encuentro competitivo.

Si quisieran ver una actuación magistral, irían a ver a Jennifer López o a Marc Anthony.

Mi desempeño no fue deslucido. Hice un regreso triunfal al cuadrilátero en marzo de 2001, derrotando a Gatti por nocaut técnico en el quinto asalto. Yo sabía que él se iba a parar frente a mí y que me atacaría desde el campanazo inicial. Estaba seguro de poder dominarlo y eso fue exactamente lo que hice. La venta de todos los boletos y mi impresionante actuación me tranquilizaron, pues no había perdido mis facultades durante el receso en mi carrera.

En junio me programaron una pelea contra Javier Castillejo en Las Vegas. Un afiche que nos mostraba a los dos en esmoquin, decía ¿BAILE DE GRADUACIÓN? NADA DE ESO. Me pareció un poco extraño.

Cuando Richard vio el afiche exhibido junto a otros en un salón de conferencias con varios ejecutivos de Univisión, también le pareció extraño.

"Lo siento, pero éste no me gusta", dijo Richard, señalando el afiche con el tema del baile de graduación, "porque no tiene absolutamente nada que ver con el boxeo".

Todos estuvieron de acuerdo.

En ese momento entró Perenchio, echó un vistazo a las opciones y dijo, "Me gusta éste, '¿Baile de graduación? Nada de eso' ".

Richard señaló que era precisamente el que no le había gustado. Perenchio miró a los presentes y sugirió, "Está bien, votemos. Levanten la mano los que piensen que este es el mejor afiche".

Los mismos ejecutivos que un momento antes habían estado de acuerdo en que no era un afiche apropiado, levantaron la mano.

Mi pelea terminó promocionándose con ese concepto.

Aunque no estaba encantado con el afiche, me sentía satisfecho con la posibilidad de aprender. Quería ganar un campeonato en la categoría de las 154 libras, así que era una pelea importante para mí. Sabía que podría ser un encuentro arriesgado porque el peso extra, necesario para subir a una nueva categoría, puede hacer que las cosas sean más difíciles cuando uno sube al cuadrilátero por primera vez. Decidí viajar a Las Vegas dos semanas antes del evento, o sea, una semana antes de lo habitual.

Alquilé una casa cerca de MGM Grand Hotel, donde se realizaría la pelea. Era junio, una época calurosa y seca en el desierto. La temperatura promedio era de 115 grados Fahrenheit como mínimo. Había una agradable piscina en la parte trasera de la casa, y yo pasaba una hora allí en las tardes antes de hacer sparring. Lo hice durante ocho días pensando que obtendría un lindo bronceado.

A medida que se acercaba la pelea empecé a sentirme débil, pero no relacioné mi debilidad con el tiempo que pasaba en la piscina, así que me seguí bronceando.

Todo parecía estar en orden cuando me pesé el viernes en la tarde para la pelea del sábado. Me sentía bien.

Después del pesaje, fui a la piscina como siempre. Sólo que en vez de una hora, me quedé hora y media.

Me sentí con fiebre cuando desperté la mañana del domingo. Y no era de extrañar, tenía la peor insolación de mi vida. Sentía un ardor terrible si alguien me tocaba. Mis piernas estaban tan débiles que apenas podía caminar.

Llegué al centro deportivo tres horas antes del evento, y me senté en un sillón del camerino, pero cuando intenté levantarme, tuve problemas para hacerlo.

No pensaba decirle a nadie cómo me estaba sintiendo. Me había entrenado muy duro para esta pelea y creía que podía ganarla.

A eso de las 7:30 o 7:40, cuando llegó el momento de salir al cuadrilátero, la debilidad que sentía en las piernas me hizo pensar seriamente en no pelear.

Luego empecé a oír a los fanáticos apoyándome y gritando: "¡Oscar! ¡Oscar!". Eso me dio ánimos y me produjo una descarga de adrenalina.

Seguía sin contarle a nadie lo que me ocurría. Empecé a relajarme un poco lanzando golpes a los guantes que sostenía mi entrenador, Floyd Mayweather.

Las piernas me temblaban mientras caminaba por el pasillo. Cuando di el primer paso en el cuadrilátero, me sentí tan débil que pensé que iba a desplomarme.

Me maldije por haberme expuesto tanto tiempo al sol. Subí al cuadrilátero impulsado por otra descarga de adrenalina, pero tenía frente a mí un combate por pelear. En los primeros asaltos las piernas seguían inestables. Tuve que pelear con tanto empeño contra el ardor y la picazón como contra Castillejo.

Al final, el acondicionamiento físico, el entrenamiento y el hecho de ser un mejor boxeador rindieron sus frutos y me dieron la victoria por decisión de los jueces.

Yo había convertido la pelea en algo mucho más difícil de lo que debería haber sido.

Cuando terminó, mi médico me examinó y determinó que sufría de insolación.

Fue Perenchio quien puso fin a nuestra relación profesional, pues el director ejecutivo de Univisión dejó su cargo y Perenchio tuvo que reemplazarlo, además de seguir cumpliendo con sus funciones habituales.

Llamó a Richard y le dijo que tendría que retirarse del negocio de la promoción debido al aumento de la carga laboral.

"En verdad no puedo continuar como promotor", dijo Perenchio. "Trabajé con ustedes durante el año pasado y estoy seguro de que Oscar está en buenas manos. Ustedes dos van a estar bien".

Fue hasta mi casa esa noche para decírmelo personalmente, lo cual significó mucho para mí. Perenchio nos dio las alas que nos habían permitido volar tan alto en el negocio de la promoción. De él aprendimos a no depender demasiado de la maquinaria de mercadeo de HBO; a desarrollar nuestros propios conceptos de mercadeo y a encontrar mejores formas de llegar a la audiencia hispanoparlante.

Perenchio ya no estaba y Richard participaba directamente en el negocio; era hora de volar por nuestra propia cuenta. Así que creamos Golden Boy Promotions.

Si yo iba a entrar en el negocio de la promoción, me parecía mejor hacerlo mientras fuera un boxeador activo. Aún estoy bajo la luz de los reflectores, y eso me da peso con HBO y otras cadenas, con los medios de comunicación en general y con otros boxeadores. Si la prensa quiere hablar conmigo sobre mis próximas peleas, otras peleas o eventos mediáticos, sabe que la mejor oportunidad de hacerlo es a través de las ruedas de prensa de Golden Boy Promotions, a las cuales asisto siempre. Es más fácil que los boxeadores firmen con Golden Boy mientras estoy activo porque saben que tendrán la oportunidad de obtener publicidad en los combates preliminares de mis peleas. Todos estos factores contribuyeron a convertirme rápidamente en alguien importante en el negocio de la promoción.

Veo a Sugar Ray Leonard, quien después de su retiro ha intentado convertirse en un promotor, y me parece más difícil que lo pueda lograr estando retirado.

No es que fuera fácil para Richard y para mí al principio. Aunque Richard había aprendido el funcionamiento general del negocio, asistido a las reuniones de HBO y negociado junto a Bob, ninguno de los dos conocía los manejos internos, el trabajo detrás de bambalinas que determina si un evento de boxeo será exitoso o no. Hay infinidad de aspectos importantes que deben confluir, desde la impresión de las entradas hasta la contratación de concesionarios y la instalación del cuadrilátero.

Y, aceptémoslo, éramos nosotros quienes debíamos ahora encontrar a estas personas, ya que no estábamos empezando desde arriba con una pelea en el MGM Grand o en el Madison Square Garden que fuera a ser un éxito rotundo de ventas en *pay-per-view*. Y si bien yo tenía un nombre en el deporte, éste me servía como boxeador, pero no como promotor. Tuve que demostrar que podía hacerlo en repetidas ocasiones, así como cuando regresé de Barcelona.

Lo primero que hicimos fue adquirir la compañía promotora de Roy Englebrecht en Orange County. Con casi tres décadas de presencia en el mercado, su programación regular de peleas en el Irvine Marriott se ha convertido en uno de los eventos boxísticos más tradicionales.

La razón es que Roy no es simplemente un promotor fanfarrón que juega con su habano y cuenta dinero en el cuarto de atrás, sino que participa en todo el proceso, desde la disposición de los asientos hasta la elección de los expertos en heridas. Nos enseñó prácticamente todo, a imprimir y a vender las entradas, a lidiar con los patrocinadores y a hacer trámites ante a la comisión atlética.

Roy tiene una escuela de formación de promotores. Luego de completar los requisitos académicos, los estudiantes reciben un título que los califica para solicitar una licencia de promotor. Como tenemos la ventaja de ser un poco más acaudalados, compramos la universidad entera, con todo y profesores.

Obviamente, puedes tener el mejor escenario, las entradas más baratas, la cerveza más sabrosa y los asientos más cómodos, pero si no hay buenas peleas, esos asientos se van a quedar vacíos.

El promotor de combates es determinante en la calidad de las peleas. Es alguien que no sólo sabe quiénes son los mejores boxeadores, la estrella de moda y las promesas del deporte, sino que además entiende de estilos y visualiza boxeadores que puedan gustar en el mundo del entretenimiento.

Nuestra búsqueda de buenos promotores nos condujo a Don y

Lorraine Chargin, quienes han logrado un lugar en el Salón de la Fama, y cuya experiencia ha sido demostrada durante más de medio siglo. El hecho de que nadie pueda decir nada malo sobre ellos es algo notable en este negocio.

También le dijimos a Eric Gómez, mi amigo de la infancia que trabajaba para mi Fundación, que se dedicara a promover peleas. Como siempre ha sido un fanático del boxeo, aprendió rápidamente bajo el tutelaje de Chargin y ahora es, por derecho propio, un concertador de primera categoría.

Experimentamos con una compañía donde trabajaríamos como managers y firmamos con José Navarro, un deportista olímpico. Richard y yo éramos sus managers y Lou DiBella su promotor, pero comprendimos rápidamente que ser managers de boxeadores no era lo que queríamos hacer. No tuvimos una experiencia agradable, así que Navarro fue nuestro primer y último boxeador. Concentramos toda nuestra energía en la promoción, donde podemos tener mayor impacto en el deporte.

Durante casi un año empezamos lentamente con eventos no televisados. Luego llegó el momento de traer las cámaras y pasar al siguiente nivel. ¿A quién llamamos? La opción obvia era Jerry Perenchio.

Tenía emisión de peleas los viernes en la noche en Telefutura, un espacio ideal para nuestra joven compañía. Aunque Perenchio había sido nuestro promotor y seguía siendo un buen amigo, también era un hombre de negocios. Nos advirtió que, a pesar de nuestros nexos y del buen nombre del Chico de Oro, íbamos a tener que demostrar la calidad de nuestro trabajo presentando peleas con buenos índices de sintonía que agradaran a los patrocinadores.

Perenchio nos permitió comenzar con cuatro emisiones. Decidido a tener un impacto, utilicé mi imagen, esperando que mi fama sirviera a nuestro propósito. Iba a las ruedas de prensa y estaba encantado de aparecer frente a las cámaras en las peleas. La mayoría de las preguntas que me hacían los medios de comunicación era sobre mis próximos encuentros, pero no me importaba. La mera presencia de la prensa atraía la atención a las peleas que promocionábamos en Golden Boy Promotions. Gracias a una buena publicidad y a nuestros encuentros competitivos, obtuvimos buenos niveles de audiencia, tanto así que logramos impresionar a Perenchio.

El año siguiente nos dio más transmisiones, las cuales aumentaron el tercer año. Ahora teníamos dieciocho emisiones anuales.

Después de elevar las cifras en Telefutura, decidimos ir por el pez gordo, HBO, el trofeo más importante que puede obtener un promotor. Si estás en HBO, eres alguien importante en el negocio.

HBO tenía un canal latino, el medio que necesitábamos para entrar de lleno, y el cual era perfecto para Golden Boy Promotions. HBO siempre está buscando programación en vivo, así que pensamos que sería una buena idea proponer una serie de boxeo llamada "Oscar De La Hoya presenta boxeo de oro", con una emisión mensual.

HBO compró la serie y la transmitió durante tres años, promoviendo a varios boxeadores como Israel Vázquez, Daniel Ponce De León, Librado Andrade y Abner Mares, quienes terminaron peleando para el canal principal de HBO.

Todos ganábamos. Nosotros conseguimos un importante punto de venta para firmar con los boxeadores, les ofrecimos la oportunidad de aparecer en HBO y un espacio para crecer. HBO obtuvo programación para su canal latino y un semillero de futuros protagonistas de sus eventos.

Contactamos a Bob Arum para mi próxima pelea contra Fernando Vargas. Lo hicimos porque era una pelea importante, del tipo que Bob sabía promover maravillosamente.

"Aún no estamos listos para hacer un evento tan grande como ese", me aseguró Richard. "Es un Super Bowl del boxeo. Sigamos aprendiendo; cuando te diga que estoy listo, estaré listo. Hay mucho dinero en juego, confía en mí".

Trabajábamos con Bob pelea por pelea, lo que estaba bien para mí. No iba a caer de nuevo en la trampa de un contrato a largo plazo.

Bob promovió mis peleas contra Vargas en 2002, y contra Yory Boy Campas y Mosley en 2003. Durante ese período, presentamos nuestro logo de Golden Boy Promotions y encontramos diversas formas de promocionar nuestro nombre, mientras nos preparábamos para independizarnos.

Bob también se encargó de promocionar mis peleas contra Felix Sturm y Bernard Hopkins en 2004. Fue durante la preparación para la pelea con Sturm, en el MGM Grand, cuando supe que Richard estaba finalmente listo para asumir el control. El encuentro formaba parte de una velada doble. Yo pelearía por primera vez en la categoría de las 160 libras y Hopkins estaba defendiendo su título de peso mediano contra Robert Allen. Si Bernard y yo ganábamos, nos enfrentaríamos en septiembre.

"Yo lo habría hecho de un modo diferente", me dijo Richard cuando vio la forma en que se estaba presentando el combate al público. "No estoy atacando a Arum ni subvalorando la promoción, pero piensa en lo siguiente: esta es la defensa número dieciocho del título para Hopkins y tú estás intentando convertirte en el primer boxeador de la historia en ser campeón en seis categorías de peso. Están promocionando esta velada como si las dos leyendas estuvieran obligadas a ganar. Estas son las semifinales, pero por alguna razón, las emisiones de las semifinales nunca alcanzan los índices de audiencia de las finales en ningún deporte. Si estuviera en mis manos, yo promovería ésta como una noche histórica. Si tienes a dos mitos del boxeo que intentan lograr dos hazañas legendarias en un solo evento, es una noche legendaria en sí misma".

Richard ya no necesitaba depender de Bob, el viejo maestro, para vender una pelea. El aprendiz tenía visión propia, y muy acertada por cierto.

Richard tenía razón en su opinión sobre la semifinal. La velada doble logró cerca de 350.000 suscripciones a *pay-per-view*, mientras que mi pelea contra Hopkins tres meses después atrajo 950.000.

Pronto sería tiempo de tomar las riendas de Golden Boy Promotions. Teníamos el conocimiento, las bases, los concertadores de peleas, las fechas de televisión y el talento joven. Sólo faltaba una cosa: los grandes nombres, los boxeadores que nos permitieran pasar del horario del viernes en la noche al horario de mayor audiencia del sábado en la noche.

¿Cuál sería el trampolín que nos impulsaría hasta allí? Una vieja idea de Hollywood con una pequeña variación para el medio boxístico. En 1919, D.W. Griffith, Charlie Chaplin, Mary Pickford y Douglas Fairbanks, grandes figuras del cine de la época, abandonaron los estudios que controlaban la industria y formaron su propia compañía, United Artists.

Hicimos lo mismo con Golden Boy Promotions, firmamos con boxeadores como Hopkins, Mosley y Marco Antonio Barrera, y los hicimos socios. Nosotros proporcionamos la infraestructura y el respaldo financiero, ellos aportan sus activos y juntos somos una fuerza capaz de competir con viejas glorias como Arum y King. Es un modelo que ha estado funcionando desde 1919.

El esperado evento —Golden Boy Promotions promociona al Chico de Oro— finalmente tuvo lugar el fin de semana del 5 de mayo de 2006 cuando me enfrenté a Ricardo Mayorga.

Esa pelea fue comprada a través del sistema *pay-per-view* por 925.000 hogares, casi tantos como los que compraron la pelea contra Hopkins, uno de los mejores campeones de peso mediano de todos los tiempos, dos años atrás. El encuentro De La Hoya-Mayorga fue la oportunidad para dar a conocer a Golden Boy Promotions. Le demostramos al mundo que podíamos organizar un evento que fuera comercialmente exitoso.

Y luego sobrepasamos esa cifra con mi combate de 2007 contra

Floyd Mayweather, Jr., adquirida por 2,4 millones de hogares, la venta más grande de *pay-per-view* en toda la historia del boxeo.

La gente se burló cuando anunciamos que íbamos a imponer un récord de *pay-per-view* con esa pelea. La marca anterior había sido 1,9 millones de ventas por dos peleas de Mike Tyson, una contra Evander Holyfield y la otra contra Lennox Lewis, ambas por el campeonato mundial de pesos pesados, el evento más rentable del boxeo y tal vez de todos los deportes. ¿Cómo podría mi pelea contra Mayweather —cuyo punto más alto de venta de *pay-per-view* había sido de 400.000 por su pelea contra Carlos Baldomir— igualar o superar los combates de Tyson?

Nos sentíamos preparados para asumir el reto. Llamamos a nuestra pelea *El Mundo Espera*, y realmente ese fue el caso. Cuando sonó el primer campanazo, los fanáticos de ciento ochenta y siete países estaban expectantes frente a sus pantallas.

También establecimos un récord en la venta de boletos para peleas, de emisiones en circuito cerrado, de adquisiciones en el extranjero y de patrocinadores. Mis ganancias también rompieron todas las marcas.

Después de más de cuatro décadas del monopolio de King y Arum, Golden Boy Promotions los había superado y se había elevado a nuevas alturas en un deporte que los críticos habían condenado a la desaparición pocos meses atrás.

XXV

EL AMOR DE MI VIDA

Aunque muchas de mis empresas financieras habían sido el resultado de proyecciones sólidas, de una planeación minuciosa y de una valoración precisa del mercado, no puedo atribuirme el mérito del lanzamiento de mi carrera como cantante en el 2000. En su inicio, yo era prácticamente un espectador inocente.

Estaba en un restaurante en el Caribe con un grupo de personas celebrando un acuerdo que hice con Univisión. Llegaron algunos mariachis y comencé a cantar con ellos. En nuestra mesa estaba Cristina Saralegui, la Oprah de Univisión. Yo tenía programada una aparición en su show al día siguiente, y cuando me oyó cantar esa noche, insistió en que lo hiciera también en su programa.

Lo hice y la reacción fue increíble. Me llovieron las ofertas de casas disqueras grandes y pequeñas. Finalmente me decidí por EMI.

Cantar siempre fue algo importante para mí porque era un vínculo que me unía a mi madre. A ella le encantaba hacerlo, y a mí me gustaba oírla, y a veces improvisábamos duetos.

Si boxeaba por mi padre, ¿por qué no habría de cantar por mi madre?

Aun así, mi carrera en el escenario comenzó casi de casualidad después de esa presentación en Univisión.

Tenía la certeza de poder hacerlo aunque la única experiencia que tenía era haber cantado karaoke con algunas cervezas encima.

Sin embargo, así como necesitaba un entrenador para boxear, me di cuenta de que necesitaba un instructor vocal para cantar. Me dirigí a uno que había trabajado con Millie y con Michael Jackson.

Sin embargo, nada podría haberme preparado para la tarea de grabar un álbum. Es posible que haya sido lo más difícil que haya hecho en mi vida. Tienes que cantar la misma canción una y otra vez hasta que cada palabra suene perfecta. Había sesiones que duraban casi toda la noche.

Pero nunca perdí el entusiasmo por el proyecto porque tenía un material excelente. Diane Warren, quien compone letras para artistas como Celine Dion, Elton John y Faith Hill, escribió una canción especialmente para mí titulada "Con estas manos".

Pensé que era un buen álbum y mi opinión se vio confirmada cuando fui nominado a uno de los Grammy latinos.

Una manera de ver mi éxito repentino en el estudio era considerarlo como un sustituto del boxeo, una forma de seguir teniendo magníficos ingresos sin recibir golpes. Sin embargo, lo vi justo como lo contrario. Sentí que mi carrera como cantante iba en ascenso, tenía que trabajar demasiado y me estaba alejando de lo que más me gustaba, el boxeo. Extrañaba el cuadrilátero. Eso es lo mío. Los récords de ventas eran fabulosos, había planes para otro álbum, pero yo no era capaz de abandonar el boxeo.

Además, ya había recibido de la música el mayor regalo de todos. Había encontrado a Millie.

El insólito camino hacia el amor de mi vida comenzó una noche en un estudio de grabación mientras trabajaba con un productor llamado Rudy Pérez.

Las cosas no se me estaban dando bien esa noche. La canción

"Para qué" era una canción de despecho, pero Rudy me dijo que no escuchaba eso en mi voz.

"¿Cómo puedo expresar esos sentimiento si nunca me han roto el corazón?", le dije.

Rudy sonrió y respondió, "Te mostraré a alguien que sí lo puede hacer". Puso un video de una cantante puertorriqueña llamada Millie Corretjer.

Rudy tenía razón. Ella sí lo podía hacer.

No era simplemente que se viera hermosa. He visto a muchas mujeres hermosas en mi vida. Era algo más que eso. No sé cómo son los ángeles, pero sentía como si estuviera viendo uno. Estaba hipnotizado.

Después de ver su imagen, la canción me salió sin ningún esfuerzo. Cuando abrí la boca, los sentimientos se desbordaron y las lágrimas rodaron por mis mejillas.

Luego dije, "Esta es la mujer. Tengo que conocerla como sea".

Con Shanna en mi pasado y aunque sinceramente lo deseaba, no actué de manera consecuente con mis palabras. Le agradecí a Rudy por enseñarme sus trucos inspiradores. Haría maravillas en la esquina del cuadrilátero; era el tipo de persona que siempre parece levantarte el ánimo antes de los asaltos más cruciales.

Es posible que nunca hubiera visto a Millie en carne y hueso si José Behar, entonces presidente de EMI Latin Records, mi casa disquera, no me hubiera llevado a San Antonio a presentarme un grupo de ejecutivos de las cadenas de tiendas más grandes como Wal-Mart, Kmart y Target.

"A propósito", me comentó José cuando llegamos, "¿sabes quién más está en la ciudad? Millie Corretjer. Vino a dar un concierto".

Traté de mantenerme impasible, pero por dentro me sentía como un escolar que ve a su primer amor en el patio del recreo.

Finalmente vi a Millie en un restaurante de San Antonio la noche de su concierto. Yo había ido con José y otros ejecutivos de EMI.

Durante la cena, noté que José desvió su atención de nuestra mesa y miraba a una que estaba al otro lado del salón. Se excusó y 5 minutos después regresó acompañado de una mujer. Era Millie.

Cuando me la presentó, era evidente que ella no sabía quién era yo, ni parecía especialmente interesada en saberlo.

José le pidió que se sentara a mi lado, y le dijo que yo era boxeador. Y ella hizo un gesto de reconocimiento. Conocía mi nombre porque yo había peleado contra Félix Trinidad el año anterior.

Todos conocían a Trinidad en Puerto Rico, incluso Millie, que no era aficionada a los deportes. Millie recordó que estaba en un restaurante con un primo suyo, Jaime Durand, la noche de mi pelea contra Trinidad. Inicialmente, Durand, que tenía un radio al oído, entendió mal lo que había escuchado; pensó que Trinidad había perdido. Millie vio una nube oscura extenderse por el restaurante cuando Durand anunció la mala noticia en voz alta. Luego llegó la aclaración del mismo Durand. Era yo quien había perdido. El restaurante entero estalló en júbilo, y Millie fue una de esas personas.

Sin embargo, ahora estaba sentada junto al hombre cuya derrota le había producido tanta alegría.

Millie no sabía cuántas peleas había tenido yo, ni que pronto saldría un disco compacto con mis canciones. En realidad no sabía nada de mí. Y yo no era capaz de darle más información porque no podía hablar. Literalmente. Por lo general soy muy sociable, pero estaba tan nervioso que no podía pronunciar una sola palabra.

Cuando José le habló de mi CD, Millie no pareció impresionada. Una conocida cantante de Puerto Rico con tantos seguidores no iba a emocionarse con algún boxeador que creía saber cantar. Casi pude leer su mente: *¿Quién diablos se cree este tipo?*.

Millie fue cortés, pero era evidente que no quería estar allí. Mi primer encuentro con la chica de mis sueños se estaba convirtiendo en una pesadilla.

Hermosa y extremadamente talentosa, ella había conocido a todo tipo de intérpretes famosos, desde Ricky Martin hasta Marc Anthony, de modo que seguramente no se sintió deslumbrada conmigo. Yo era un tipo cualquiera.

Millie no permaneció mucho tiempo en nuestra mesa, pues tenía que prepararse para el concierto, el cual se realizaría en un teatro al aire libre en la noche de clausura de un festival musical que había durado una semana.

Cuando ella se marchó, José me dijo, "Oye, campeón, ¿por qué no vamos a ver el concierto?"

"Por supuesto", respondí.

La expectativa de los miles de espectadores se sentía en el aire cuando llegamos al concierto. Yo compartía ese sentimiento. Estaba ansioso por oírla cantar en persona.

Pero inesperadamente, pasé de ser un espectador a un participante.

"Campeón", dijo José, "¿por qué no la presentas? A ella le gustaría".

Eso no era cierto, pero José estaba tratando de ganarse mi simpatía y sabía que Millie me había gustado porque Rudy Pérez le había contado lo que me había pasado en el estudio.

Yo estaba encantado. Por supuesto que la presentaría.

Subí al escenario, tomé el micrófono y le hice a Millie una presentación cargada de elogios. Al salir al escenario, me dirigió una mirada inquisidora, como diciendo, *¿Por qué me está presentando este tipo?*

Cuando empezó el concierto, me instalé con José y el resto del grupo en una carpa VIP, donde teníamos refrescos y una magnífica vista sobre el escenario. Millie estuvo grandiosa y la audiencia se lo hizo saber.

Posteriormente, ella llegó a la carpa con su banda, emocionada por el entusiasmo de la multitud. Tenía un brillo en el rostro que la hacía ver más hermosa que nunca.

Me encontré entre Millie y José. Por todas partes había cámaras, y José, siempre ansioso por hacer que Millie y yo estuviéramos juntos, sugirió que nos tomaran una fotografía a los tres.

A continuación, José se retiró a un lado e hizo señas para que nos tomaran otra fotografía a nosotros dos solos.

Esa segunda foto en la que aparecíamos Millie y yo, terminó siendo publicada en las revistas en español, con José insinuando que tal vez había ciertas chispas flotando en el aire.

Las únicas chispas fueron las de Millie, a quien no le agradó mucho que la empujaran hacia mí.

Eso fue completamente obvio a la hora de irnos. Todos estábamos hospedados en el mismo hotel en el Malecón, y las limosinas nos esperaban. Abordé una y dejé la puerta abierta; miré afuera y vi que José y Millie estaban enfrascados en una discusión que parecía subir de tono.

José le estaba diciendo a Millie, "Mira, te vas en la limosina con Oscar, hablas con él y se van juntos al hotel".

"No voy a hacerlo", insistió Millie. "¿Por qué tengo que hacerlo?"

No lo hizo. Millie caminó decidida hacia otra limosina y se subió en ella. José se sentó a mi lado y permaneció en silencio, sin decirme una palabra sobre la confrontación.

Llegué al hotel unos minutos antes que ella y la esperé en el lobby. Cuando entró, estaba rodeada de su banda y sus bailarines, unas diez personas en total. Nuestras miradas se cruzaron, pero ella siguió caminando, mientras su grupo la seguía de cerca como si ella fuera un corredor de fútbol americano y los músicos y bailarines la protegieran y despejaran su camino hacia los ascensores. Si ella había pedido que la protegieran, sólo podía ser de una persona: de mí.

Entendí el mensaje, pero no me iba a desanimar. Por primera vez en mi vida era humillado por una mujer. Había alguien que no podía tener. Después de ser perseguido durante gran parte de mi vida, yo era ahora el perseguidor. Todo había sido tan fácil para mí en el pasado. Me encontraba frente a un verdadero desafío, alguien que era difícil, casi imposible de tener. Yo no la estaba buscando para demostrar que podía vencer todos los obstáculos y ganar al final. Lo que sentía por ella era muy fuerte. Pero el hecho de que esto implicara tanto esfuerzo me hizo pensar que esta mujer tan evasiva podría ofrecerme la relación más satisfactoria de mi vida. Ella podría ser la mujer con la cual me gustaría envejecer.

Fui a mi habitación, pero no podía dormir. Raúl, que compartía la suite conmigo, tenía una copia de mi CD. Yo quería que Millie lo oyera y me diera su opinión profesional.

"Raúl", le dije, "averigua el número de la habitación de Millie y habla con ella o con su manager. Busca a alguien. Tengo que hablar con ella. Es una artista. Quiero que escuche esto".

Era casi la una de la mañana pero no me importaba.

Raúl consiguió el número de la habitación de Millie y habló con su manager, Marisela. Raúl le dijo lo que yo quería y Marisela, muy protectora, colgó.

"Llama otra vez", le dije. "Tenemos que ir allá. Tenemos que ir".

Marisela cedió a la segunda llamada y dijo que podíamos ir a su habitación. Fuimos corriendo, pero Millie no estaba.

Regresó unos minutos después, vestida aún con el traje del concierto. No estaba mucho más amable conmigo de lo que había estado unas horas antes.

Marisela le había dicho, "No parece un mal tipo. Complácelo; escucha su CD".

Al parecer lo escuchó casi a regañadientes, pero no expresó ninguna reacción cuando terminó de hacerlo: era como para acabar con la confianza de cualquiera.

Pero me negué a dejar así las cosas. Sabía que probablemente nunca volvería a verla si salía de esa habitación. Así que le pregunté si quería tomar un café conmigo en el Malecón.

"Vamos", le dije. "No tienes nada que hacer mañana y los dos viajaremos en la tarde".

Millie y Marisela se excusaron y fueron a otra habitación a

discutir el asunto y a decidir cómo tratar con este tipo tan insistente.

"Está bien" dijo ella al regresar, "iremos. Estoy tan emocionada por el concierto que no puedo dormir. Pero con una condición; todos mis bailarines y la orquesta vendrán con nosotros".

¿Qué alternativa tenía yo?

Allí estaba en mi primera cita no oficial con Millie, acompañada por diez chaperonas. Creo que la única buena noticia era que los músicos no llevarían sus instrumentos.

Millie y yo comenzamos a hablar un poco, y dejamos una conversación pendiente pues algunos fanáticos me reconocieron y se acercaron en busca de autógrafos o para tomarse una foto conmigo.

Siempre he tomado muy en serio ese aspecto de mi carrera. Desde un comienzo me di cuenta de que son los fanáticos los que me han permitido convertirme en el boxeador más famoso del mundo. De modo que cuando estoy en público, me gusta relacionarme con ellos.

Incluso en un momento tan importante para mí como lo era esa noche con Millie, yo no podía simplemente volverle la espalda a la gente. Compartí con los fanáticos allí en la acera y luego en el restaurante cuando se propagó la noticia de que yo estaba en el lugar. Meseros, managers, comensales, gente de la calle, todos se acercaron a saludarme.

¿Estaba Millie impresionada con mi popularidad? Para nada. En lugar de eso, parecía estar enfadada porque yo no le prestaba atención. Pero no podía hacerlo.

Era como si yo la hubiera perdido en ese momento, destruyendo la confianza que había generado. Ella parecía estar allí de mala gana, ansiosa por acabar con aquello y conmigo.

Intenté hablarle, pero cada vez que hacía algún pequeño avance, alguien me pedía que me levantara y me pusiera allí o allá para una fotografía. Apuntaban con sus cámaras, y yo miraba ansioso a Millie, quien perdía la paciencia con el paso de los minutos.

Volvimos al hotel y al día siguiente ella regresó a Puerto Rico y yo a Los Ángeles.

Pasó un mes, pero no podía dejar de pensar en ella. Llamé a Marisela y se lo dije. No me contuve. No me llené de falso orgullo. No me preocupaba que mis comentarios llegaran a los tabloides. Estaba desesperado.

"Siento que ella es la mujer de mi vida", le dije a Marisela.

"Ay, que tierno", dijo la manager.

Me había ganado la simpatía de Marisela. Ella quería que Millie fuera feliz y eso significaba romper su rutina. No había tenido un novio en años, ni siquiera había salido con muchos hombres por estar muy concentrada en su carrera. Además, Marisela disfrutaba el drama que despertaba la situación, así que cedió y me dio el número de teléfono de Millie.

Así comenzó mi cortejo a larga distancia por teléfono. Hablábamos en español. El español que se habla en Puerto Rico es diferente al español que yo hablo. El mío se asemeja más a una jerga, pero no el español de Millie. El suyo es más preciso, el de una persona educada.

Nuestras frecuentes conversaciones se repitieron con el paso de los días, las semanas y los meses. Yo estaba contento, y ya no era insistente. Nos estábamos conociendo y entablando una relación, inocente por así decirlo, y yo me sentía bien con eso; tenía esperanzas mientras siguieran abiertos los canales de comunicación.

Le enviaba rosas blancas casi todos los días para que me recordara.

Nunca me había esforzado tanto para conseguir una mujer, pero nunca me sentí tan satisfecho.

Al principio, ella trató de restarle importancia a mi evidente interés, repitiéndome una y otra vez que yo debía tener cientos de mujeres detrás y que seguramente les había dicho lo mismo a muchas. Yo insistía en que todo era diferente con ella y le pregunté si podía volar a Puerto Rico a visitarla.

Vaciló, pero aun así aceptó. Me quedé en un hotel cerca de su condominio en San Juan y pasaba un rato en su casa, contentándome sólo con conversar.

Debo haber ganado algunos puntos con ella porque no les dijo a las chaperonas que nos acompañaran.

No salíamos, sólo nos quedábamos allí y hablábamos.

Un aspecto de mi vida que ella no podía entender era el asunto del boxeo. "¿Por qué ustedes tienen que pelear?", me preguntaba. "¿No pueden simplemente hablar del tema?"

"De alguna manera, eso le haría perder todo el encanto", le expliqué.

Sus padres están vivos, y tiene dos hermanos y una hermana, pero no mencionó a ninguno de ellos en ese momento. Sólo estábamos nosotros.

En ese primer viaje estuve unos cuantos días. Cuando regresé a mi casa, me di cuenta de que debía pasar algunas semanas en Puerto Rico como parte de la gira promocional para el lanzamiento de mi CD. Eso me hizo un hombre feliz. Millie nunca fue a ninguna de mis presentaciones en público en San Juan, pero sacó tiempo para verme, que era lo único que me importaba.

Las cosas continuaron así por más de un año. Luego di otro paso al invitarla a Los Ángeles para asistir a la ceremonia de los premios Grammy en el Staples Center.

Esta ciudad no era completamente desconocida para Millie, quien había pasado un tiempo allí tomando lecciones de canto con Seth Abrams, casualmente el mismo instructor vocal con el que me había preparado yo.

Millie tardó un tiempo en aceptar mi invitación. Estuvo eludiendo la situación, incapaz de decidirse. Finalmente, Marisela llamó para decirme que Millie vendría. La hospedé en el Hotel Peninsula Beverly Hills y la llevé orgulloso a la ceremonia de los premios.

Pero aun después de eso, ella se mantenía indecisa.

"No sé porqué acepté venir", me dijo Millie. "Ricky Martin también me invitó, pero soy una mujer madura y tomé una decisión. Dejemos las cosas así; ya veremos qué pasa".

Aún no había romance en nuestra relación, pero definitivamente nos estábamos acercando. La llevé a Disneylandia, le presenté a mi familia y la llevé a conocer a Jacob.

Millie se sintió desconcertada al saber que yo tenía un hijo fuera del matrimonio, pero cuando vio lo amoroso que yo era con Jacob, le agradó. Los niños ocupan un lugar muy especial en su corazón y, cuando conoce a otros adultos que sienten lo mismo, se conecta con ellos.

Pero Millie quedó aun más impactada cuando la llevé a la casa de mi padre que cuando conoció a Jacob, pero no de una de manera positiva.

"¿Por qué hiciste eso?", me preguntó después de la visita. "No somos una pareja. Somos sólo amigos".

Obviamente, yo quería que fuéramos mucho más que amigos.

Transcurrió un buen tiempo, un largo tiempo, pero después de dos años de viajar continuamente a San Juan, decidí que había llegado el momento. Mientras estaba en Puerto Rico, le hice una llamada a mi joyero en Los Ángeles y le pedí un anillo. Yo sabía cuál quería; era de unos seis quilates. Le pedí al joyero que lo hiciera tan rápidamente como pudiera y me lo enviara por FedEx.

Sí, pedí que enviaran ese precioso paquetito al otro lado del país.

Llegó dos días después. Le eché una mirada, sentí que mis nervios estallaban, deslicé la cajita en mi bolsillo y recogí a Millie para una visita en casa de sus padres.

La madre y el padre de Millie son personas muy sociables, sencillas y cordiales. Su padre Jesús es ingeniero; su madre, que también se llama Millie, es ama de casa. Viven muy alejados del deporte y del mundo del espectáculo, los mundos que Millie y yo habitamos. Son católicos practicantes y personas decentes; su prioridad es la familia.

Su casa siempre está llena de alegría y de música. Todos los hermanos de Millie cantan o tocan algún instrumento musical.

Era una visita normal, y todos estábamos alegres. Y por ello, Millie levantó perpleja su mirada cuando miré a sus padres y les dije, "¿Puedo hablar con ustedes sobre algo serio?"

Todos se sentaron y mi nerviosismo se hizo evidente. Yo tenía una camiseta blanca, pantalones de nylon y sandalias, y comencé a sudar tanto que quedé empapado. Era como si acabara de salir de la ducha.

"Quisiera pedirles la mano de su hija en matrimonio", les dije a sus padres.

Eso llamó la atención de Millie. Hubo una larga pausa, y unos segundos de silencio en la habitación que a mí me parecieron horas. Luego su padre dijo simplemente, "Sí".

Sus padres veían cómo me comportaba con su hija y lo enamorado que estaba.

"Esperen", replicó Millie, "¿y yo qué?"

No lo había olvidado. Saqué el anillo del bolsillo con mis manos sudorosas, me arrodillé y le dije, "Millie, ¿te casarías conmigo?"

Ella hizo una pausa y me dijo, "Sí".

Cuando le puse el anillo en el dedo, Millie abrió los ojos. "¿Dónde conseguiste eso?", preguntó.

"En FedEx", repuse, con una amplia sonrisa.

Nos casamos unas tres semanas más tarde en San Juan. Tratamos de mantener la boda en secreto para disfrutar de la ceremonia sólo con la familia y los amigos, pero algo así no se iba a poder ocultar. La información siempre termina filtrándose.

Tengan en cuenta que los medios de comunicación puertorriqueños sabían muy bien que yo iba allí con mucha frecuencia desde hacía dos años. Al igual que perros de caza con un rastro fresco que seguir, los medios siempre estaban tratando de descubrir cuales eran nuestros planes y si nos íbamos a casar. Era algo muy descabellado.

Cuando decidimos casarnos el 5 de octubre del 2001, sólo unas pocas personas conocían nuestros planes. A los otros invitados sólo se les dijo que asistirían a una cena familiar. Incluso compramos en secreto el vestido de Millie.

Nos sentimos orgullosos el día de la boda, pensando que nos habíamos salido con la nuestra.

El plan era ir a vestirnos a casa de la abuela de Millie y luego dirigirnos al lugar de la boda, un edificio antiguo que había albergado unas oficinas del gobierno.

Mientras Millie se vestía en la parte trasera de la casa, yo me preparaba en la parte de adelante con sus hermanos. La televisión estaba encendida y de repente captó nuestra atención. Estaban mostrando el lugar de la boda para que todo San Juan lo viera, con reporteros apostados en todas las entradas como si estuvieran cubriendo un rescate de rehenes.

En cierto modo, lo éramos. Millie y yo nos habíamos convertido en rehenes, atrapados en nuestras vidas de celebridades.

Cambiamos los canales, pero no pudimos librarnos de la escena de la boda. Aparecía en todos.

Vimos a mi padre con los micrófonos en la cara mientras entraba al edificio. Luego apareció mi hermana. Eran unos cuarenta invitados en total.

Mientras seguía vistiéndome, uno de los reporteros que cubría la noticia anunció emocionado, "Aquí viene Oscar De La Hoya". Una limosina se detuvo. Salió un hombre en esmoquin, cubriéndose la cabeza con una chaqueta para después correr hacia el edificio, mientras los reporteros lo perseguían y le preguntaban cómo se sentía.

Era Eric Gómez. Le encanta hacer bromas.

Eran las 6 a.m. y el sol había salido cuando terminó la fiesta y salimos del lugar.

¿Y pueden creerlo? Los reporteros seguían allí.

XXVI

MI ÁNGEL GUARDIÁN

Aunque hace casi dos décadas que no veo a mi madre, todavía siento su presencia junto a mí.

Nunca con tanta intensidad como la noche en que tomé el auto nuevo de mi hermano para dar una vuelta. Ansioso por probar el nuevo Mercedes Benz que había alquilado, le pedí que me recogiera para ir a una cena al Oeste de Los Ángeles.

Era casi la una de la mañana cuando regresamos a mi casa en Whittier. La noche seguía siendo joven para mí. Había pasado toda la velada conociendo y saludando gente; no había comido más que un bocado y ahora sentía la urgencia de ir por una de mis pasiones de esa época: los taquitos que venden en Jack in the Box.

Le pedí el auto prestado a mi hermano para ir a buscar los tacos y también para probarlo, pues pensaba comprar un modelo igual a ese.

Cuando llegué a la ventanilla del restaurante, los ojos del empleado se iluminaron al reconocerme.

"¿Oscar De La Hoya?" dijo. "¿Qué haces aquí tan tarde?"

"Vine por taquitos", respondí con una sonrisa.

De regreso en la autopista, conduje a mis anchas por el primer carril, tan tarde en la noche que veía ocasionalmente uno que otro auto. Devoré los taquitos, saqué mi celular y llamé a mi hermano y a unas amigas.

De pronto, las luces del tablero se apagaron, y eso me pareció extraño.

Poco después las cosas se pondrían aun más extrañas. El volante se bloqueó y el auto se hizo más lento, la velocidad bajó progresivamente de 70 a 65, luego a 40, hasta llegar a 10.

Miré a la izquierda, pero no había un carril alterno, sólo el muro de contención. Busqué infructuosamente mi celular. Luego miré por el retrovisor y afortunadamente no vi más que oscuridad.

Sin embargo, eso no duró mucho tiempo. De repente, divisé en la distancia un par de farolas que se acercaban a toda velocidad precisamente por el carril en el que yo estaba atascado, pues no podía sobrepasar a ningún vehículo. Además, vi que mis luces traseras también se habían apagado y que probablemente el conductor que se acercaba me vería cuando ya fuera demasiado tarde.

Eso fue justamente lo que sucedió. Como mi auto estaba completamente apagado, el otro auto se me vino encima. Me agaché petrificado, esperando el impacto.

Supongo que el conductor me vio en el último momento porque giró bruscamente y rozó mi auto. Escuché el chirrido de las llantas, el ruido de mi parachoques al quebrarse y luego vi pasar las luces traseras del auto. No se detuvo.

Sabía que no iba a tener tanta suerte la próxima vez. Volví a buscar afanosamente mi celular. ¿Dónde estaba? Lo había usado hacía unos minutos.

Cuando miré hacia el asiento del pasajero, vi un teléfono público en la berma de la autopista y sentí alivio.

Pero lo que sucedió a continuación fue aterrador. Aparecieron más luces en el retrovisor, muchas más. Suficientes para llenar tres carriles.

Sal de aquí, me dije. *Ahora mismo.*

Salí de un salto y corrí al otro lado de la autopista. ¿Alguna vez han intentado correr más rápido que un auto? Me sentí como un peso pesado fuera de forma compitiendo contra un peso mosca. Parecía que los autos iban a atropellarme.

Cuando finalmente logré resguardarme en la berma, sentí el olor de los neumáticos quemados y oí el ruido estridente del metal contra el metal. Me di vuelta y vi un accidente colosal. El auto de mi hermano quedó plegado como un acordeón luego del golpe que recibió. Ese choque inició una reacción en cadena y oí la reverberación del sonido de varios autos más chocando en el asfalto.

Las manos me temblaban. Pedí ayuda desde el teléfono público y luego permanecí en la berma, temeroso de aventurarme en aquel caos y ver un cadáver. Se desató un pequeño incendio y el humo se agregó a la desastrosa escena.

Varios residentes de la zona llegaron hasta el muro de contención, señalando hacia el amasijo de metal en el que había quedado convertido el Mercedes, y preguntándose en voz alta cómo alguien podía abandonar su auto allí.

Empecé a caminar entre las víctimas; reconocí que era mi auto, les expliqué que se había apagado sin ninguna razón y les pedí disculpas.

Encontré a un hombre tendido en el piso que se sostenía la nariz y tenía el rostro cubierto de sangre. Traté de explicarle lo que había sucedido. Me miró con los ojos llorosos y una expresión de animación le iluminó el rostro.

"Es Oscar De La Hoya", exclamó. "Ahora puedo contarle a todo el mundo que Oscar De La Hoya me rompió la nariz".

Si no hubiera estado tan conmocionado, aquel comentario me habría hecho reír.

Los policías me examinaron para ver si había bebido o consumido drogas, y pronto comprendieron que no pude hacer nada para evitar el accidente.

Afortunadamente, la herida más grave fue la del hombre que se fracturó la nariz.

Nunca supe por qué el auto se apagó de esa manera, pero estoy convencido de que mi madre me estaba cuidando aquella noche. Lo digo porque hubo una razón para que no pudiera encontrar mi teléfono. Resultó que se había caído entre los asientos, justo antes de que el auto se apagara. De haberlo encontrado, lo habría usado para llamar a 911 y, como resultado, habría estado sentado cuando esa camioneta envistió el auto hasta hacerlo papilla.

Son incidentes como éste los que me hacen creer que mi madre me sigue protegiendo.

Algo cambió, sin embargo, en mi manera de pensar, la noche de la pelea con Vargas.

No tuvo nada que ver con la animadversión que sentía por él ni con mi desempeño de esa noche, ni siquiera con el resultado. Fue un cambio sutil, imperceptible para los que no me conocen bien. Pero para aquellos que sí lo notaron, ese pequeño cambio significaba que estaba dando un paso muy importante en mi vida.

Cuando el referí Jay Nady nos estaba dando las instrucciones del combate, miré a mi contrincante a los ojos.

"¿Y entonces?", le dije desafiante.

Era la primera vez desde la muerte de mi madre que le decía eso a un rival. En todas las demás peleas, yo miraba al techo mientras el referí daba sus instrucciones, imaginando que mi madre me observaba desde arriba.

Ese cambio en mi ritual no significaba que yo creyera que ella me había abandonado. Aun hoy sigo pensando que ella me protege. Pero pocos meses antes de cumplir treinta años, sentí que era tiempo de liberarme y de hacer las cosas a mi manera, de mirar hacia el futuro y no hacia el pasado.

Y mi futuro inmediato era Fernando Vargas, un boxeador que detestaba con todas mis fuerzas. Me había acechado durante mucho tiempo, tratando de provocarme en el cuadrilátero al cuestionar mi capacidad, mi carácter e incluso mi ascendencia mexicana. Se vanagloriaba de ser más mexicano que yo —lo que sea que eso signifique.

Vargas demostró que no era posible tomar nada de lo que dijera en serio cuando aseguró que una vez, mientras trotaba por Big Bear, se había caído en la nieve y me había visto pasar a su lado. En el cuento que inventó, Vargas aseguró que había estirado la mano para que yo lo ayudara, pero yo había pasado de largo y le había vuelto la espalda.

Eso nunca sucedió. Jamás me negaría a ayudar a alguien que estuviera caído en el suelo. Quizá inventó esa historia para despertar en los fanáticos y en los medios de comunicación el interés de vernos resolver nuestras diferencias en el cuadrilátero, o tal vez necesitaba una razón para odiarme, pues yo sería su próximo rival.

Pero Vargas no me agradaba por otra razón. Su afirmación de que era más mexicano que yo porque, según él, era más macho, me enfureció. Ese comentario me carcomía por dentro aunque no lo expresara. Pensé que había dejado todo eso atrás después de vencer por segunda vez a Chávez. Finalmente había logrado que los fanáticos mexicanos me aceptaran y respetaran, pero ahora volvía Vargas con toda esa basura.

Me dieron ganas de acabar con él, de hacerle mucho daño. Vargas era el primer rival que despertaba ese deseo de destrucción en mí. Si su objetivo era provocarme para la pelea, lo había conseguido.

La antipatía que sentíamos el uno por el otro pasó a un nivel físico durante una rueda de prensa en el Biltmore Hotel de Los Ángeles. Estábamos frente a frente para las fotos con la prensa y yo hice algunos comentarios sobre su mentón. Vargas me empujó, obligando a los managers de ambos a intervenir para evitar un disturbio. Ricardo Jiménez, un publicista que trabaja para Bob Arum, quiso hacer de mediador y terminó con una pierna rota.

Como Vargas y yo entrenábamos en Big Bear, era inevitable que nuestros caminos se cruzaran. Una noche fui con diez personas a comer a un restaurante en donde Vargas se encontraba con su equipo.

Algunos de mis muchachos me pidieron que no entrara. "No", les dije. "Tengo hambre".

Cuando entramos, la tensión entre los dos se hizo evidente. ¿Acaso la pelea tendría lugar allí, lejos de los televidentes que pagarían por verla?

Vargas se marchó con su equipo.

En otra ocasión, mientras iniciaba mi rutina de trote en las primeras horas de la mañana alrededor del lago de Big Bear, vi a Vargas corriendo.

"¡Con que sí!", gritó como un niño, "Me desperté antes que tú".

Al mirar la ropa plástica que llevaba puesta, le respondí "Sigue así, perdiendo peso. Sigue escurriéndote".

Faltaban semanas para la pelea, pero la confrontación sicológica ya había comenzado.

En la sesión de pesaje, Vargas se quitó la camisa y empezó a flexionar sus músculos. Tengo que admitir que quedé impresionado. Este tipo siempre había sido flácido y ahora se veía fortachón y musculoso. Pensé que debía estar metido en algo raro porque durante toda la temporada de entrenamiento había fanfarroneado que sorprendería a todos con su apariencia.

Luego del combate, una prueba de sangre lo aclaró todo. Vargas había tomado estanozolol, un esteroide anabólico. Fue suspendido durante nueve meses y multado con 100.000 dólares por la Comisión Atlética del estado de Nevada.

Al principio del encuentro, mi primera impresión fue que nuevamente me iba a enfrentar a un boxeador más pesado y fuerte que yo, alguien con un peso superior a la categoría de las 154 libras, casi como un peso semipesado.

Vargas no me hizo ningún daño. Recordé una y otra vez lo que había dicho de mí, y decidí no dejarme derrotar esa noche por nada del mundo.

Vargas bajó considerablemente su nivel en el noveno asalto, mientras yo lo golpeaba a voluntad con mi mano derecha. Por su mirada se podía ver que estaba derrotado.

Cuando lo acorralé contra las cuerdas en el onceavo asalto, empecé a lanzarle golpes. Habría seguido golpeándolo si el referí Joe Cortez no me hubiera detenido. Era una sensación agradable golpear a Vargas, pero pude haberle causado una herida seria.

Mi victoria fue aun más dulce al saber que había usado esteroides.

Cuando las cosas se calmaron, quise hacer las paces con Vargas y organicé una reunión en el restaurante Pasadena.

"Sabes que te vencí", me dijo después de sentarse, con los lentes de sol todavía puestos. "¡Vamos! Dame la revancha. Tienes que darme la revancha".

Traté de ser conciliador y sugerí que tal vez podríamos trabajar juntos en el futuro.

Pero él no me estaba escuchando y se limitó a pedirme la revancha.

Finalmente me cansé. "Buena suerte", le dije, y me marché con la certeza de que nunca tendría que oírlo de nuevo.

XXVII

CAMBIANDO MIS FICHAS: UN TAHÚR SE REFORMA

Pasé mucho tiempo en los casinos de Las Vegas, encerrado en un mundo de dados y naipes. Y me hundí por completo. El juego se convirtió en un verdadero problema. Tenía muchas dificultades para resistirme cuando me obsesionaba con él.

Un buen ejemplo de esto fue mi estadía en Bellagio la noche que estaban transmitiendo una pelea de Félix Trinidad por la televisión. El magnate hotelero Steve Wynn vino a verla conmigo porque quería escuchar mi análisis del encuentro.

Después de la pelea, cinco de nosotros decidimos ir a los clubes. Mientras caminábamos por el casino, pasamos por la sala de bacará. Cuando la vi, era como si me estuviera llamando.

Dije que sólo iba a jugar por un rato. Eran alrededor de las 10:30 de la noche.

Jugué y jugué. A excepción de Raúl, el resto del grupo se marchó, pero yo no podía despegarme de la mesa. Era como si estuviera encadenado a ella. Especialmente después de ganar 250.000 dólares.

Finalmente salimos a las tres... de la tarde siguiente.

Y no salí con las manos vacías. Cuando cambié mis fichas, tenía un total de un millón de dólares en efectivo. Caminé por el casino con un millón en el bolsillo.

Al día siguiente, tomé el dinero para jugar bacará en el Caesars Palace y lo perdí todo, el millón completo.

No tenía un lugar favorito para jugar en Las Vegas; lo hacía en cualquier lugar, desde Rio hasta Bellagio, dependiendo del hotel en el que estuviera hospedado. Algunas veces sentía el escozor cuando estaba en mi casa. Llamaba a algunos amigos, alquilábamos un avión y simplemente volábamos a Las Vegas.

Durante seis o siete años fui un tahúr consumado; siempre jugaba bacará o a los dados. Por lo general comenzaba con una línea de crédito de 100.000 dólares, pero en tres ocasiones abrí una de un millón de dólares.

Nunca tenía problemas para que me dieran el crédito. Creo que sabían quién yo era.

Cuando perdía, mi faceta competitiva afloraba. Pensaba que podía ganarle a la casa simplemente si permanecía allí. Pero incluso yo tenía mis límites, por lo menos casi siempre. Si tenía una línea de 100.000 dólares, no me excedía el 90 por ciento de las veces si iba perdiendo. Simplemente me marchaba.

De vez en cuando me volvía loco. Recuerdo que una vez jugué tres manos a la vez en la mesa de bacará, cada una de 100.000 dólares. Por fortuna, gané dos de tres, pero eran apuestas como ésa, y ver todas esas fichas apiladas, lo que me hacía preguntarme qué era lo que hacía.

Raúl me dijo que tenía un problema con el juego, pero yo era testarudo y hacía lo que quería. Le decía, "Son sólo cien mil. No te preocupes por eso".

Pero yo sabía dónde había empezado todo. Mi padre había sido un gran apostador durante toda su vida. Siempre había apostado a los caballos. Cuando yo era chico, llegó a apostar todo su salario en varias ocasiones, ya fuera en el hipódromo o con los corredores de apuestas.

Cuando tenía seis o siete años, mi padre solía llevarme los fines

de semana a ver las carreras que se realizaban en Olympic Boulevard. Bajábamos por un callejón hasta una puerta con rejas, golpeá-
bamos varias veces y dábamos una contraseña secreta. Todo era muy
misterioso y divertido para un niño como yo.

La puerta se abría y entrábamos a un gran salón. Por todas partes
había hombres fumando, comiendo, bebiendo, jugando cartas y estudiando las formaciones de las carreras. Había incluso un pequeño
bar donde vendían pasabocas.

Al lado estaba el lugar donde se hacían las apuestas.

Como yo era el único chico del lugar, me convertí en mensajero.
Los tipos gritaban, "Oye, chico, hazme esta apuesta. Cinco a este y a
aquel, y el número tres como ganador", y me daban algunas monedas
de propina.

Mi padre también nos llevaba a mi hermano y a mí a las carreras. Pasábamos todo el día allá mientras él apostaba a los caballos.
Corríamos por ahí y recogíamos los tiquetes que arrojaba la gente,
los llevábamos a casa y los contábamos. Era claro que ellos habían
perdido sus tiquetes, pero, ¿que sabíamos nosotros? Éramos niños.

Probablemente fue allí donde desarrollé mi gusto por el juego,
pero lo más extraño es que nunca he apostado a los caballos. Nunca
tuve interés en hacerlo.

Cuando finalmente dejé de apostar, lo hice gracias a Richard
Schaefer, el genio de las finanzas que dirige mis operaciones de
negocios. Ejerce una influencia muy positiva en mí. De verdad lo
admiro.

Me decía, "Tienes que dejar el juego. Ahora eres un hombre de
negocios. Mira a todos los hombres de negocios que has conocido a
través de nuestras transacciones. ¿Ves a alguno jugando? No. Tienes
una esposa y una familia de las cuales ocuparte. Tienes que ser responsable".

Me tomó un tiempo, pero finalmente entendí su mensaje. El hecho es que no estaba ganando dinero en las mesas. En otras acti-

vidades sí, pero, creo que perdí un par de millones de dólares en total. ¿Y todo para qué? He trabajado tan duro por mi dinero, ya sea recibiendo golpes en el cuadrilátero o en el mundo de los negocios, y simplemente lo estaba dilapidando. Miraba alrededor de la suite que ocupaba en mi hotel de Las Vegas y pensaba, *Fue mi dinero el que ayudó a construir esto.*

Era hora de empezar a cuidar mi dinero. Así que dejé la adicción al juego, pero debo reconocer que al principio me hizo falta. Las mesas siguieron tentándome porque todo el tiempo iba a Las Vegas para ver las peleas. Cuando caminaba por el casino, podía escuchar que los dados me llamaban. Pensaba, *Tal vez juegue sólo diez mil dólares. Simplemente para tener la sensación.* Pero con Raúl al lado haciéndome entrar en razón y las palabras de Richard aún resonando en mi cabeza, rechazaba ese impulso.

Después de un tiempo, fue completamente natural pasar por el casino sin reparar en él. Ya no siento deseos de jugar. No es un buen negocio para mí. Cuando me hospedo en un hotel de Las Vegas, ni siquiera se me pasa por la cabeza que abajo hay un casino.

Para mí, el rodar de los dados y la baraja de las cartas han perdido su encanto.

XXVIII

MÁS HOMBRES EN
MI ESQUINA

Una pelea de boxeo es la escena más dramática que pueda imaginarse. Dos contrincantes dejan el corazón y las entrañas —algunas veces también una buena cantidad de sangre— en la lona, durante doce asaltos.

Los managers y entrenadores; los fanáticos y los apostadores que arriesgan su dinero, todos tienen sus propias opiniones sobre el resultado. Pero en el cuadrilátero sólo importa la opinión de tres hombres: los jueces.

Mientras se tabulan los resultados, los boxeadores, cuya sangre y sudor dibujan extraños patrones sobre la piel, se pavonean por el cuadrilátero agitando sus puños con júbilo, en señal de victoria. Sí, ambos boxeadores y ambas esquinas celebran.

Luego, el encargado de anunciar los resultados del encuentro lee lentamente los puntajes, prolongando la tensión a tal punto que uno quisiera arrebatarle la tarjeta de los puntajes y leerla.

Por fin, luego de una última y tortuosa pausa, se anuncia al ganador y al perdedor del combate.

Uno de los boxeadores salta sobre las cuerdas para empaparse de la euforia de la multitud. El otro abuchea, protestando por el resultado, y su mirada angustiosa se dirige en todas direcciones en busca de justicia.

La realidad es que algunas veces es simplemente una pantomima: el púgil victorioso intenta sostener una victoria que muy en el fondo de su corazón sabe que no merece y el perdedor cuestiona una decisión que sabe que es justa. Los boxeadores no necesitan que los jueces les digan qué sucedió. Ganen o pierdan, ellos saben lo que realmente ocurrió y pueden verlo en el rostro de su contrincante. Los jueces no siempre aciertan en sus juicios, pero los boxeadores sí suelen hacerlo.

Por ejemplo, cuando peleé contra Felix Sturm en 2004, durante mi debut en la categoría mediana, sentí que perdí el combate, a pesar de que los jueces me declararon ganador por unanimidad. La decisión de los jueces me tomó por sorpresa.

Yo mismo me encargué de complicar innecesariamente las cosas para esa pelea. Estaba tan ansioso por subir a la siguiente categoría de peso que comía todo lo que caía en mis manos. Quería sentirme pesado, pero no supe controlar mi peso. Fue la única vez que comí en restaurantes mientras me entrenaba en Dodgertown, Vero Beach, y no lo que mis managers me preparaban.

Sturm es un buen boxeador, pero lo habría vencido fácilmente si yo no hubiera estado tan pesado. El exceso de peso me hacía sentir torpe y lento. No podía mantenerme alerta y no lograba hacerle daño porque mis golpes no tenían la fuerza de siempre. No estaba concentrado de lleno en la pelea.

Cuando sonó el campanazo final, me acerqué a Sturm y le susurré al oído: "Buena pelea, ganaste".

Logré alcanzar la meta que desde hacía tanto tiempo me había trazado: ganar un título en seis categorías de peso, quitándole a Sturm el título de peso mediano de la OMB. No obstante, y teniendo en cuenta las circunstancias, no me sentía con muchos deseos de celebrar.

Cuando regresé al camerino, Millie y mi equipo me recibieron con ovaciones. Le pedí a Millie que se acercara, la envolví en mis brazos y empecé a llorar como un bebé.

"¿Por qué estás llorando?" me preguntó.

"Perdí esta pelea", me repetía a mí mismo una y otra vez.

Ella empezó a reír. Mientras más lloraba yo, más se reía ella, hasta que terminó por contagiarme su risa.

"Mírate" dijo. "Mira lo apretados que te quedan esos shorts, estabas irreconocible en el cuadrilátero".

Sus palabras me hicieron sentir un poco mejor, pero seguía creyendo que yo había perdido.

Muchas personas temían que perdiera contra Bernard Hopkins, uno de los mejores pesos medianos de todos los tiempos, cuando lo enfrenté en 2004. Era visiblemente más grande que yo, pero Bob Arum y el concertador de encuentros Bruce Trampler, me convencieron de que aceptara la pelea, asegurándome que podía salir victorioso y hacer historia en el boxeo.

Sin embargo, no me pareció muy buena idea cuando Bernard y yo estuvimos frente a frente en el cuadrilátero, escuchando las instrucciones del referí Kenny Bayless. Me dije, *¿Qué diablos estoy haciendo aquí?*

En realidad, estuve muy concentrado en la pelea hasta el final, algo de lo que yo mismo me sorprendí. Bernard intentó golpearme la cabeza en el octavo asalto, pero falló casi ocho golpes y el esfuerzo pareció dejarlo sin aliento. Eso me dio esperanzas.

Sin embargo, me asestó un gancho al hígado que me dejó paralizado. Un golpe así te tensa por dentro al punto de no poder respirar. Sientes que las entrañas se te están encogiendo y te retuerces de dolor.

Por primera vez en mi carrera caí a la lona indefenso. Era como tener un gran peso encima que te impide levantarte. Yo estaba demasiado ocupado intentando respirar y ni siquiera oí el conteo.

Dos segundos después que el referí Kenny Bayless empezó a contar, el dolor comenzó a disminuir. Cuando me levanté, estaba listo para pelear de nuevo. Yo habría ganado la pelea si no hubiera sido por ese único golpe. Pero no pude hacer nada, pues era difícil recuperarse de ese golpe. Mi moral se fue al piso.

Me tomé el 2005 libre, disfruté del nacimiento de mi primer hijo con Millie, Oscar Gabriel, y regresé en 2006 para enfrentar a Ricardo Mayorga, de Nicaragua, muy parecido a Vargas pero más hablador.

Nos dijimos las tonterías habituales antes de la pelea. Mayorga, por ejemplo, aseguró que yo era más apuesto que su esposa. "He visto a tu esposa", le dije, "y tienes razón, soy más apuesto".

Sin embargo, la conversación se tornó fea cuando Mayorga empezó a insultar a mi esposa. Nadie me había hablado así de Millie y eso hizo que la pelea fuera un asunto personal.

El miércoles antes de la pelea yo estaba esperando la rueda de prensa cuando me informaron que Mayorga quería hablar conmigo.

Sobre qué, pregunté impaciente.

Dice que no peleará a menos que hables con él, me dijeron.

Eso me llamó la atención. Mayorga, un hombre grande y rudo, estaba llorando cuando entré.

"Mi promotor Don King no me paga suficiente dinero", dijo. "Dame otros cuatro millones de dólares y pelearé".

Él iba a recibir una buena cantidad de dinero por esa pelea, aunque no sabía cual era el porcentaje de King y tampoco era asunto mío.

Richard amenazó con demandar si el contrato no se cumplía. Abandonamos la habitación, fuimos a la rueda de prensa y, unos minutos después, King y Mayorga tomaron asiento como si no hubiera sucedido nada. Mayorga ondeó las banderas de Estados Unidos y Nicaragua con su inimitable sonrisa.

Este boxeador no sabe nada de defensa. Es posible anticipar cada golpe que da. Pude noquearlo en el primer asalto, pero al recordar lo que había dicho sobre Millie, lo castigué un rato antes de liquidarlo con un nocaut técnico en el sexto.

Después de la pelea, Mayorga se disculpó: "Siento lo que dije sobre tu esposa, pero era parte de la promoción".

No se lo agradecí en lo más mínimo.

Finalmente me enfrenté a Floyd Mayweather, Jr., en 2007. Era considerado por todos como el mejor boxeador libra por libra del mundo y yo siempre quiero pelear con los mejores.

Pero si quería pelear con el mejor, también necesitaba al mejor entrenador. Durante seis años y medio Floyd Mayweather, Sr. había sido considerado el mejor. Sin embargo, la situación sería un poco incómoda, ¿Un padre que entrena a otro boxeador para que derrote a su propio hijo?

Floyd, Sr. insistió una y otra vez en que quería entrenarme para ese encuentro. Reiteraba frente a los medios de comunicación una frase memorable: "Le he enseñado a mi hijo todo lo que sabe, pero no todo lo que sé".

Y resultó que también se rehusaba a revelarme todo lo que sabía. Yo le preguntaba cómo podía vencer a su hijo y él me respondía en broma que no me lo diría.

Por fin, durante una reunión que tuvimos en Las Vegas luego de concertar la pelea, me dijo que yo podía derrotar a Floyd. Sin embargo, añadió que tendría que pagarle dos millones de dólares si quería conocer su estrategia. Aunque el dinero no era un problema para mí, aquella era una señal de que él no quería humillar a su hijo. Esa propuesta fue una vía de escape.

Floyd, Sr. insistió en que no estaba buscando una vía de escape, pero me miró con angustia y me preguntó, "¿Qué va a pensar mi familia de mí, todas mis hermanas, hermanos y mi mamá? ¡Es mi propia sangre!"

Después de esa conversación me sentí incapaz de utilizar sus servicios. No quería lidiar con la fricción natural que eso generaría. No me pareció correcto. Creo que esa relación entre padre e hijo nos habría perseguido constantemente a mí y a él.

Acudí entonces a Freddie Roach, uno de los entrenadores más agradables, concienzudos y disciplinados que existe. Estoy seguro de que Floyd, Sr. se sintió aliviado. Nunca intentó contactarme mientras estaba en el entrenamiento para ofrecerme consejos y permaneció al margen de la pelea.

La gente de Floyd, Jr. llevó a su padre al entrenamiento para intentar manipularme psicológicamente, pero no funcionó. No con Freddie a mi cargo.

La lista de clientes de Freddie ha crecido de manera impresionante en los últimos años, pues ha corrido la voz de que es uno de los mejores entrenadores del mundo, si no el mejor. Incluso logró que Mike Tyson lo escuchara durante algún tiempo.

No puedo decir que haya aprendido mucho de Freddie porque en este punto de mi carrera, nadie va a enseñarme a cambiar drásticamente mi estilo.

No es eso lo que busco. No obstante, Freddie se ganó mi respeto de inmediato.

Normalmente, uno tendría reparos en traer a un nuevo entrenador para una pelea importante como la mía contra Mayweather, pero como Freddie es tan perceptivo y conocedor del cuadrilátero, supo captar rápidamente todos los matices de mi estilo y se concentró simplemente en pulirme para la pelea.

Freddie era muy distinto a Floyd en términos de personalidad. Freddie Roach nunca leía poemas en una rueda de prensa. Mientras que Floyd ponía cara de enojo durante todo el entrenamiento —era un militar en shorts— Freddie es un hombre de buen carácter. Sin embargo, aprendí a no dejarme engañar por su jovialidad. Cuando estamos en el gimnasio, es igual de exigente a Floyd, un hombre que dice las cosas sin rodeos.

Una simple rueda de prensa con Mayweather, Jr. puede resultar extenuante porque no deja de hablar incluso cuando posamos para la sesión de fotos, y eso termina por cansar.

"Soy el mejor", dice una y otra vez. "Tengo mucho dinero".

Mayweather es una persona muy insegura que necesita un gran séquito a su alrededor para recordarle que es el mejor.

Sin importar a dónde fuéramos en nuestro recorrido de promoción, nadie lo ovacionaba, ni siquiera en Grand Rapids, Michigan, su ciudad natal. Eso explica por qué necesita un séquito tan grande.

Yo sabía que debía ser agresivo en la pelea, pero iba a ser difícil llegar hasta él porque boxea para sobrevivir.

Mi agresividad estaba funcionando en los primeros asaltos, pero la abandoné en los últimos. Dejé de lanzar *jabs* porque empezó a molestarme una vieja herida que tenía en mi hombro izquierdo, un leve desgarre del músculo rotatorio. El dolor se extendió hasta el codo, inmovilizándolo.

Cuando era mi entrenador, Floyd, Sr. me había dicho que su hijo podía ser neutralizado con *jabs*, y tenía razón. Floyd es incapaz de esquivar ese tipo de golpes. Es muy vulnerable a ellos, y se puede ver el dolor que le producen por su rostro descompuesto. Es la única falla en su modo de boxear.

Todo se vino a pique, pues no podía lanzar mis *jabs* como quería. Mi corazón, mi mente, mi cuerpo, todo dejó de funcionar al nivel óptimo para el que había entrenado yo. Mi confianza se fue al cubo de la basura. Sentí que no tenía nada sin ese golpe, pues era mi clave para ganar la pelea.

El único recurso que me quedaba era poner mi cabeza como blanco y dejar que Mayweather me golpeara, con la esperanza de que se rompiera la mano, de que se hiciera más daño a sí mismo de lo que podía hacerme a mí. Ya antes se había lastimado las manos y podría suceder de nuevo. Lo miré fijamente, sin temor a que me hiciera daño porque no sentía ninguna potencia en sus golpes. En verdad no entiendo cómo pudo noquear a Ricky Hatton.

Sin embargo, a medida que avanzaron los asaltos, sus constantes golpes no parecieron hacer mella en sus manos.

Perdí la pelea, pero sé que puedo vencer a este tipo porque su desempeño no es nada especial.

La desilusión de la derrota sólo duró hasta que Millie subió al cuadrilátero, se inclinó y me susurró dos palabras mágicas: "Estoy embarazada".

Con semejante noticia, la frustración desapareció de mi rostro y la derrota se tornó en algo sin importancia. Millie y yo íbamos a tener nuestro segundo bebé, una niña a quien llamaríamos Nina Lauren Ninette: yo estaba feliz.

A medida que se desvanecía el dolor de la derrota, la idea de continuar con mi carrera boxística también me animó. Estaba decidido a no terminar con esa derrota en mi récord. Siento que sigo creciendo y aprendiendo en el cuadrilátero, y debo agradecer por ello a muchos de los hombres que han estado en mi esquina a lo largo de los años.

Cada uno de mis entrenadores tenía sus propios métodos para sacar lo mejor de mí y yo aproveché lo mejor que me ofreció cada uno de ellos:

- En la esquina, el mejor fue Floyd, Sr. Te levantaba, te abofeteaba o vociferaba y rabiaba ante la menor señal de fatiga, letargo o exceso de confianza. Algunas veces era peor enfrentar a Floyd en la esquina que a mi oponente en el cuadrilátero. Pero no todo eran gritos. Una vez que captaba tu atención, Floyd era muy bueno para analizar en qué punto de la pelea estabas; lo que iba a hacer tu rival y lo que necesitabas hacer en el cuadrilátero para derrotarlo. Y no se trataba sólo de las típicas recomendaciones de lanzar un gancho o protegerse. Floyd era muy específico.

- En el entrenamiento, el más rudo era El Profesor. Con él

tenías que hacer las cosas bien. Si hacías algo mal, cualquier cosa, te hacía repetirla una y otra vez. Interrumpía las sesiones de sparring cada cinco segundos. "No, hazlo de nuevo. Otra vez", decía. No creo que hayamos terminado nunca un asalto de tres minutos. Su estilo era militar.

♦ En cuanto a analizar a un oponente, pienso que Manny era el mejor. Era espléndido para estudiar las fortalezas, debilidades, tendencias y la historia de un boxeador. Con base en ese análisis te daba un verdadero plan a seguir.

♦ En términos de preparación mental, el mejor era Robert. Estaba siempre encima de mí, diciéndome, "Puedes hacer esto. Ese tipo no entrenó. Cree en ti mismo". Siempre me decía: "Hazlo por tu madre". Era un verdadero motivador.

Me siento bendecido de haber contado durante todos estos años con tantos individuos fascinantes, conocedores e inigualables en mi esquina, que me han orientado, presionado, motivado e inspirado a lo largo de mi carrera. No podría haber alcanzado todo lo que logrado si no fuera por ellos.

XXIX

DESNUDANDO MI ALMA

De los campos de Tecate y Durango a las torres deslumbrantes de Las Vegas, de los cupones de alimentos de mi niñez al interminable banquete de riquezas inimaginables de mi adultez, en mis treinta y cinco años he transitado un camino increíble.

He aprendido muchas lecciones, la más indeleble de las cuales es que Estados Unidos es el único lugar en el mundo donde pude haber logrado lo que logré.

Mi familia ha compartido todo conmigo. Quisiera creer que la comunidad hispana también se ha sentido parte de la vida de este hijo americano. Después de todo, somos todos hijos e hijas de América.

Han habido momentos en la cima más allá de toda imaginación, pero también puntos bajos, tanto dentro como fuera del cuadrilátero, que han desafiado mi fortaleza y mi carácter pero que, al final, me han hecho más fuerte.

En mis momentos más brillantes he intentado compartir el brillo con aquellos cerca de mí. En mis horas más oscuras, he intentado escudarlos.

No siempre ha dado resultado. Ese es el precio de ser una figura pública.

Han habido tensiones en mi matrimonio pero, gracias a Dios,

Millie es una mujer increíble. Ella y yo estamos decididos a que funcione. Queremos estar juntos y nos hemos comprometido a superar estos problemas.

Millie y yo estuvimos un año en terapia conyugal en Puerto Rico. No es que tuviéramos grandes problemas, sino un poco de desconexión, en parte porque yo viajaba constantemente, y también por la llegada de nuestro pequeño Oscar, quien naturalmente se convirtió en el centro de nuestra atención. La terapia de pareja nos ha ayudado a concentrarnos de nuevo en nuestra relación.

También pedí cita con un terapeuta para enfrentar mis problemas. Fue un tratamiento intenso que a menudo se extendía por varias horas.

Con el tiempo, creo que llegué al núcleo del problema.

Todo comenzó en mi infancia, con mi relación con mi madre y mi padre. Ellos fueron unos padres excelentes con mi hermano y conmigo, y cubrieron todas nuestras necesidades. Nos inculcaron valores morales que hemos conservado durante toda la vida, pero lo único que no nos dieron fue una demostración del amor que yo sé que sentían en su interior, el mismo que yo sentía por ellos. Yo sabía que ellos me amaban, pero nunca lo expresaron. Ninguno de los dos me dijo que me amaban. Nunca me abrazaron. Era un ambiente frío en el cual crecer.

Tenía mucho dolor en mi interior, y esto salió a flote en la terapia. Aprendí que necesitaba amor, y que también necesitaba a mis padres.

Nunca he hablado de esto con mi padre ni con mi hermano porque aún es difícil para mí. Mis experiencias de la infancia me afectaron mucho, y estoy seguro de que a mi hermano también.

Sé que tendré que hablar con mi padre para liberarme de toda esta rabia, para explicarle cómo me sentía y cómo esa sensación afectó mi forma de actuar.

Eso no será tan difícil ahora como lo habría sido en el pasado.

Desde hace varios años tenemos una buena relación. Él se ha abierto, y ahora nos abrazamos con facilidad. Me llama y me dice: "¿Cómo estás, hijo?" Es una relación diferente.

Mi hermana Ceci ha sido la gran responsable de ese cambio. Ella es la conciliadora de la familia. Durante las reuniones familiares, se asegura de que mi padre y yo nos abracemos.

Ceci maduró con rapidez tras la muerte de mi madre. Sólo tenía cinco años, y de alguna manera se convirtió en mi madre. Así la veo yo. Ella puede ser la pequeña de la familia, pero todos le contamos nuestros problemas. Aún me siento cercano a mi madre a través de ella.

Ceci nunca duda en reprenderme ni en decirme lo que piensa. Si me siento mal por algo o si tengo algún problema difícil de resolver, puedo hablar con ella porque sé que siempre me habla con la verdad. Ella comenta: "¿Qué nos diría mamá?", y luego nos da consejos.

Mi hermana tiene todas las cualidades que yo admiraba en mi madre. Es fuerte, divertida, sociable, amable y tiene un corazón muy grande. Además, tiene una voz increíble al cantar, al igual que mi madre.

Actualmente, Ceci cuida a mi padre. Si él no ha desayunado, es porque mi hermana no pudo cocinarle. Él depende de ella para todo, y se siente perdido sin ella.

No culpo a mi padre por no haber sido tan cercano a mí en el pasado. Él no quería ser tan distante. Fue la única experiencia que tuvo y la forma en que creció.

Tal vez ha comprendido que es importante tener un vínculo con sus hijos a medida que ha envejecido.

La razón por la cual hablo públicamente acerca de todo esto es porque espero que otros puedan recibir ayuda a través de mi experiencia. Hay muchas personas que tienen un dolor en su interior, y la mejor forma de librarse de él es aceptarlo, hablar de él y seguir un tratamiento adecuado.

La terapia me ha dado una perspectiva completamente nueva. Tengo a Millie, una mujer maravillosa. Tengo una vida increíble.

Cuando terminé la terapia, le conté todo a Millie.

He madurado mucho después de mi terapia. Recibí ayuda, pero es sólo el comienzo, y sé que el proceso es largo.

Al principio, Millie dudaba de que yo pudiera cambiar. Me preguntó: "¿Tu nueva actitud es sincera?"

Pero muy pronto se dio cuenta de que así era. Millie reconoció: "Nunca te había escuchado hablar así. Nunca habíamos tenido este tipo de conversaciones sobre tu vida".

Comprendió que fui abusado emocionalmente de niño, que me descuidaron.

Siempre he considerado a Millie como a una diosa, como la mujer perfecta. Es una persona con un corazón enorme y con valores sumamente firmes. Ella es increíble. A pesar de todo el dinero que tenemos a nuestra disposición, tengo que rogarle para que se compre un par de zapatos. Ella no necesita de un ropero grande para sentirse satisfecha. Es feliz con un par de shorts y una camiseta, y sabe qué es lo realmente importante en la vida. Es por eso que la amo. Tiene el valor de decirme: "¿Quién te crees que eres?" o "Bueno, Oscar, saca el cubo de la basura", y yo le hago caso.

La había puesto en un pedestal porque sentía que era superior a mí como persona y la trataba como a una reina.

Y ahora, después de la terapia y la consejería, en vez de tenerla en aquel pedestal, siento que nos hemos equilibrado en nuestra relación. Esto no quiere decir que ya no sea especial con ella, sino que siento que me he acercado más a su nivel como persona.

No quiero decir que sea igual a ella, probablemente nunca lo sea. Pero estoy más cerca.

Ahora estamos viviendo sobre una base sólida. Todo está al descubierto. Siento que tengo una socia. Nuestro matrimonio está mejor que en los siete años anteriores.

Estoy aplicando las lecciones que he aprendido sobre mi infancia y mi terapia. Cuando estoy en mi casa de Puerto Rico con Millie y los niños, siempre comemos según los horarios de Oscar Gabriel. Desayunamos cuando él desayuna, y lo mismo sucederá con nuestra hija Nina cuando crezca.

Reconozco que la situación es muy compleja debido a todos mis viajes. Pero cuando estoy en casa, no transcurre un día sin que les dedique a mis hijos un tiempo. Siempre estoy disponible para ellos, y creo que nunca tendrán problemas de comunicación.

Mi vida actual es como quiero que sea por siempre. Es perfecta: mi matrimonio, mis hijos, mi carrera boxística y mis negocios.

Millie ha llegado incluso a aceptar mi carrera boxística tal como yo deseaba que lo hiciera. Cuando estábamos recién casados, me costaba mucho conseguir su aprobación, pues no quería que peleara más. Ahora, todavía se asusta y se pone nerviosa, pero entiende que es lo que yo amo y me apoya en un cien por ciento.

Muchas veces la gente me pregunta por qué sigo boxeando. Ven todo el dinero que he ganado, todos los negocios que tengo y a mi familia maravillosa, y me preguntan, "¿Por qué? ¿Qué necesidad tienes de eso?"

Ellos no son boxeadores. Nunca podrán entender la emoción increíble que siento cuando salto al cuadrilátero y desafío a mi mente y a mi cuerpo hasta el último grado. En el lapso de una vida, la capacidad de boxear competitivamente es sólo un instante fugaz en el mejor de los casos; una pequeña ventana que me ofrece la oportunidad de alcanzar cimas asombrosas, y yo no quiero marcharme mientras esa ventana permanezca abierta.

He sido extremadamente afortunado en el cuadrilátero. Después de cuarenta y tres peleas, no tengo marcas en la cara ni lesiones mentales; mi cuerpo es fuerte y aún tengo buenos reflejos. Seré el primero en saberlo cuando eso cambie, y reaccionaré de inmediato, colgando los guantes para siempre.

De todos modos creo que pronto lo haré. Y cuando lo haga, habrá muchas ventanas abiertas para mí, muchas otras empresas en las cuales involucrarme.

Veo a otros boxeadores que terminaron sin nada y me estremezco al pensar que yo podía ser uno de ellos.

He tenido la suerte de que llegaran a mi vida las personas adecuadas para encarrilarme de nuevo cuando me desvié. Todo habría sido muy diferente si mi madre no me hubiera inspirado en los primeros años de mi vida, si mi padre no me hubiera puesto los guantes, si mi familia no me hubiera apoyado, si Millie no hubiera llegado a mi vida, si Richard no me hubiera ofrecido otras opciones distintas al boxeo, si no me hubieran cuidado amigos como Raúl y Eric, si no hubiera tenido a mis hijos, quienes le han dado un nuevo significado a mi vida.

Ha sido un gran viaje durante los últimos treinta y cinco años, desde mis orígenes humildes hasta una fama y fortuna sin paralelo. Mi familia vino de Tecate y Durango buscando una vida mejor para sus hijos, pero nunca habrían podido imaginar la vida que he tenido el privilegio de disfrutar.

He cometido varios errores, pues he tenido un protagonismo mundial para el cual no estaba debidamente preparado. Sin embargo, he aprendido de ellos y he llegado a ser un boxeador con una vida productiva aparte del boxeo, algo que, desgraciadamente, es muy poco común.

Me atraen los años que están por venir. Aunque el boxeo siempre será mi primer amor, quiero seguir incursionando en una amplia variedad de aventuras financieras, especialmente dentro de la comunidad hispana.

Me he convertido en una figura altamente visible del mundo hispano y quiero utilizar esa influencia para el bien común. Quiero contribuir a que la agenda pase de la inmigración ilegal a un punto en el que se haga énfasis en lo que somos los hispanos, y no de dónde venimos. Quiero inspirar a otros para que vean que mi historia exitosa también puede ser la suya.

Creía que al llamarme el Chico de Oro, la gente sólo se refería a mis habilidades boxísticas y a mi potencial de ingresos. Sin embargo, mis prioridades han cambiado.

Si realmente soy el Chico de Oro, es porque realmente soy rico con las bendiciones de salud, familia, amigos y recursos para mejorar a mi comunidad.

AGRADECIMIENTOS

En estos últimos meses he aprendido que escribir un libro es como pelear una gran pelea. Quizá uno sea el centro de atención, pero hay un gran grupo de apoyo detrás de uno. Sin toda esta gente, lo que el público ve no sería posible.

En este libro he corrido la cortina para revelar a todos aquellos que han tenido papeles fundamentales en mi carrera. Aquí pretendo hacer lo mismo con *Un sueño americano*.

Sentía que tenía una historia que contar, una historia interesante e inspiradora. Estaba seguro de que mi voz podía expresar algunas de las emociones, los objetivos y los sueños de los hispanos en general y de mi generación en particular.

El proceso de volcar esos pensamientos en la página escrita comenzó con Richard Schaefer, como ha sido el caso con muchos de los emprendimientos en mi vida. Richard ha encabezado todas mis iniciativas tanto en el mundo del boxeo como en el de los negocios, y ha hecho lo mismo con este libro.

Como coautor de *Un sueño americano* seleccionamos a Steve Springer del *Los Angeles Times,* quien ha cubierto gran parte de mi carrera. Ha sido galardonado con el Nat Fleischer Award, en honor a la trayectoria, otorgado por el Boxing Writers Association of America.

Teníamos una idea, una historia y un escritor. Ahora debíamos venderla. A esa tarea se dedicó Jack Tiernan de la Creative Artists Agency, una de las agencias de mayores talentos del mundo. Jack creyó en este proyecto desde el principio. Se lo llevó a Rally Wilcox del departamento literario de CAA, quien a su vez incorporó al proyecto a Luke Janklow, uno de los mejores agentes literarios de Nueva York.

Luke podía elegir entre diversas editoriales, pero se concentró en una compañía, HarperCollins, por una persona, el editor Rene Alegría. Y ahora entiendo por qué. La pasión de Rene por el libro y su confianza en el proyecto fueron evidentes desde el día en que lo conocí. Asimismo pude apreciar los esfuerzos de sus colegas en HarperCollins: Lisa Gallagher, directora de HarperEntertainment; Lynn Grady, directora asociada; Jennifer Slatterly, publicista; Richard Aquan, director creativo; Kim Lewis, directora editorial; Brian Gorgan, vicepresidente de distribución de ventas; Cecilia Molinari, editora; y Melinda Moore, asistente editorial.

Mi propio equipo también ha sido importante. Junto con Richard, Raul Jaimes, vicepresidente de *Golden Boy Promotions*, Bruce Binkow, director de marketing y Nicole Becerra, asistente ejecutiva, jugaron papeles cruciales.

Mi agradecimiento también a mi padre, Joel, Eric Gomez, Bob Arum, Shelly Finkel, Larry Merchant y Marty Denkin por sus recuerdos. A mi hermana Ceci por proporcionar todas esas lindísimas fotos; y a Stephen Espinoza, Jeffrey Spitz, Bert Fields y Judd Burstein por su contribución legal.

Y por supuesto, gracias a mi esposa Millie, por su apoyo y su aliento.

Me enorgullecen muchos emprendimientos abordados por *Golden Boy*. Estoy seguro de que *Un sueño americano* acrecentará aun más nuestros logros.

—*Oscar De La Hoya*